"博学而笃志，切问而近思。"
（《论语》）

博晓古今，可立一家之说；
学贯中西，或成经国之才。

复旦博学·复旦博学·复旦博学·复旦博学·复旦博学·复旦博学

主编简介

杨伟国，经济学博士，中国人民大学劳动人事学院教授，博士生导师，教学研究领域为：劳动经济理论与政策、人事管理经济学、战略人力资本审计、人力资源指数、劳动与雇佣法经济学。现任中国人民大学劳动人事学院院长、中国人力资本审计研究所所长、中国人民大学中国就业研究所副所长、德国劳工研究所（IZA）研究员、美国劳动力管理研究院（WFI）顾问委员会成员等。先后任职于国家商务部（原外经贸部）、深圳海王集团、中国南光进出口总公司、南光捷克有限公司（布拉格）、中国光大银行、中国社会科学院等机构。1999—2000年德国法兰克福大学阿登纳基金会联合培养博士生，2005年美国国务院国际访问者项目（IVP）学者，2005—2006年中德DAAD-PPP项目（德国奥斯纳布吕克大学）学者，2010—2011年美国汉弗莱学者（HHFP，美国宾州州立大学）。主持或参与数十项国家社科重点、社科基金、教育部重大攻关、社科院、教育部、财政部/世界银行、人社部、国家工商总局、北京市委、苏州工业园区等各类科研项目，发表论文逾百篇，著有《战略人力资源审计》（第1、2版）、《转型中的中国就业政策》、《劳动经济学》、《中国技能短缺治理》等（专著、合著、译著、教材）10多部。曾获北京市优秀人才资助计划、国家新世纪优秀人才计划、北京市哲学社会科学优秀成果一等奖、北京市教育教学成果奖（高等教育）一等奖、高等教育国家级教学成果奖二等奖、宝钢优秀教师奖等奖项。先后主持或参与信息与通信、金融、国际贸易、工贸、电力、石油天然气、农业、制造业、人才服务等多行业大型国有企业、民营企业、合资企业、上市公司以及政府部门等公共机构的战略人力资源咨询与培训项目近百项次。联系方式：weiguoyang@ruc.edu.cn

王子成，男，河南南阳人，暨南大学公共管理学院讲师，经济学博士。主要研究领域为劳动经济理论与政策。主持或参与国家社科基金、教育部人文社科规划基金等课题多项。在*China Agricultural Economic Review* (SSCI)、《管理世界》、《统计研究》、《经济学动态》、《中国农村经济》等杂志独立或者第一作者发表学术论文10余篇。

复旦博学·21世纪人力资源经济学前沿

职业发展经济学

杨伟国　王子成　主编

Economics of Career Development

复旦大学出版社

内容提要

本书试图开展两个理论上的创新尝试。第一，尝试建立职业发展经济学的分析框架。本书的分析以劳动供给理论、家庭经济学、人力资本理论、工作搜寻理论、劳动迁移理论等为基础，采用现代经济学理论范式和分析框架，对职业活动和职业发展领域的经典研究成果进行系统的梳理和归结，为构建现代职业发展经济学学科新体系做一些准备工作。第二，尝试基于“职业发展链”创新职业发展经济学的研究内容。本书以职业的优化配置问题为核心，依照职业决策、职业选择、职业搜寻、职业投资、职业投入、职业流动、职业平衡、职业保障等职业发展链条上的各个环节对职业发展经济学的知识体系进行梳理，基本涵盖职业发展经济学的关键研究领域。

书中每章均以一则案例切入对具体问题的分析讨论，通过本章小结对重要知识点进行提炼，利用复习思考题和案例分析题加深学生对具体内容的理解和掌握，对于学有余力的学生，可以借助推荐阅读资料和网上资料拓宽视野。

总　　序

像“复旦博学·21世纪人力资源经济学丛书”这样国内第一个全新的系列最好应该有一个总序，以交代起因、编写原则、内容结构等事项，从而更好地帮助读者乃至于作者本人理解我们所做的工作。我们特别希望这个系列能够成为我国劳动与人力资源问题的经济学研究取得突破的标志，更希望它能为我国的劳动与人力资源事业的发展添砖加瓦。

本系列的起因有三：第一，学科。劳动与人力资源问题的研究发展到今天，也到了需要基于劳动经济学建立分支学科体系的时候了。到目前为止，经济学在劳动与人力资源的各个领域的研究都积累了大量的成果，但是这些成果还都散落于诸多的学术期刊之中。“综合集成”的努力已经开始，但还需要更大的努力，更需要更大的成效，这就是我们现在正在做的。我们沿着拉齐尔教授所开创的将经济学应用于人力资源领域分析的道路继续前行，并且走得更远、更好。我们的工作尝试为劳动与人力资源的经济学分析提供一个相对完善的学科体系，为人类知识的进步作出贡献。尽管我们的工作还存在着这样或那样的不足，但我们努力做得更好。这些努力也是对我国关于劳动与人力资源专业建设缺乏学科理论基础的争论的一个回应，这些争论极大地阻碍了劳动与人力资源领域研究的进一步深入和劳动与人力资源专业建设的进一步提升。

第二，现实。在西方发达国家，事关就业失业、劳动关系、薪酬收入、社会保障等劳动与人力资源的问题一直是社会舆论的焦点，也一直高居政府议事日程的重要位置，甚至直接关系到政府首脑的前途。在我国，这些问题自改革开放以来也日益得到社会和政府的高度关注。学术界对于这些问题多视角的探索和研究也取得了巨大进展。尽管如此，在我国，无论在政府宏观政策领域，还是在管理实践领域，甚至在学术研究领域，个人经验行为仍旧扮演着关键的角色，从而导致我们对劳动与人力资源问题的认识不够清晰，对这些问题的解决不够理想，对这些问题的宏观决策不够科学。我们的工作应该尝试为这些问题的思考提供一个具有针对性的学科基础，特别是需要基于经济学理论与分析工具的支持，而不是停留在描述性的水平上。

第三，人才。这是一个更大的问题，也是一个更为长远的问题。现代意义上的劳动与人力资源学科在中国还是很新的学科，但是我国在人才培养格局上却是发展很快，从高职到博士的不同层次的学历教育体系业已建立起来。现在的问题是，在培养的课程设置上，无论是广度还是深度都没有得到明确的规划。高职与本科的课程相同，本科与硕士的课程相似，乃至硕士与博士的课程相近。我们的工作尝试为学生们的广度与深度学习准备一个参照系，同时也能为劳动与人力资源界同仁的终身学习提供更多的选择。

基于上述考虑，我们为本系列的编撰确定了三项基本原则，这是我们对所有主编和作者的要求。第一，前沿导向。与当下国内教材最大的不同是，本系列力求做到关注前沿的实践问题，探索成熟的理论体系，反映最新的研究进展，聚焦关键的经典文献。我们基于大量的研究文献展开对劳动与人力资源实践前沿问题的探讨，关注学科的最新发展，试图通过这个方式来倡导学生对本领域理论体系和经典文献的学习和把握。第二，实践导向。我们一直坚持的一个理念就是，在本系列中经济学是为更好地分析劳动与人力资源问题服务的，所以这个系列不是"经济学导向的"，而是"管理实践导向的"。我们遵循这种导向，按照劳动与人力资源管理实践者熟悉的思路和框架构建本系列的分析框架，提供更清晰的经济学分析工具，这样有助于他们更好地在原有思考的基础上增加经济学的分析方法，深化他们对某个领域问题的理解。同样，对于即将走上工作岗位的劳动与人力资源专业的学生而言，他们也不会按照经济学的思路去进行管理，而且学校所学课程均以管理分析模式为主导，所以我们这种考虑也会让他们以最小的成本增强自己对管理的理解力。第三，思维导向。我们希望读者获得理论知识，但是我们更希望他们理解理论。我们似乎越来越不喜欢理论，大多数情况下，这是因为我们缺乏较好的理论训练，也是因为我们更倾向于习以为常的个人经验；我们没有也无法发现理论的价值。而思维能力的训练则非基于理论基础不可。在本系列中，我们关注了管理实践、理论模型、研究方法、研究综述、重点文献等每一个学习环节，旨在传授知识的过程中，潜移默化地借助于理论来培养良好的思维习惯。

本系列的策划准备历经 5 年时间。最早在 2006 年，我们试验性地在中国人民大学使用拉齐尔教授的《人事管理经济学》作为教材给本科生讲授人事管理经济学。但是，在教材使用的过程中，我们觉得可以编撰一本更适合中国学生的人事管理经济学教材。随之，我们发现经济学已经渗透到几乎每一个劳动与人力资源的分支领域（尽管非常分散）。我们开始着手收集整理文献，并循着这个思路，逐渐整理出八个相对清晰的领域，从而构成今天这个系列。它涵括了人力资源管理、总报酬、劳动与雇用法、劳动关系、薪酬、职业发展、社会保险、人力资源治理等当今劳动与人力资源领域最重要的方面，具体包括《总报酬经济学》（曾湘泉、宋洪峰主编）、《劳动与雇用法经济学》

（杨伟国、代懋主编）、《人事管理经济学》（杨伟国、唐鑛主编）、《薪酬经济学》（杨伟国、陈玉杰主编）、《劳动关系经济学》（李丽林主编）、《职业发展经济学》（杨伟国、王子成主编）、《社会保险经济学》（杨俊主编）、《人力资源治理经济学》（杨伟国、唐乐主编）。

我们每一位主编和作者都秉承严谨规范的态度，付出了艰辛的劳动和努力，但这个系列也是一项全新的、探索性的工程，我们的学术功底、专业理解与研究积累都还存在欠缺，其中必然还有许多不足甚至不对的地方，文责自负；特别是由于参与编写的作者较多，写作风格各有差异，内容层次定位不尽一致，虽经总编协调，也仍存有缺憾。我们期待着读者、学界及业界同行的批评指正，更祈望业内大家支持、扶持、参与、指导、主导这个学科的进一步发展，为我国劳动与人力资源实践提供更加科学的理论基础和分析框架。

我们特别感谢复旦大学出版社对这个系列的大力支持。复旦大学出版社与劳动人事学院合作多年，他们秉承“学术为先”的理念，克服市场压力，为我们学院的学者们创造了传播专业知识的大好机会，取得了卓越的成就。在这里，我们尤其要感谢复旦大学出版社的宋朝阳老师，他是真正的学术出版人。最后，我们特别感谢各位作者所付出的专业精神和全心投入。

中国人民大学劳动人事学院院长
中国劳动学会副会长、劳动科学教育分会会长
曾湘泉
中国人民大学劳动人事学院教授，博士生导师
中国人民大学中国人力资本审计研究所所长
中国人民大学中国就业研究所副所长
杨伟国
2011 年 10 月 28 日

前　言

本书关注个人的职业生涯发展。在现代社会，随着专业分工的进一步深化，职业活动已成为人们社会生活的核心，关系个人生计及社会安定。如何引导人们合理从事职业活动，实现职业的最优化配置也成为研究关注的焦点。然而，经济学还没有系统地关注个人的职业生涯发展问题。这是本书的任务——围绕职业优化配置问题，在系统梳理国内外职业发展经济学研究经典文献的基础上，利用(劳动)经济学研究方法与分析框架来分析职业活动和职业发展问题，为构建职业发展经济学学科新体系进行一些初步的尝试。

本书试图开展两个理论上的创新尝试。第一，我们尝试建立职业发展经济学的分析框架。本书分析将以劳动供给理论、家庭经济学、人力资本理论、工作搜寻理论、劳动迁移理论等为基础，采用现代经济学理论范式和分析框架，对职业活动和职业发展领域经典研究成果进行系统的梳理和归结，为构建现代职业发展经济学学科新体系做一些准备工作。第二，我们尝试基于"职业发展链"创新职业发展经济学的研究内容。本书以职业的优化配置问题为核心，依照职业决策、职业选择、职业搜寻、职业投资、职业投入、职业流动、职业平衡、职业保障等职业发展链条上的各个环节对职业发展经济学的知识体系进行梳理，基本涵盖职业发展经济学的关键研究领域。

本书试图实现两个应用性的价值。第一，我们期望我们的工作对个人职业活动和职业发展有一定的指导价值。职业活动是人们生活的一大基本活动，关系到个人生计、家庭幸福以及社会发展。本书系统描述了职业活动现象及职业发展规律，有助于从业者形成科学的职业观及职业发展规划，引导从业者合理择业、从业，并通过职业投资、职业流动等行为实现个人全面发展。第二，我们期望我们的工作对企业人力资源管理与开发活动具有启发性的指导意义。职业发展经济学全面阐述了以职业优化配置为核心的个人职业活动现象，有利于企业对员工职业活动发展规律的认识和把握，制定激励性薪酬福利政策，科学指导和规划员工职业生涯，促进员工全面发展，提升企业核心竞争力。

本书遵循"复旦博学·21世纪人力资源经济学丛书"总序中所确定的三项基本原则。第一，前沿导向。我们基于大量的研究文献展开对职业发展前沿问题的探讨，关注学科的最新发展，倡导学生对本领域理论体系和经典文献的学习和把握。第二，实践导向。我们坚持"职业发展实践导向"，坚持读者追求自身职业发展或人力资源管理者管理职业生涯的思路，以职业发展链为主线，提供清晰的经济学分析工具，帮助他们更好地、更深入地理解职业发展问题。第三，思维导向。我们希望读者获得理论知识，但是我们更希望他们能理解理论。我们坚信思维能力的训练非得基于理论基础不可，非得关注本领域的经典文献不可，非得理论联系实际不可。

本书是集体智慧的结晶。杨伟国、王子成担任主编，提出全书的总体框架、编写大纲和写作体系结构。全书编写具体分工如下：第1章，导论(杨伟国、王子成)；第2章，职业决策(杨栋)；第3章，职业选择(周荣杰)；第4章，职业搜寻(张静祎、郭沐蓉)；第5章，职业投资(李玉琪、张玉清)；第6章，职业投入(徐祎琪、夏颖)；第7章，职业流动(国艳敏、吴邦正)；第8章，职业平衡(李奕萌、郭沐蓉)；第9章，职业保障(邓璇、梁云)。王子成统阅了全稿，郭沐蓉协助修订了全稿并补充了部分内容，杨伟国最后统稿定稿。

希望本书成为职业发展经济学系统研究的起点。本书在编写过程中，作者们参阅了大量的文献，谨向这些学术同仁致以诚挚的谢意。书稿成于众手，内容繁简不一，行文风格各异，但均能比较准确地反映职业发展经济学研究的发展概况和最新态势。由于作者的学术水平有限，对于本书研究中的缺点和不足，恳请学界同仁及读者批评指正。我们更希望抛砖引玉，充分发挥经济学的力量与价值，共同关心劳动者的职业成长。

杨伟国　王子成

2014年11月26日

目　录

第 1 章 导 论

学习目标

职业发展经济学试图从经济学的视角来探讨、分析个人职业发展的最优决策与行为问题。本章确定了全书的思路与结构。通过本章的学习，了解职业发展经济学研究对象的内涵；掌握职业发展经济学与劳动经济学、人事管理经济学等学科的联系；掌握职业发展经济学的基本分析框架与研究方法。

引 例

职业发展遇到“瓶颈” 走还是留？

工作了几年后，他想过辞职，可是面对着随着时代的发展和竞争环境的不断变化，在职场上打拼多年的“老兵们”渐渐开始有所顾虑：“这份工作我要一直做下去吗？是不是该换个环境？”在你的潜意识里，你是不是也不止一次地问过自己，也许是出于生活的压力，也许是出于个人发展的需要，多年来你一直安安分分在同一个地方耗着。而今，当一切都有所好转的时候，被禁锢了好久的心开始蠢蠢欲动起来。

十年前，王先生来到上海开始了职场打拼，通过自己的努力目前已在上海买了房、安了家。王先生学的是生产制造专业，凭着多年的工作经验，初来上海时他很快就在一家民营企业找到了一份采购工作。每天同样的工作内容让王先生觉得自己在能力方面根本得不到大的进步，薪水也一直涨不上去，而且自己所在的企业本身的发展速度也比较慢，自己就更得不到大的发展空间了。

妻子和年幼的孩子,还有买房时的按揭贷款,重重的生活压力让他知道,这次辞职对于整个家庭来说可能是一次冒险,因为他的工作前景关系到的是整个家庭的未来。最终,他选择了放弃。就这样,他又在这个单位日复一日的继续自己的工作。

后来的几年时间里,王先生从普通的采购人员升到了销售主任。王先生职位发生大的改变是在2005年。这一年,他的上司调任到别的企业去了,王先生也被推荐成了企业的销售经理。由于王先生所在的是一个民营企业,单位在各方面的体制都不太健全,各个部门的分工也不明确,身为销售经理的王先生就只能一手统抓,从选择材料到推销产品,无论大事小事他都要事必躬亲。在他几年的努力下,企业的规模开始有所扩大,产品的市场占有率也有了很大的提升,自己的薪水也有了相应的上涨。

现在,房贷也还得差不多了,王先生也开始静下心来好好地为自己的职业生涯着想了。因为他发现自己在这个企业已经遭遇了"发展瓶颈",很难取得大的进步了。要跳槽,自己该往哪方面跳呢?要充电,又该从哪里抓起?

(资料来源:新闻晨报.2009-10-10。)

上述引例中给出了中年人"人到四十"在职业发展中所面临抉择问题。事实上,这也是每个进入劳动力市场上的劳动者都可能会面临的一个问题,而如何来形成科学的职业观及职业发展规划,合理择业、从业,进而通过职业投资、职业流动等获得职业发展,实现个人全面发展无疑也成为目前职业发展中面临的紧迫问题,也是职业发展经济学所关注的核心问题。略显遗憾的是,目前国内外对于职业发展经济学的研究大部分都出现其他分支学科中,如对于职业流动、职业搜寻的研究大部分是在劳动经济学科框架下进行,尚未形成系统的职业发展经济学研究框架。基于此,系统梳理目前职业发展问题经济学研究的理论和方法,尝试建立新的职业发展经济学分析框架,为拓展经济学研究新领域,并有效指导劳动者的职业发展,具有非常大的学科价值和实践价值。

1.1 研究对象

严格限定一门学科的研究范围及对象,是科学研究的基本条件①。这对该学科的研究内容发展方向起着非常重要的作用,甚至在一定程度上是决定着该学科能否形成

---

① W·I·B·贝弗里奇.科学研究的艺术.北京:科学出版社,1979.

独立完整学科的关键因素。目前，职业活动已成为人们社会经济活动的核心，但对于职业发展经济学的研究对象以及研究框架尚未形成一个规范的认知，使得在职业活动和职业发展领域的理论研究滞后于实践，制约了职业发展经济学学科的形成和发展。

1.1.1 工作与职业

职业发展经济学是以职业发展为研究对象，以经济学为研究视角，以职业发展决策和行为为研究内容。不过，在讨论职业发展之前，首先必须搞清楚什么是“职业”；而要讨论“职业”的定义，又必须先了解“工作”。工作与职业之间有着极为密切的联系。

相对于职业而言，工作是一个更微观的概念。它指的是个人所做的具体事情或几个具有类似特征和技能要求的事情。尽管在中文的语境中，工作的概念是相当笼统的，但是，在人力资源管理学科和实践中，工作是个清晰的概念。工作有三个层面的含义。工作最狭义的定义是指在一段时间内为达到某一目的的活动，即“任务(task)”。而最常用的是，工作是指个人从事的一系列专门任务的总和。工作有六个特征：(1) 工作是组织最基本的活动系统；(2) 工作是相对独立的责权统一体；(3) 工作是组织同类岗位(职位)的总称；(4) 工作是部门、业务组成和组织划分的信息基础；(5) 工作是人进入组织的中介；(6) 工作与组织相互支持[①]。最广义的工作定义则包括个人在组织内的职业发展通道。

在人力资源管理中，工作包含三个最重要的组成部分：工作名称、工作描述、工作规范。为便于管理，每一项工作被赋予一个名称，由于组织差异性的存在，相同的工作可能有不同的名称。工作描述即是该工作做什么(具体事情或任务)，而工作规范则表明该项工作需要什么样的人来做(知识与技能要求)。

工作描述是对工作本身的内涵和外延加以规范的描述性文件，主要内容包括工作目的、职责、任务、权限、业绩标准、职位关系、工作的环境条件、工作的负荷等。工作规范指的是与工作绩效高度相关的任职者所需具备的知识、技能、能力以及个性特征要求，主要包括：(1) 知识。(2) 工作经验，包括社会工作经验与公司内部职业生涯。(3) 培训要求。(4) 工作技能。(5) 隐性职位规范，来自企业的整体能力模型和分层分类的能力体系，即需要根据企业的整体竞争战略和文化，提出企业员工需要具备什么样的能力，从而形成企业分层分类的能力要素库。(6) 工作态度和品性[②]。

与工作相关的所有信息一般都呈现在组织的工作说明书(也常用“职位说明书”)之中。工作说明书是通过正式的工作分析过程得到的。为了适应不断变化的竞争环境、技术进步以及企业经营的法律环境所带来的新需求，新的工作分析方法一方面需

---

① 付亚和. 工作分析. 上海：复旦大学出版社，2004：4—5.
② 张振香. 发电企业人力资源管理理论与实践. 北京：中国劳动社会保障出版社，2009.

要体现工作的未来发展变化趋势，同时还需要体现组织特定情景下对工作的特殊要求。桑切斯(Sanchez)认为工作分析要面对未来就必须首先采取自上而下的方式收集信息，而不是根据原有的工作设定自上而下地来进行；工作职位分析还应该结合企业的文化和战略特点。这种分析方法采取的自上而下的方式是对传统工作分析中自下而上信息收集方式的重要补充①。

这个方面的一个巨大进展是，美国劳工部于 2000 年提出了新的工作分析方法——职业信息网络(occupational information network)，即 O＊NET②。O＊NET 职位分析系统遵循三个原则：多重描述(multiple windows)、共同语言(common language)和职业描述的层级分类(taxonomies and hierarchies of occupational description)。O＊NET 设计了多重指标系统(见图 1－1)，综合了问卷法和专家访谈法等各种工作分析方法，不仅考虑了职业需求和职业特征，而且还考虑了任职者的要求和特征；更重要的是，它还考虑了整个社会情景和组织情境的影响作用。同时，该系统具有跨工作的指标描述系统，为描述不同的工作提供了共同语言，从而使得不同职业之间的比较成为可能③。

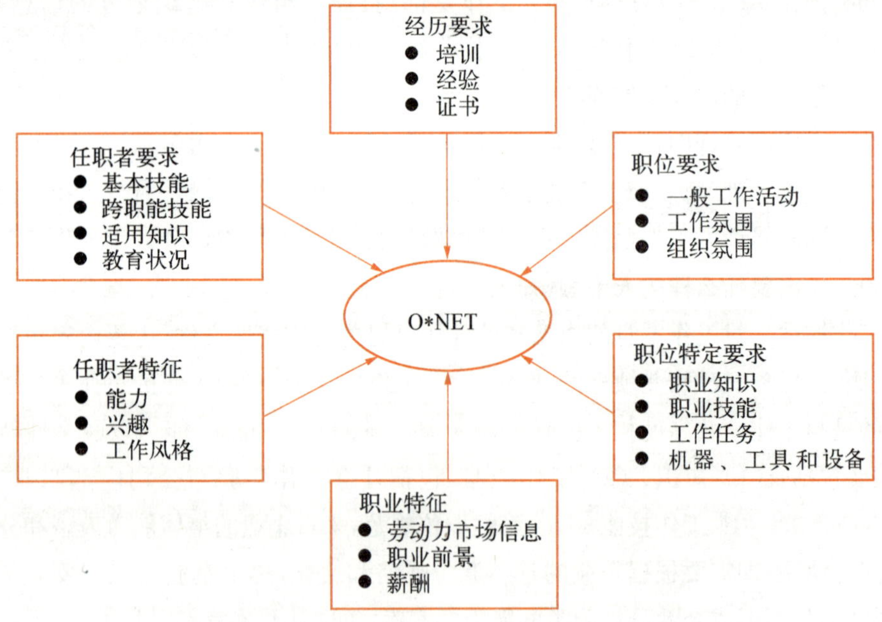

图 1－1 职业信息网络体系工作描述的内容模型

资料来源：杰克逊，舒勒，管理人力资源：合作伙伴的责任、定位与分工. 北京：中信出版社，2006：243

---

① Sanchez J I., 1994. "From Documentation to Innovation: Reshaping Job Analysis to Meet Emerging Business Needs." *Human Resource Management Review*, Vol. 4, No. 1, pp. 51－74.

② http://online.onetcenter.org/.

③ 张振香(编). 发电企业人力资源管理理论与实践. 北京：中国劳动社会保障出版社，2009.

上述对于工作的分析都是基于人力资源管理视角的。对于一个从事特定工作的人来说，他所从事的工作要么就是他的职业，要么是他职业的一部分；他所从事的工作的总和构成了他的职业生涯。但是，他更关心自己的工作兴趣、从事该工作的薪酬水平、社会地位以及工作目标和意义，这是职业的本质。

职业的定义有两个侧重点。就事而言，工作就是职业。但是，从职业分类的视角来看，工作是职业的最小类，甚至于几项工作的集合才能构成职业的最小类。纵向看，在一个组织中，工作是组织的最小构成单位。横向看，在劳动力市场中，工作是职业的最小组成单位。就人而言，职业是指一个人所从事的工作之和，不仅强调人的选择、行动与目标，而且强调职业的生命周期性。这也是本书所确定的角度。我们关心人们如何选择自己的职业以及如何从事自己的职业，关心职业如何帮助人们获得充实的人生。

就职业概念而言，我国《职业分类大典》把职业定义为从业人员为获取主要生活来源所从事的社会工作类别（国家职业分类大典和职业资格工作委员会，1999 年）。职业须具备下列特征：一是目的性，即职业活动以获取现金或者实物等报酬为目的；二是社会性，职业是从业人员在特定社会生活环境中所从事的一种与其他社会成员相互关联、相互服务的社会活动；三是稳定性，职业是从业人员在一定的历史时期内形成，并具有较长生命周期；四是规范性，职业活动须符合国家法律和社会到达规范；五是群体性，职业必须具有一定的从业人数。①

按照职业的特性，《中华人民共和国职业分类大典》将我国职业归为 8 个大类，66 个中类，413 个小类，1 838 个细类：第一大类，国家机关、党群组织、企业、事业单位负责人，包括 5 个中类，16 个小类，25 个细类；第二类大类，专业技术人员，包括 14 个中类，115 个小类，379 个细类；第三大类，办事人员和有关人员，包括 4 个中类，12 个小类，45 个细类；第四大类，商业、服务业人员，包括 8 个中类，43 个小类，147 个细类；第五大类，农、林、牧、渔、水利业生产人员，包括 6 个中类，30 个小类，121 个细类；第六类，生产、运输设备操作人员及有关人员，包括 27 个中类，195 个小类，1 119 个细类；第七类，军人，包括 1 个中类，1 个小类，1 个细类；第八类，不便分类的其他从业人员，包括 1 个中类，1 个小类，1 个细类。

实际上，许多国家都制定了各自的职业分类体系，用来指导职业活动，如美国标准职业代码方案（Standard Occupational Coding Schemes，SOC2010）。美国标准职业代码方案是由美国劳工部编制实施的标准职业分类系统。它将美国的职业分为 23 个大类、97 个中类、461 个小类、840 个细类，其中 23 个大类分别为：管理职业；商业和金融事务类职业；计算机和数学类职业；建筑和工程类职业；生命、体育和社会科学类职业；

① 国家职业分类大典和职业资格工作委员会. 中华人民共和国职业分类大典. 北京：中国劳动出版社，1999.

社区和社会服务类职业;法律类职业;教育、培训和图书管理职业;艺术、设计、娱乐、体育和传媒类职业;保健实践和技术类职业;保健保养类职业;保卫以及服务类职业;食品加工和餐饮相关职业;建筑和地面清洁类职业;个人护理和服务类职业;销售以及相关职业;办公、行政支持类职业;农业、林业和渔业;建筑和酿造业;安装、维护和维修类职业;生产类职业;交通和运输职业;军队特殊职业。

1.1.2 职业发展

职业发展是指劳动者在其一生中的工作与职业变化过程。职业发展有三层含义。职业发展首先是一个时间概念。它是指劳动者在其一生中从年轻到年老的工作于职业的总和,即劳动者的职业生涯过程,反映了不同年龄阶段的职业发展特征。利文森(Levinson,1978)将职业生涯分为六个阶段:拔根期、成年期、过渡期、安定期、潜伏的中年危机期、成熟期(见表1-1)。

表1-1 职业生涯六阶段(利文森,D. J. Levinson,1978年)

年龄阶段	生涯阶段	主要任务
16—22岁	拔根期	多数人离开父母,争取独立自主,力求寻找工作,实现经济上的自我支持
22—29岁	成年期	寻找配偶,建立家庭,做好工作,搞好人际关系
29—32岁	过渡期	进展不易,忧虑较多,很多人改变工作和单位,以求新的发展
32—39岁	安定期	有抱负希冀成功的人,将专心致志地投入工作,以求有所创新,取得成就
39—43岁	潜伏的中年危机期	对大部分人来说,工作变动性降低,意识到年轻时的抱负很多没有完成,希望获得生涯进展和改变方向的机会已经不多了
43—59岁	成熟期	当生涯之重大问题已经满意时,往往会满足于现状,希望安定下来,抱负还有,但水平不及中年高了;有的现实情况出现事与愿违,在组织内部关系上,还能得到发展和加深

资料来源:王通讯. 职业生涯话管理. 中国人才. 1997(1):17—19

在第二层含义上,职业发展强调劳动者管理自己职业生涯的主动性,即职业规划。在这个意义上,职业发展是劳动者为自己的职业乃至人生目的,根据个人的教育背景、技能水平、兴趣爱好、知识、动机等需求特征,主动确立具体职业目标并付诸行动的过程。而且,由于劳动者需求特征的变化以及劳动力市场环境的变化,劳动者会在这个过程中不断调整自己的职业目标及其行动计划。实际上,职业规划还有另外一个重要主体。由于职业基本上都是以组织为载体的,而这个组织总是希望个人的职业发展也能给组织带来价值,因此,组织也是积极主动地参与员工的职业规划过程。它们通常会为了不断地增强员工个人的工作满意感并使其能与组织的发展需要统一起来而制定和协调有关员工个人职业发展与组织发展相结合的组织职业规划。

职业发展的第三层含义是在前两者基础上强调职业发展决策与行为，即劳动者是如何决策是否从事职业活动，如何选择自己的理想职业，以及如何追求职业生活与家庭生活的平衡等。职业发展经济学即是运用经济学的基本理论与方法来分析劳动者职业发展决策和行为的原因及其结果。这是本书的主线。

1.2 学科联系

学科发展从来都不是独立的。探讨学科之间的联系不仅有助于学科发展的相互借鉴，而且有利于学科的细化深化发展。特别是对于经济学发展而言，由于其相对成熟的理论与方法体系，经济学进入许多通常被认为难以进行经济学分析的领域，如家庭、犯罪、管理实践等，而这个过程反过来更加充实了经济学的解释力。在劳动经济学中，情形也是如此。人事管理经济学是劳动经济学（以及经济学）更加专注于组织内部的人力资源管理决策而产生的分支学科，职业发展经济学则是专注于个人职业生涯发展而产生的，它们又反过来进一步促进了劳动力需求与供给行为研究的细化与深化。

1.2.1 职业发展经济学与劳动经济学

职业发展经济学与劳动经济学之间的关系最为直接。职业发展经济学是劳动经济学的分支学科，专注于劳动力供给决策与行为。根据图 1－2，劳动经济学从稀缺、理性假设出发，关注于劳动力市场各类主体的收益最大化，分析劳动力市场决策与行为、劳动力市场结果以及劳动力市场效应。

从图 1－2 中，我们观察到，劳动者基于稀缺理性的考虑，为了追求个人效用最大化而开展自己的劳动力供给决策和行为。在劳动力供给决策部分，我们关心如下问题。(1) 工作参与。我们关心个人市场工作时间与闲暇时间的配比问题；关心当个人结婚从而组成家庭后决策的变化：要以谋求家庭（即两个人联合）效用的最大化来替代以前单纯谋求个人效用最大化。因此，配比问题变为市场工作时间、闲暇时间、家庭生产时间这三者之间的权衡。这些问题由工作决策理论、家庭生产理论与三重选择、联合工作决策等来回答。(2) 职业选择。职业选择关心的是我们想要什么样的工作或职业，是高工伤风险同时高工资还是相反或其他选择，是高福利低工资的职业还是高工资低福利工作，是自我管理的工作时间越多越好还是按部就

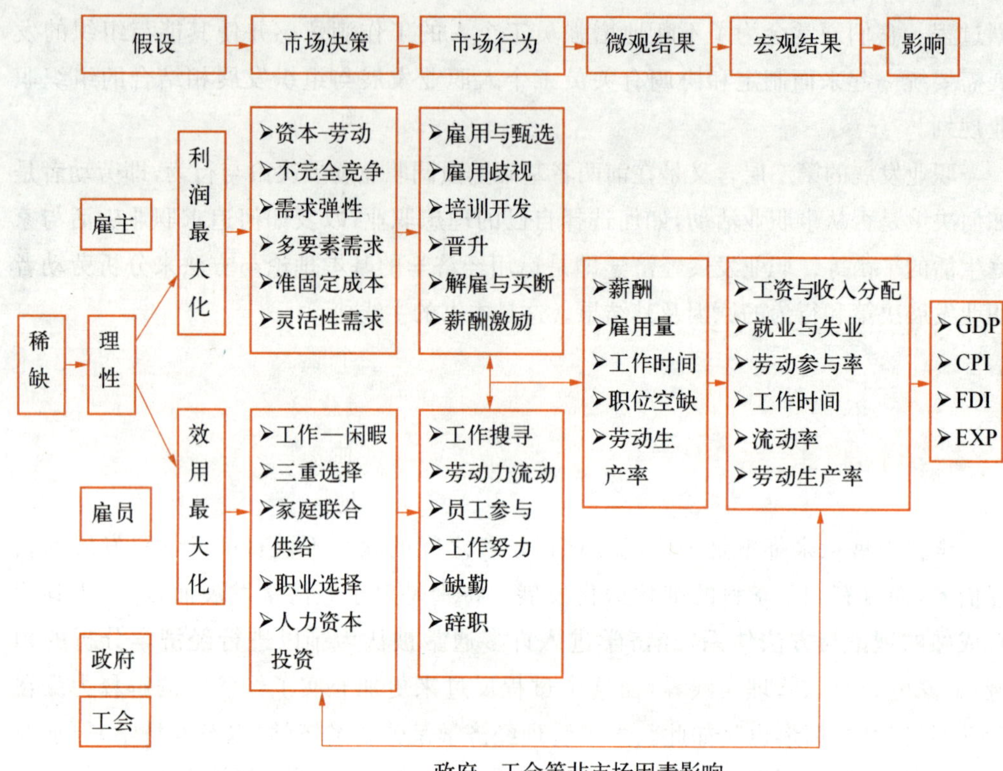

图 1-2 劳动经济学分析框架：DARE 模型

资料来源：杨伟国. 劳动经济学. 大连：东北财经大学出版社，2010：23

班，等等。我们通过讨论工伤风险、福利偏好以及弹性工作时间与工资相结合的职业特征等问题来回答。(3) 生命周期与职业生涯。这里我们阐述一个人的一生中如何分配时间在工作和其他选择上面。这些具体问题包括职业生涯决策的生命周期理论、人力资本投资（进入就业的时间）、已婚妇女的劳动力参与、退出劳动力市场（退休年龄）。

劳动力供给行为是当我们确定了供给决策后如何实现我们的决策。这涉及的问题包括：(1) 工作搜寻。工作搜寻模型、在职工作搜寻、网络工作搜寻。我们是否需要在现有工作的同时寻找更适合我们的工作？我们到哪里去寻找我们想要的工作机会，是通过社会网络还是互联网？(2) 劳动力流动。劳动力流动模型、工作流动（离职）、地区流动、国际流动。什么因素决定一个员工是否离职？当一个人已经在某地工作时又出于各种原因要迁移到其他地方时，就涉及了劳动供给地区变化的问题，甚至于直接迁移到国外①。

上述劳动力供给决策与行为的经济学分析正是职业发展经济学的全部内容所在。

① 杨伟国. 劳动经济学. 大连：东北财经大学出版社，2010：24.

职业发展经济学至少在三个层面上扩展了劳动经济学。职业发展经济学首先是对劳动经济学劳动力供给方面的深入细化研究，这不仅包括对更加细节部分的关注，还包括拓展新的研究问题，如职业场所的工作投入、职业平衡问题等。这种扩展既是科学研究发展的必然结果，也是人在劳动力市场中的价值日益体现的结果。其次，职业发展经济学是"职业发展的经济学"，也即经济学是作为分析工具存在的，我们关心的是职业发展。我们的思维模式也是职业发展导向的，而不是经济学导向的。最后，职业发展经济学比劳动经济学更为"人性化"，它是从关心劳动者的职业生涯角度展开经济学分析的。在劳动经济学中，劳动力更多时候都只是一个概念。在职业场所寻找人的全面发展路径也是劳动经济学乃至整个社会科学的本质意义所在。由此，劳动经济学已经越来越难以完全包容职业发展部分的内容了，一个独立的职业发展经济学不仅能够更好地服务于自身学科发展的需要，而且也能够更好地推动劳动经济学的发展。

1.2.2 职业发展经济学与人事管理经济学

职业发展经济学与人事管理经济学是姊妹学科，它们同为劳动经济学的分支学科。不仅如此，职业发展经济学和人事管理经济学实际上是从不同的角度来研究同一个问题，即分别从雇主和雇员的角度来研究雇员的工作与职业发展问题。拉齐尔(Edward P. Lazear)的《人事管理经济学》第一次将经济分析方法系统地运用于人力资源问题探讨，开创了新的经济学分支学科，奠定了人事管理经济学的分析框架①。然而，拉齐尔是从雇主的需要来考虑员工作为人力资源的配置与激励问题，没有从雇员主体来分析他们的职业发展需求。不关注这一点，人力资源管理的经济学分析显然是缺少了一个重要的参照系。

人事管理经济学就是用经济学方法来理解企业内部的人力资源管理工作②。从领域来看，人事管理经济学实际上是劳动经济学中的"劳动力需求经济学"，即将经济学的假设、概念、分析框架及研究方法运用于企业如何管理劳动者在工作场所内的行为——人力资源管理范畴③。资源配置和激励问题是经济学的核心问题，人事管理经济学只是将这些问题扩展到对人力资源配置与激励等人力资源管理问题的分析上来。如同经济学的其他分支领域一样，人事管理经济学假设工人和企业均是理性的、追求利润最大化的个体，该领域的经验分析也都是建立在利润最大化的行为基础上的④。

---

① 董志强，蒲勇健. 人事管理经济学：一个述评. 商业研究，2004(4)：95—99.

② Lazear E. "Personnel Economics: Past Lessons and Future Directions." NBER working paper 1999, No. 6957.

③ 杨伟国. 劳动经济学. 大连：东北财经大学出版社，2010：12.

④ 杨伟国，唐鑛. 人事管理经济学. 上海：复旦大学出版社，2012：5.

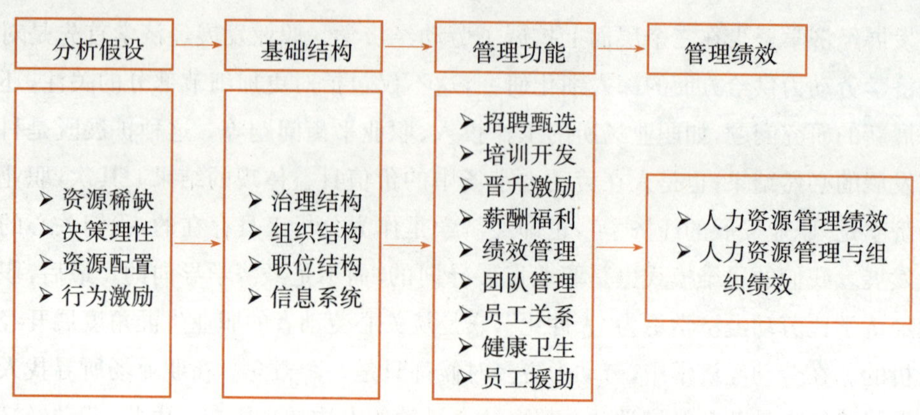

图 1-3　人事管理经济学分析框架：IFP 模型

资料来源：杨伟国，唐鑛. 人事管理经济学. 上海：复旦大学出版社，2012：9

从图 1-3 可知，基于经济学的分析假设，我们可以将人事管理经济学的分析框架归纳为 IFP 模型，也即人事管理经济学的使命是分析一个组织的人力资源基础结构(human resource infrastructure)、人力资源管理功能(human resource function)以及人力资源管理绩效(human resource performance)。这显然是一个"人力资源管理方法"，因为我们更希望强调经济学视角下的人力资源管理。在我们看来，人事管理经济学更多的是为人力资源管理这提供分析工具的，因为这个领域传统上并没有坚实的学科基础，缺乏科学的分析手段，因此，我们尝试提供一个经济学的工具，但是这不代表没有其他的工具可选择，也不代表其他工具不重要。我们必须遵循"客户导向"按照人力资源管理者熟悉的思路和框架构建我们人事管理经济学的分析框架，这样有助于他们更好地在原有思考的基础上增加经济学的分析方法，深化他们对某个领域问题的理解。同样，对于即将走上工作岗位的管理专业的学生而言，他们也不会按照经济学的思路去进行管理，而且学校所学课程均以管理分析模式为主导，所以我们这种考虑会让他们以最小的成本增加自己对管理的理解力，具有巨大的边际收益①。这同样是我们思考职业发展经济学的方法：我们首先想到的是职业发展，然后我们思考经济学能帮上什么忙。

对于职业发展经济学与人事管理经济学的关系，一个最简单的回答是：它们从完全的不同的视角(雇主与雇员)来研究同一个问题(员工行为)。雇主必须遵循"利润最大化"原则来思考是否需要雇用劳动力，如何选择合适的劳动力，如何安排工作岗位，如何开发他们的工作能力，如何激励他们工作更加投入等等问题。而这些问题也同样被劳动者思考着，只是他们关心"效用最大化"原则，要不要去工作，选择什么样的职业，如何应对职业场所的不公平待遇，是否需要全身心工作投入，等等。正

① 杨伟国，唐鑛. 人事管理经济学. 上海：复旦大学出版社，2012：8.

是由于完全不同的视角和同一个问题，职业发展经济学和人事管理经济学更能够相互借鉴，彼此促进，从而能够为雇主和雇员找到一条两个最大化的均衡点奠定研究基础。

1.3 分析框架和研究方法

在我们完成职业发展经济学的研究对象与学科联系的讨论之后，我们尝试提出一个初步的职业发展经济学分析框架，既帮助我们更好研究职业发展，同时也为这个学科的进步提供一个靶子。这个分析框架是基于一个“职业发展链”来构建的，试图反映一个人从职业决策到退出职业场所的整个职业生涯过程链条。随后，我们非常简单地概括了职业发展经济学的研究方法，这其实并没有新的发现，而是再一次强调了经济学研究方法的特点。

1.3.1 职业发展经济学的分析框架

职业发展经济学以劳动者追求成功的个人职业发展为出发点，以职业的优化配置问题为核心，以经济学的方法为分析手段，从职业决策、职业选择、职业搜寻、职业投资、职业投入、职业流动、职业平衡、职业保障八个方面对职业发展链(career development chain, CDC)进行了详细梳理，努力搭建一个相对完整的知识体系(见图 1－4)。

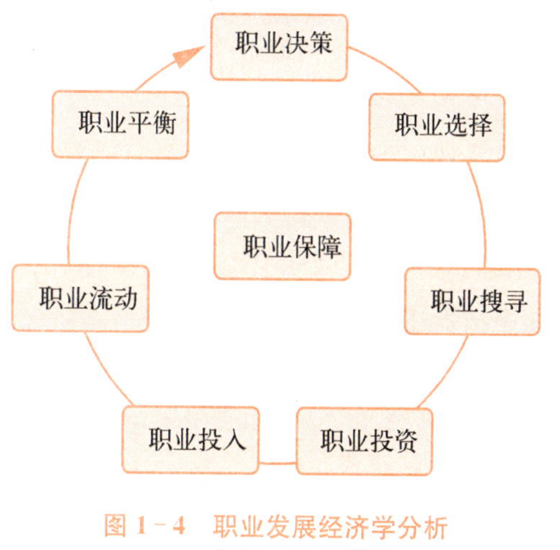

图 1－4 职业发展经济学分析框架：CDC 模型

在职业发展链中，职业决策、职业选择、职业搜寻、职业投资、职业投入、职业流动、职业平衡等构成了职业发展的主链条，而职业保障则贯穿于整个职业发展过程，承担职业权利的保护责任，需要得到特别注意。

以下我们将根据章节的顺序简要概括各章要回答的关键问题，从而便于读者在一开始就能够对职业发展经济学有一个总体的了解。自然而然地，作为第 1 章的导论需要回答职业发展经济学研究什么以及如何研究。这就是需要阐明职业发展经济学研究对象、职业发展经济学的学科关系以及职业发展经济学的研究内容与研究方法。

第 2 章职业决策与第 3 章职业选择属于劳动力供给决策范畴。“职业决策”关心是否从事职业活动？职业决策关心人们一生中最基本的时间分配决策问题：是否工作以及工作多少时间。本章利用工作决策理论和家庭生产理论，对个体劳动者职业决策过程，多重选择以及以家庭为单位的联合职业决策进行分析，诠释劳动者在职业工作、家庭生产和闲暇三者时间分配上的最优决策行为。“职业选择”关心选择什么样的职业？本章重点分析雇员和雇主双方在各自效用最大化情况下如何实现工作匹配问题，同时阐述不愉快工作特征、弹性工作制与雇员福利对职业选择的影响。

第 4 章到第 8 章都属于劳动力供给行为范畴。第 4 章职业搜寻研究如何寻找职业。我们将学习如何理解和认识工作搜寻行为，从理论和实证的角度考察影响工作搜寻行为及决策的市场因素和个人因素。第 5 章职业投资关心劳动者如何胜任职业工作。通过本章的学习，我们了解教育如何提高个人的人力资本价值，个人应如何进行投资选择，了解教育投资的信号模型是如何发挥作用的，了解在职培训投资的成本分摊，了解终身学习的必要性。第 6 章职业投入关心劳动者如何投入自己的职业活动。本章重点阐述职业投入的主要形式(工作时间、加班、出勤、缺勤等)以及影响职业投入的关键因素，并就团队合作和工作创新进行分析。第 7 章职业流动分析如何进行职业调整以优化职业选择。本章将重点阐述职业流动类型、影响职业流动因素，并对职业流动模型及职业流动测量进行了分析，同时也简要介绍了职业代际流动研究现状。第 8 章职业平衡探究如何平衡职业与家庭生活。从劳动力供给理论、家庭生产模型和生命周期理论来分析工作生活平衡，同时对职业女性的工作生活平衡影响因素和表现特征进行分析，寻求探讨职业平衡策略。最后，简单介绍职业退出的前沿理论以及影响职业退出抉择的影响因素。

第 9 章作为本书的最后一章探讨贯穿劳动者一生的职业决策与行为中的职业保障。本章的核心是如何在职业发展过程中保护职业权利。分析工会的作用机制、工会与企业的谈判过程及工会对劳动力市场的影响；同时，阐述组织内社会资本对劳动者工作生活产生的影响。

1.3.2 研究方法

经济学是一门研究人类经济行为和经济现象及人们如何进行权衡取舍的学问。正是由于资源的稀缺性与人的欲望的无止境性这一对基本矛盾才产生了经济学，逼迫人们作出权衡取舍的选择，用有限的资源最大限度地满足人们的欲望①。而作为经济学的一门分支科学，职业发展发展经济学则以研究如何实现职业这一稀缺资源如何实现最优配置的学科。特别是，这门学科关心劳动者如何能够利用经济学的知识来更好

---

① 田国强. 现代经济学的基本分析框架与研究方法. 经济研究，2005(2).

地规划并掌控自己的职业生涯发展。

为了说明职业发展经济学的研究方法，我们需要明确经济学的两个基本假设①：一是资源稀缺性假设。职业发展经济学以职业配置最优为核心，那么职业是不是稀缺资源？回答当然是肯定的。在现实中，职业的供给往往通过工作来表示。相对于人们对工作的需求来看，工作往往是稀缺的，完全竞争下的市场出清即充分就业在现实中往往难以实现，失业无法避免。这也决定了工作（职业）的供给无疑是有限的，而如何实现这一有限资源的合理配置，无疑是职业发展经济学解决的核心问题。不过，也许有人会问，如果说工作（职业）是稀缺资源，那么现实中为什么还存在一定的工作空缺现象？对这一问题的解释要从几个方面来说：首先，劳动力市场就业信息的不完全性，导致工作供需双方无法实现匹配；其次，工作空缺和工作的稀缺性并不矛盾。空缺的工作并不代表求职者可以轻易获得，空缺工作可能对与劳动者职业能力的要求更高，虽然劳动力市场存在一定的失业者，但失业者的能力（技能等）水平并不能与空缺的工作相匹配，而空缺的工作并不因工作招不到求职者而降低要求。二是，经济行为人理性假设。在职业活动中，企业是劳动力的需求者，也是工作的提供者，而劳动者无疑是劳动力的提供者，但同时也是工作的需求者。企业在利润最大化条件下进行生产，同时也决定了企业对工作的提供量，企业决策符合理性人假设。而劳动者自身也会在职业工作、家庭工作以及闲暇之间配置时间以获得最大化效用。劳动者职业工作的参与度（参与时间）无疑是劳动者进行理性决策的结果。

与经济学一样，职业发展经济学的研究方法主要是实证研究方法。实证研究方法是认识客观现象，向人们提供实在、有用、确定、精确的知识的方法，其重点是研究现象本身“是什么”的问题。具体来讲，计量分析是目前职业经济与职业发展领域研究所使用的最主要的研究方法。职业经济研究主要以劳动供给、家庭经济学、人力资本理论、工作搜寻理论、劳动迁移理论等为基础，这些理论都相对比较成熟，拓展的空间并不大，所有后续的研究很少再进行新的职业经济基础理论创新，更多的是来检验这些理论在职业活动中的适用性，所以实证计量分析也成为职业发展经济学研究的主要方法。

这一研究方法也有一个比较大的缺憾。利用大量的经验数据进行反复验证，但结果可能出现不一致，甚至完全相反。出现这种状况的原因可能有两个：一是采用的实证样本来源不一样；二是计量方法上的差异。这都会导致最终的结论不一致，也使得实证检验难以在样本之外的区域推广，影响结论的适用性。当然这需要后续研究进行进一步发展和拓展。

---

① 陆铭.劳动经济学——当代经济体制的视角.上海：复旦大学出版社，2006.

本章小结

如何引导人们合理从事职业活动，实现职业的最优化配置成为研究关注的焦点，这也是职业发展经济学着力解决的主要问题。职业发展经济学则以研究如何实现职业这一稀缺资源最优配置的学科。它主要是对职业活动领域的经济关系及其运行规律集中研究，考察职业活动中职业决策、职业选择、职业投资、职业生涯、职业流动等问题，是劳动经济学基础理论在职业活动领域中的具体应用，同时也扩展了劳动经济学的研究领域。职业发展经济学、劳动经济学与人事管理经济学存在着极为密切的学科联系。职业发展经济学与人事管理经济学是姊妹学科，并同为劳动经济学的分支学科。职业发展经济学符合资源稀缺性和经济行为人这两个基本假设，与经济学理论有了共同的逻辑起点。职业发展经济学的研究方法主要是实证研究方法。

复习思考题

1. 职业发展经济学主要研究什么？为什么需要研究这些问题？
2. 职业发展经济学与劳动经济学、人事管理经济学有何联系？
3. 职业发展经济学的分析框架是什么？

案例分析

大学生就业调查：七成毕业生五年两跳槽

大学生找工作有多难？为什么这么难？带着这个问题，华南理工大学学子(以下简称华工学子)利用假期，走了 29 个省、市、自治区，发放了超过 10 000 份调查问卷，共同完成了一份 16 万字的调查报告。在刚刚结束的第十二届“挑战杯”全国大学生课外学术科技作品竞赛总决赛上，华工学子的《转型期大学生就业问题及其对策研究——基于全国 29 个省市自治区的调查分析》获得全国特等奖。

跳槽频繁企业受不了

华工学子通过调研发现，学生、学校对就业的认识与用人单位、社会对人才的实际需求存在错位现象。调查显示，在校大学生更注重自己的领导能力和实践能力，而用人单位最看重的是责任意识、敬业精神等。受访学生中，有七成人工作5年内至少跳槽两次，很多企业表示"不能忍"。

谈到责任意识、敬业精神，"跳槽"现象是一个集中的体验。华工学子在走访一个中小型企业时，有位企业高层颇为生气地说："我们再也不招大学生了！"细问之下才知道，招来的大学生平均一两年就要跳槽，往往是刚刚在企业完成培训，到了"上手"的时候就走，企业相当于"为他人作嫁衣裳"。在调研结果中，毕业5年以内的大学生跳槽两次及以上的竟然超过70%！

调查发现，目前在就业市场上最为"吃香"的还是技术类专业。而本科毕业生的主要雇主为民营个体企业、制造业、电信服务业和建筑业。但调查显示，只有约一成的毕业生表示愿意去民营企业工作。显然，毕业生的就业期待需要调整。

职业生涯规划越早越好

对大学生来说，就业指导也非常重要。"很多高校将就业指导课程和活动放在大四，甚至临近毕业前，但这时候往往已经晚了。"钟滔认为，职业生涯规划方面的课程、讲座和活动应该越早开展越好，甚至从大一入校做起。他谈到，很多学校的就业指导中心主要工作是发布就业信息，但同学们实际最需要的却是对职业生涯规划的指导以及个性化的咨询服务。

值得注意的是，调查显示，毕业生中，女性的收入总体低于男性。在受访者中，月收入高于5 000元男性毕业生占到受访男毕业生的15%，而月收入高于5 000元的女毕业生占女毕业生群体的不到10%。

从学历来看，研究生中月收入超过5 000元的最多，大多数本科生月收入在2 000—3 000元之间，而月收入在1 000—2 000元之间的主要为专科生。调查显示，在外企工作的毕业生的工资普遍较高，高于其他性质的单位。

（资料来源：广州日报. 2011-10-25）

分析：请结合本章所学内容，分析资料中提到的大学生频繁跳槽原因？你是如何看待这一现象的？

推荐阅读资料

1. ［美］爱德华·拉齐尔. 人事管理经济学. 北京：生活·读书·新知三联书店、北京大学出版社，2000：8—65.

2. 齐经民. 职业经济学. 北京：经济科学出版社，2004.

3. 杨伟国. 劳动经济学. 大连：东北财经大学出版社，2010.

4. Lazear E., "Personnel Economics: Past Lessons and Future Directions." NBER

working paper 1999，No. 6957.

网 上 资 料

1. 中国职业发展网：http://www. careerbeyond. com.
2. 美国职业发展协会（NCDA）：http://associationdatabase. com/aws/NCDA/pt/sp/Home_Page.
3. 美国劳工部职业网：http://www. onetonline. org.

第 2 章

职业决策

学习目标

职业决策关心人们一生中最基本的时间分配决策问题：是否工作以及工作多少时间。通过本章的学习，掌握个体劳动者职业决策过程；重点掌握工作决策理论和家庭生产理论；掌握劳动者对职业工作、家庭生产和闲暇三者时间分配决策；理解以家庭为单位的联合职业工作决策。

引 例

家庭分工大挪移

36 岁的小刘，承包了家里所有家务。同事、同学聚会，他经常没法参加。女儿放学得去接，安排她吃饭，再监督她做作业。折腾完，就是晚上 10 点多。有时，他会自嘲说，自己是“家庭主男”。不过，他说这话的时候，很坦然，没有半点自卑。小刘和妻子小许是大学同学，毕业一年后结婚。小刘在厦门一家事业单位上班，月薪 3 000 多元。小许在一家外贸公司做业务，每月收入 2 000 多元。刚开始那会，他们的家庭模式还是传统的“男主外，女主内”。小许很勤快，家里收拾得窗明几净，还能烧一手好菜。房子是结婚时买的，地点、户型、装修，都是小刘拍板决定。“不知不觉中，我们的角色对调了。”小刘笑言。因为做业务，小许经常得应酬，她变得越来越忙。女儿出生后，家里的活慢慢都转移到小刘身上。买菜做饭、打扫卫生、接送女儿上学、辅导女儿功课，他成了家里“一把手”。在事业单位，虽然稳定，但收入一直不见增长。小许却不一样，随着经验、资源、人脉的积累，她的收入逐年上升，3年前，她索性“自立门户”开了家外贸公司。生意越做越大，买了车，购置了好多房产和店面。小刘也索性辞职，平时到老婆公司帮忙，更多时候是打点家里。对于这样的家庭分工，两人都很坦然。“我们从没想过是谁在养谁。他的性格爱静，平时他主要照顾家里，玩玩摄影，那是他的爱好。但公司有几次碰到危机，他都站出来想办法解决了。我们现在这样很幸福。”小许说。

长期以来，男性一直是家庭经济收入主要来源，女性则以照顾家庭为主。但随着社会经济的发展，“男主外、女主内”的传统家庭分工体系也已经受到冲击，男女内外界限变得模糊，如小刘家的“女主外、男主内”的新型家庭分工也悄然出现。

其实，在西方国家这种转变早已开始。“亲爱的，下班买点奶酪回来吧！”丈夫刚刚打给妻子的一通甜蜜又奇妙的电话，正是家庭分工大挪移的佐证。据资料显示，在2008年，全球一共有274万人被单位遣散，其中高达五分之四是男性！在美国，男性失业率比女性多出23个百分点，男女失业差距是自1983年以来最高的。“越来越多的男性将重新认识到家庭的重要性，这将是一场社会与家庭的革命！”社会学家激昂的评论频现报端，字字如锤。

事实上，当丈夫皮特抱着办公室的家当回到家中，百无聊赖地调换遥控器时，凯莉就已经开始酝酿“改造丈夫”计划了。不过，让一个连橱柜方向都弄不清楚的工作狂丈夫瞬间适应外转内显然不容易。“亲爱的，这是孩子的课程时间表，上网投简历的时候别忘了把它复制到电脑桌面上。”凯莉决定采用温和渐进的方式。这是一个让人莞尔的美妙改变：每天晚上给儿子准备一个精彩的故事，俨然成了皮特一天中最得意的工作。皮特在台灯下耐心地翻看童话，把父亲的影子藏在灯晕里。皮特说：“做父亲是一份最重要也最费心的工作，我愿意享受它。”

另一项调查显示，有五分之一的德国女性甚至担负起了养家糊口的大部分重任。2006年，德国东部22.3%的家庭的女性承担起了挣钱养家的主要责任，在西部这一比例为18.5%。妻子的收入超过了丈夫，或者作为单亲妈妈担负了家庭收入的大部分。

（资料来源：《女主外男主内 “新养男时代”浮现》，凤凰网，http://news.ifeng.com/society/2/201003/0308_344_1567781.shtml，2010-3-8；《德国家庭分工模式发生转变》，德国印象，http://www.deyinxiang.org/HTML/GermanyProfiles/Culturalhistory/Sociopolitical/2009/02/200902260343374867.shtml，2009-02-26；《家庭分工大挪移》，新华网，http://news.xinhuanet.com/herald/2009-06/02/content_11472723.htm，2009-06-02，已整理。）

通过上述引例，我们了解到家庭内夫妻分工新的变化。是什么决定了家庭内夫妻之间的分工？为什么会出现引例中“女主外、男主内”的新型家庭分工？妻子是否应该只负责照顾家庭，而不选择外出工作？丈夫是否应该只负责外出工作，不应该帮助妻子做家务？单身的个人又该如何分配家务活与外出工作之间的关系？对于这些问题，本章将展开介绍。

2.1 简单职业决策：劳动与闲暇

职业决策是指个人作出是否进入劳动力市场，进行职业活动的决策。从本质上讲，职业决策是决定时间如何分配的问题。一种时间利用的选择是进行使得个人愉悦的闲暇活动以获得直接的效用，例如看电视、和朋友聊天；另一种选择就是劳动，可以是在家的工作活动，诸如做饭、打扫卫生等，也可以是外出进行获得报酬的职业，从而获得货币收入以购买商品或服务来得到满足。由于家庭生产活动与职业活动都能达到相同的目的，在这里，我们先暂时忽略这两者之间的区别，将家庭生产活动等同于外出职业活动，这样就将职业的时间决策视为闲暇和职业之间的一种选择。同时，我们认为劳动者的所有收入都进行消费，不存在储蓄的情况，这时劳动者收入与消费是相等的。职业决策的经济学分析框架中最为典型的是劳动-闲暇选择模型(neoclassical model of labor-leisure choice)。该理论假设吃饭、睡觉等维持自身生命活动受到自然规律的支配，因此，对于每一个劳动者，其用于选择闲暇和职业劳动的时间是有限的。

2.1.1 闲暇与工作的时间分配

劳动者如何时间进行分配取决于其需求。劳动者对某一种物品的需求受到三个变量的影响：该物品的机会成本(相当于其市场价格)；劳动者预算约束和劳动者的偏好。因此，对闲暇或者是对职业活动的需求也取决于这三个变量，其中，闲暇的机会成本是劳动者花费一小时享受闲暇而损失的工作带来的收入，即等于劳动者的工资率。每个人对闲暇和职业劳动的偏好是不同的，有人更喜欢工作，而有人更喜欢自由。将闲暇看作一种商品①，职业工作的收入最终用于购买的其他消费商品，因此可以理解为职业工作与闲暇都能为劳动者带来满足，在某种程度上两者是可以相互替代的。劳动者放弃一定的货币收入(相当于其他消费品)，减少工作时间，以获得更多的闲暇，而闲暇带来的效用又正好弥补了货币收入损失，维持了之前相同的效用水平。

---

① 假设闲暇是一种正常商品(normal goods)，不考虑闲暇是一种劣质品的情况。

劳动者对货币收入与闲暇的满足感可以用效用函数(utility function)来表示:

$$U = f(C, L) \tag{2.1}$$

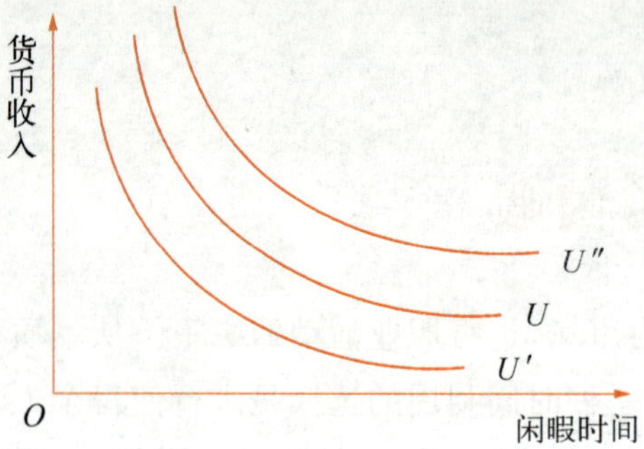

式中:U 表示测量满足或是幸福水平,其水平越高,表示越幸福;C 表示货币收入消费商品数量;L 表示闲暇水平。为了维持特定劳动者的某一效用水平,可以用多种不同的闲暇和货币收入进行组合得到。如果将实现同一效用水平的职业劳动与闲暇组合连接起来,便可以得到无差异曲线(indifference cure),如图 2-1 所示。

图 2-1 无差异曲线

无差异曲线也被称为等效用曲线,实质上是表示了曲线上每一点的两种物品组合能给个体带来相同的满足程度。从无差异曲线的形状上,可以得知其具有四种重要的属性:首先,无差异曲线是向下倾斜的,具有负的斜率,也就是说为了得到闲暇的增加,必须放弃一定货币收入;其次,远离原点的无差异曲线具有较高的效用水平,如图 2-1 中所示,U''的效用水平最高,U'的效用水平最低;第三,对于同一个人,无差异曲线不会相交,如果同一个闲暇和职业劳动时间组合上经过两条无差异曲线,就意味着该组合产生了两个效用水平,这显然是不合理的。最后,无差异曲线凸向原点,曲线的左边比右边更陡峭,无差异曲线的这种形状反映了物以稀为贵的假设,当货币收入相对较高,闲暇就相对较少时,劳动者就会比在闲暇相对多而收入相对少时更看重闲暇,反之亦然。即高收入时,收入大量的减少,可以由少量闲暇的增加就可补偿,低收入时,闲暇大量的减少,可以由少量收入增加得以补偿。

由于不同的劳动者对闲暇和货币收入的偏好不同,因此对于不同劳动者的相同效用水平,会产生不同的无差异曲线,而这种区别是通过无差异曲线斜率的不同来体现的。无差异曲线的斜率等于:

$$\Delta C/\Delta L = -MU_L/MU_C \tag{2.2}$$

MU_L是闲暇的边际效用(marginal utility),表示在货币收入不变的情况下,增加 1 小时闲暇带来的效用变化。相应地,MU_C是货币收入进行消费的边际效用,表示在闲暇不变的情况下,增加 1 小时的职业劳动带来的效用变化。无差异曲线斜率的绝对值,也被称为消费的边际替代率(marginal rate of substitution in consumption),是边际效用的比率。劳动者的偏好通过边际效用来表示,由于不同偏好导致了不同的边际效用,从而导致了不同劳动者边际替代率的不同。

劳动者对商品和闲暇的消费受到时间和收入的约束，其中，除了职业工作之外获得非劳动收入（例如：股息、遗产、博彩奖金）都用 A 来表示；T 表示劳动者一段时期内的总的可分配时间；L 表示其选择得到的闲暇时间；ω 表示工资率。则该劳动者的预算约束（budget constraint）表示为：

$$C = \omega(T - L) + A \tag{2.3}$$

或是

$$C = \omega T + A - \omega L \tag{2.4}$$

该预算约束曲线方程用一条直线来表示，且预算线的斜率为负的工资率。预算线上的各点便是该劳动者对可利用的资源总量的分配，表示了不同的闲暇与职业工作配置状态，如图 2－2 所示。

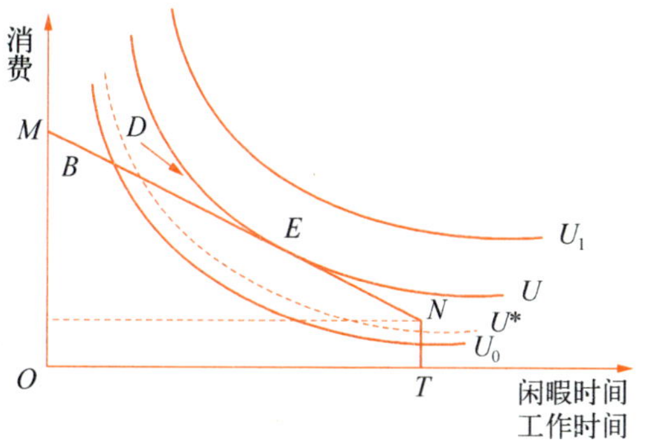

图 2－2　无差异曲线与预算约束线

在图 2－2 中，MN 为预算约束线，其中 M 点表示劳动者将所有时间用于工作；N 点表示劳动者将所用时间用于闲暇，这时因为非劳动收入的存在，效用大于零，也并不是位于坐标轴的。直线 MN 之间的点都是劳动者可选择的资源组合。那么，劳动者的最优选择组合为 E 点，即预算线与无差异曲线相切的点。为什么这一点是最优选择点呢？当预算线与无差异曲线相交时，例如 B 点，效用水平为 U_0，这时只要将组合点由 B 点向 E 点靠近，比如组合点移动到 D 点，效用水平变成了 U^*，劳动者的效用得到了提高，只要有效用继续提高的可能，组合点就会移动。综上所知，劳动者的职业工作决策受到个体的偏好和预算约束的影响，而无差异曲线与预算约束线的切点，即是追求效用最大化的劳动者选择的最佳工作分配时间。无差异曲线与预算线相切，意味着切点的斜率相等，即：

$$MU_L / MU_C = \omega \tag{2.5}$$

因此，该式意味着劳动者选择的最佳工作分配时间的条件为边际替代率（即一个人愿意放弃闲暇时间交换额外收入的比率）等于工资率（即市场愿意让该劳动者用 1 小时闲暇时间代替消费的比率）①。

2.1.2　收入效应与替代效应

当非劳动收入变化工资率保持不变时，考虑工作时间将会如何变化。如图 2－3

① ［美］乔治·J·鲍哈斯. 劳动经济学. 夏业良，译. 北京：中国人民大学出版社，2010：38—42.

所示，当非劳动收入由 A_0 增加到 A_1 时，预算线向上移动，其时间分配最优点由 E_0 移动到 E_1，效用水平也得到了提高。这种收入的变化影响工作时间的变化就是收入效应。这里非劳动收入对工作时间的影响成为纯收入效应。从图 2－3 中我们可以看出非劳动收入增加的收入效应使得劳动者增加了闲暇时间，而减少了职业工作的时间。相反，当非劳动收入减少时，为了维持之前的收入水平，其收入效应会激发劳动者的工作欲望，以更多的工作来维持自己满意的生活水平。

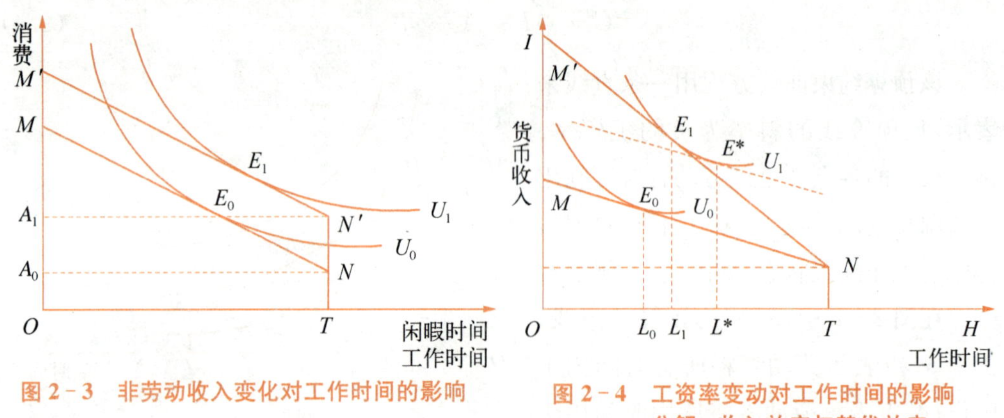

图 2－3　非劳动收入变化对工作时间的影响

图 2－4　工资率变动对工作时间的影响分解：收入效应与替代效应

现在假设非劳动收入不变，考虑市场工资率发生变化是如何影响劳动者最优时间分配。如图 2－4 所示，工资率增加导致预算线绕着 N 点旋转，得出新预算线 $M'N$，这时，除了由工资率提高而产生的正向的收入效应外，会产生另外一种影响，即替代效应。替代效应是指在保持效用不变的情况下，工资率提高导致了闲暇的机会成本就会增加，同样时间的闲暇享受使得劳动者的损失比之前有所增加（相当于闲暇的价格上升了，对其消费数量相应减少），从而使得劳动者减少了闲暇时间，增加了工作时间。相反，当工资率降低时，劳动者会因为闲暇机会成本（价格）的下降而增加闲暇，减少工作时间。

在图 2－4 中，工资率增加产生了收入效应与替代效应，从而使得劳动者的最优选择点由 E_0 移动到 E_1 点，这种变动是由收入效应与替代效应共同作用的。下面就 E_0 移动到 E_1 点的这种移动进行分解。首先，工资率的提高相当于非劳动收入的增加，从而使得相当于预算曲线向外移动。最优选择点 E_0 也移动到与无差异曲线 U_1 相切的点 E^*。这是第一阶段的移动，是由工资率增加产生的收入效应作用的。收入效应离析了由工资率增加产生的额外收入所引发的预算线的变化，收入效应由此增加了闲暇的需求，闲暇时间由 L_0 增加到 L^*。

然后，由于替代效应的作用，最优选择点在无差异曲线 U_1 进行移动，最终停在该无差异曲线与新的预算线的切点 E_1 上。这是第二阶段的移动，它表示随着工资的增加，在效用保持不变的情况下，最优选择点是如何变化的。替代效应解释了在真正收入保持不变的情况下闲暇机会成本（价格）上升对工作时间的影响。替代效应导致闲暇时间的减少，从 L^* 减少到 L_1。

因此，工资率的增加产生的收入效应使得闲暇时间增加，工作时间减少；同时产生的替代效应使得闲暇时间减少，工作时间增加。这两种相反作用的效应的交叉形成了工资率对于工作时间的影响的复杂性。工作时间与工资率之间的关系可以总结为如下：

● 如果替代效应的作用大于收入效应，那么工资率的提高将增加工作时间，减少闲暇时间。

● 如果收入效应的作用大于替代效应，那么工资率的提高将减少工作时间，增加闲暇时间①。

现在考虑另一个问题，即对于那些没有进行职业工作的劳动者，工资的变动到底如何驱动其进入劳动力市场，进行职业选择活动呢？这里就涉及一个很重要的概念——保留工资（reservation wage），它是指劳动者参加工作的最低工资。图 2－4 中，过禀赋点 N 的无差异曲线的切线的斜率绝对值即为该劳动者的保留工资率。那么，当工资率低于保留工资时，劳动者愿意停留在劳动市场外，此时如果工资提升高于保留工资时，劳动者将选择开始进行职业选择活动，工资率提高产生的替代效应相比收入效应要大，从而才能促使劳动者增加工作时间。

劳动者的保留工资是由劳动者的偏好决定的，受到了多个因素影响：个人的就业状况、知识技能、阅历以及价值观等。对中国下岗失业人员的研究表明②：男性比女性的保留工资约高出 15%，大专或以上学历比小学学历保留工资约高出 35%，高职称者比无职称者保留工资高出约 28%。此外，保留工资与家庭开销没有明显的相关性，仅仅与家庭成员的数量有轻微的负相关。而很对中国应届毕业大学生的调查显示，大学生的期望工资比其实际工资明显要高，平均幅度超过 30%，明显高于欧美国家的水平③。利用德国的数据对影响保留工资的因素进行分析发现④，受教育程度高，或者拥有家庭户主身份都会拥有较高保留工资，年龄大，拥有孩子或是已婚都会迫使劳动者降低保留工资。同时，男性的保留工资高于女性。

保留工资也是动态的，随着劳动者的工作状态、年龄等因素的变动而变动，例如随着年纪越来越大，劳动者的流动意愿降低，其保留工资相应的也逐渐降低，但是人力资

---

① ［美］乔治・J・鲍哈斯. 劳动经济学. 夏业良，译. 北京：中国人民大学出版社，2010：38—42.

② 董志强，蒲勇健. 失业劳动力保留工资影响因素的实证研究. 中国软科学. 2005(1)：23—59.

③ 曾湘泉. 变革中的就业环境与中国大学生就业. 经济研究. 2004(6)：87—95.

④ Eswar S. Prasad, "What Determines the Reservation Wage? Theory and Some New Evidence from German Micro Data." http://www.cepr.org/meets/wkcn/4/4509/papers/Prasad.pdf.

本的积累使得其能力相对增加，相应地会对保留工资产生正向的影响[①]。但是，工作搜寻与保留工资呈负相关，因为在寻求工作过程中，求职者越了解劳动力市场，他们对其劳动工资的期待就越趋向缓和[②]。同时，失业的长度也会影响保留工资，劳动者失业时间越长时，其保留工资就会相应下降；相反，较高的保留工资也增加了失业的时间[③]。

一般而言，劳动者在工资率较低的情况下，由于改变生活状况的迫切需求，会更愿意进行职业工作，工资的一点点提高，也会使得其职业工作时间较大的增加，也就是说在这时工资提高的替代效应大于收入效应；而劳动者在工资率高的情况下，由于生活水平已经很高了，一点点工资的改变对于劳动者生活状况的改善没有很大的效用，因此这时的收入效应将大于替代效应，工资的较大程度改变才能改变劳动者的职业工作时间。

在工资率保持不变的条件下，非劳动收入发生变化，考虑工作时间将会如何变化。如图 2－3 所示，当非劳动收入由 A_0 增加到 A_1 时，预算线向上移动，时间分配最优点由 E_0 移动到 E_1，效用水平也得到了提高。这种收入的变化影响工作时间的变化就是收入效应。这里非劳动收入对工作时间的影响成为纯收入效应。从图中我们可以看出非劳动收入增加的收入效应使得劳动者增加了闲暇时间，而减少了职业工作的时间。相反，当非劳动收入减少时，为了维持之前的收入水平，其收入效应会激发劳动者的工作欲望，以更多的工作来维持自己满意的生活水平。

2.1.3 劳动力供给曲线

劳动供给曲线描述了工资率与劳动供给时间之间的关系，是分析劳动者职业决策的一条重要曲线，选择供给时间的长短重要地影响着劳动者职业选择活动。将图 2－4 中所有可能的工资率的最优工作时间在图 2－5 中进行呈现，即得到了劳动供给曲线 S。如上所述，工资率低时，替代效应起主要作用，因此工作时间一直是增加的，即图 2－5 中的 ab 段，是向右上倾斜的；当工资率增长到一定水

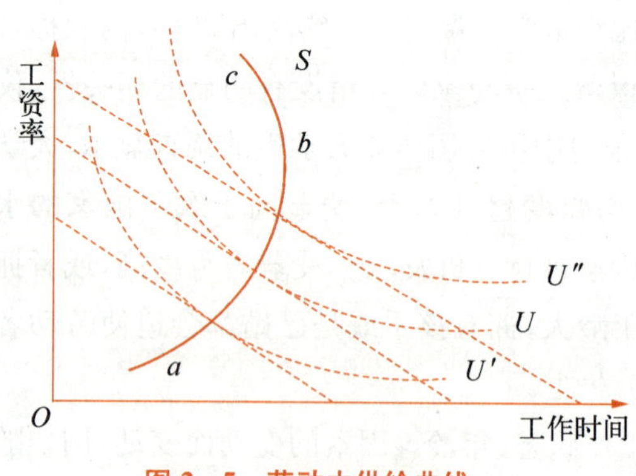

图 2－5 劳动力供给曲线

① An De Coen, Anneleen Forrier, Luc Sels, "The Impact of Age on the Reservation Wage: The Role of Employability." Katholieke Universiteit Department of Marketing and Organisation Study Working Paper No. 1010, Jun. 2010.

② Brown, S., Taylor, K., "The Reservation Wage Curve: Evidence from the UK." *Economics Letters* (2014), http://dx.doi.org/10.1016/j.econlet.2014.11.014.

③ John T. Addison, José A. F. Machado, Pedro Portugal, "The Reservation Wage Unemployment Duration Nexus." IZA DP No. 5077, Jul. 2010.

平，收入效应起主要作用，这时，随着工资率的提升，工作时间开始减少，即图 2－5 中的 *bc* 段，供给曲线开始向后倾斜①。

一项对美国加州注册护士的研究似乎证明了劳动供给曲线的后弯曲的形状②。由于卫生保健需求的增加，加州大量医疗机构都提高了注册护士的报酬待遇，以吸引更多女性选择护士该职业。该研究显示工资对于工作时间有着非线性的影响。当注册护士的每周工资小于 24.99 美元/小时时，工资对工作时间存在正向的促进效应，即替代效应起主导作用；而每周工资在 30—100 美元/小时会产生负向的削弱影响，而且这种削弱影响强于 25—29.99 美元/小时的负向影响，即收入效应起主导作用。

虽然当代主流经济学家和经济学教材都运用新古典主义的劳动力供给理论来分析职业决策问题，美国 20 世纪 70 年代到 90 年代中期的大量实证研究都对劳动供给曲线向后弯曲提出质疑，显示伴随着工资的下降或停滞，并伴随着人们都增加了职业工作时间③；这种现象多表现在发展中国家或较落后地区。利用秘鲁的城市劳动力市场数据证明向下倾斜的劳动供给曲线，下降的工资率产生的替代效应使得男性劳动者增加了工作时间，这解释了为什么在秘鲁首都利马男性劳动力周工作时间从 1985 年的 50.5 小时增加到 2000 年的 53.9 小时，同时 33.4%的劳动者周工作时间超过了 60 小时④。

这些事实都提出对简单的劳动-闲暇模型进行重新思考的要求。其中德西(Maryke Dessing，2007，2008)与普雷斯奇(Robert E. Prasch，2000)都提出了对劳动力供给曲线的修正⑤。Dessing 认为在较低工资水平下，劳动者需要将全部时间投入职业工作才能维持基本生活所需，相当于在收入低于维持基本生活时，只存在收入效应，闲暇是劳动者无法负担的；当收入超过维持基本生活的收入水平时，才有可能利用一部分时间进行闲暇，此时闲暇的边际效用大于收入带来的效用，这时的劳动供给曲线才如同经典理论中表述的，是向后弯曲的。因此，总的来看小时工资由低到高，劳动供给曲线将呈现倒 S 形，这种倒 S 形的劳动供给曲线在菲律宾得到了验证⑥。利用中

---

① J. O'Connor, "Smith and Marshall on the Individual's Supply of Labor." *Industrial and Labor Relations Review*, Vol. 14, No. 2 (Jan. 1961), pp. 273－276.

② Michelle Tellez, Joanne Spetz, Jean Ann Seago, Charlene M. Harrington and Martin Kitchener, "Do Wages Matter? A Backward Bend in the 2004 California RN Labor Supply." *Policy Politics Nursing Practice*, August 2009 Vol. 10 No. 3, pp. 195－203.

③ Gordon, David M. Fat and Mean, *The Corporate Squeeze of Working Americans and the Myth of Managerial "Downsizing." New York*: Free Press, 1996, chap. 4; Mishel, Lawrence, Jared Bernstein, and John Schmitt, *The State of Working America 1998－1999*. Ithaca: Cornell University Press, 1999, pp. 307－314.

④ Gustavo Yamada, "A Downward-Sloping Labor Supply Curve: The Case of Peru." *Review of Development Economics*, Volume 12, Issue 4, pp. 737－750, Nov. 2008.

⑤ Robert E. Prasch, "Reassessing the Labor Supply Curve." *Journal of Economic Issues*, Vol. 34, No. 3 (Sep. 2000), pp. 679－692; M. Dessing, "The S-Shaped Labour Supply Schedule: Evidence from Less-Developed Countries." *Canadian Journal of Development Studies*, Volume 28, Issue 1, 2007, pp. 59－98.

⑥ M. Dessing. "Labor Supply, the Family and Poverty: the S-shaped Labor Supply Curve." *Journal of Economic Behavior and Organization*, Dec. 2002, pp. 433－458.

国城镇劳动力数据进行研究发现，低收入群体女性和男性工作时间的工资弹性分别为－0.323 7 和－0.316 7，而女性中高收入群体工作时间的工资弹性为 0.142 9。这说明倒 S 形劳动供给曲线在中国城镇劳动力市场是存在的①。

2.2 多重选择：闲暇、家庭生产与工作决策

在上述的简单劳动—闲暇模型中，考虑的是单个劳动者追求效用最大的情况下所进行的职业工作时间选择。随着加里·贝克尔开创了"家庭经济学"，对家庭行为进行了经济学分析。该理论认为家庭除了具有消费的功能，还能进行生产，以直接满足家庭需求。

在简单的劳动-闲暇模型中，我们假设个人的闲暇的效用是直接的，但实际中的某些"闲暇"也是劳动的一种形式，是将时间分配到家庭内或是非市场领域，诸如打扫卫生、抚养孩子、做饭等。这样，就将上述的"闲暇"分为纯的闲暇和家庭生产两部分。其中闲暇能直接带来效用，而家庭生产是指购买的商品并不能直接带来效用，必须投入家庭时间对购买的商品进行再次生产，才能得到直接带来效用的物品。面粉、厨具和能源，再加上准备时间，才能得到面包。这样家庭内的个体需要将时间在三部分进行分配：职业工作、家庭生产和闲暇。

很显然，家庭内男性与女性在这三部分时间的分配上是不同的。在美国，典型的男性每周大约进行 40 小时的职业工作，而典型的女性每周仅仅进行大约 16.7 小时的职业工作，其更多的是将时间配置到家庭中②。相比而言，欧洲的不同性别的时间分配也不同。数据显示意大利女性是欧洲各国中劳动参与率最低的。通过对意大利夫妻在工作、家庭劳动、子女抚养的时间分配的研究发现，婚后时间分配与个人和家庭特征有着密切联系。妻子教育程度高的丈夫会花更多时间陪子女，但丈夫的特征对妻子时间分配没有影响。此外，夫妻照顾孩子的时间是互补性的，而家庭劳动时间是具有替代性的③。而一项研究对瑞士女性家庭生产成本进行估算得出，当家庭生产时间用职业工作作为机会成本来替换进行计算时，家务劳动和养育孩子的成本分别占到 GDP(1997)的 27%—39%和 5%—8%④。

---

① 周闯，张世伟. 国城镇居民的劳动供给行为——倒 S 形劳动供给曲线在中国城镇劳动力市场上的实证检验. 财经科学. 2009(11)：56－64.

② M. S. Hill, "Pattern of Time Use." in F. Thomas Juster and Frank P. Stafford, *Time, Goods, and Well-Being*. Ann Arbor: University of Michigan Survey Research Center, 1983.

③ Hans G. Bloemen, S. Pasqua, Elena G. F. Stancanelli, "An Empirical Analysis of the Time Allocation of Italian Couples: are They Responsive?" IZA DP No. 3823, Dec. 2008.

④ Alfonso Sousa-Poza, Hans Schmid and Rolf Widmer, "The Allocation and Value of Time Assigned to Housework and Child-Care: An Analysis for Switzerland." *Journal of Population Economics*, Vol. 14, Dec. 2001.

2.2.1 双重选择：家庭生产与工作决策

为了更简单地讨论这三种时间分配情况，我们首先考虑家庭中只有一个职业决策者的情形，例如带有孩子的单身母亲。同时假设一种极端情况，即所有能带给家庭效用的物品必须经过家庭生产。这时，该母亲的职业工作的全部收入与全部的非职业工作时间的投入才能得到最终带来效用的物品。家庭生产函数(household production function)表示投入商品和服务与家庭生产时间得到的最终效用物品之间的关系，如下所示：

$$X = f(C,\ H) \tag{2.6}$$

式中：C 表示职业工作所得购买的商品和服务价值(劳动收入)；H 表示家庭生产时间；X 则是最终效用物品。她需要将时间分配到职业工作与家庭生产两个方面，使得自己和孩子的效用最大。

根据家庭生产函数，我们可以看出为了得到固定的最终效用产品，外购商品服务与家庭生产时间可以有两种不同的组合：一种是投入较多的家庭生产时间与较少的外购商品与服务，如尽量自己在家做饭，而不是外出就餐；另一种是投入较多外购商品与服务与较少的家庭生产时间，如购买各种家用电器帮助家务劳动，而不是自己亲自动手。前面所讲的那位母亲可以采取上述两种方法来进行家庭生产，她可以严格的控制外购商品的数量，以自己更多的劳动来维持家庭所需，同时也可以通过更努力地外出进行职业工作，提高外购商品数量，代替自己进行家庭劳动。

因此，不同的家庭生产与外购商品的组合能够给这个家庭带来相同的效用，我们则可以画出一条可能的等效用曲线，如图 2－6 所示。则该家庭的效用函数可以写成：

$$U = u(X) \tag{2.7}$$

而家庭的预算约束，即是该母亲的所有可能收入所购买的商品与服务的总价值，母亲的可能收入则包括非劳动收入(遗产、股票等)与外出职业工作所得收入。其预算方程如下：

$$C = \omega(T - H) + A \tag{2.8}$$

式中：C 表示外购商品与服务的总价值。因此，与劳动-闲暇模型中最优选择条件相似，家庭生产—职业工作决策模型的最优选择条件为家庭生产产品效用的等效用曲线与预算线相切，即无差异曲线的斜率与预算线的斜率相等。

即：

$$MUX_H/MUX_C=\omega \tag{2.9}$$

式中：$MUX_H=(\Delta X/\Delta H)\times(\Delta U/\Delta X)$，表示增加一单位家庭生产时间，增加的家庭效用；$MUX_C=(\Delta X/\Delta C)\times(\Delta U/\Delta X)$，表示增加一单位外购商品增加的家庭效用。因此，式(2.9)还可以写成：

$$\Delta C/\Delta H=\omega \tag{2.10}$$

而$\Delta C/\Delta H$则表示外购商品与家庭劳动之间的替代率。实际上反映了一个人（上述中的母亲）在家庭物品生产中，对在家进行家庭劳动和外购产品与服务之间做出的一种权衡。如果这种替代率较高，即等效用曲线较为陡峭，要想令人满意地用外购商品和服务对家庭生产进行替换是相对困难的。替代率较低，即较为平缓的等效用曲线意味着家庭生产时间很容易就可以进行替换，说明额外增加的家庭生产时间没有太大价值。最后，如图 2-6 所示，从原点引出的任何射线（如 P,Q）上，外购商品和服务与家庭生产的替代率为常数，例如该母亲选择的组合位于射线 Q 上，则替代率较低；如果该母亲选择的组合位于射线 P 上，则替代率较高。

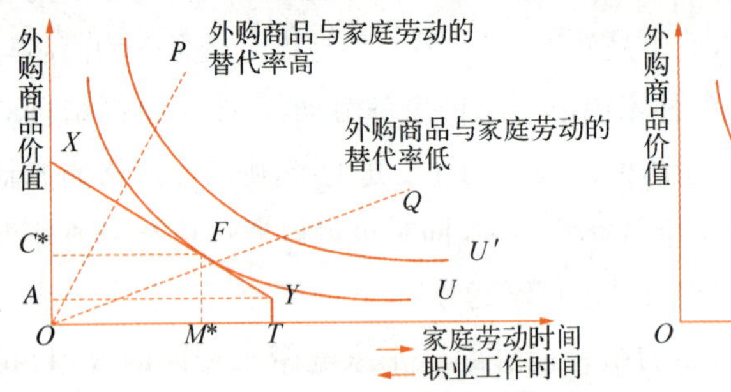

图 2-6　家庭生产与工作

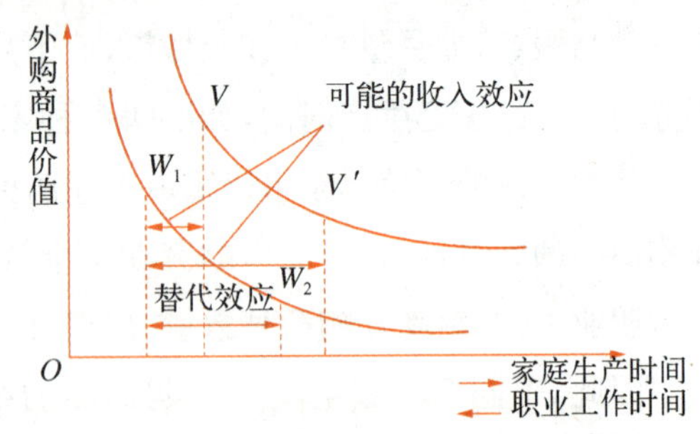

图 2-7　家庭生产中工资变动的收入与替代效应

现实生活中，高工资的人一般更愿意选择商品投入密集的家庭生产方式，因为商品的相对价格对于他们来讲比较低；而低工资的人一般则选择时间密集的家庭生产方式。如图 2-7 所示，高工资的人选择 W_2点进行生产，使用较少的商品和较多时间；低工资的人选择 W_1点进行生产，使用较多商品和较少时间。虽然高工资的人选择商品投入密集型的家庭生产方式，但这不意味着其用于家庭生产的总时间较少。因而，更高的工资会使得个人进入较高的等产量线，同时增加家庭生产时间和购买商品，从而增加了家庭生产商品，获得了更高的效用。下面考虑家庭劳动-职业工作决策中工资变动是怎样影响家庭中个体的职业工作时间选择的。首先假设上述只有单身母亲与孩子的家庭，其初始的家庭生产组合点处于点 W_1。此时，工资的增加也会带来两种效应：收入效应与替代效应。

当工资增加时，时间的价格上升，即使在保持家庭生产产品产量不变的情况下，该劳动者更愿意用相对不太昂贵的市场商品来代替家庭生产时间，即发生替代效应。如图2－7所示，组合点由W_1在等产量线上移动到W_2。同时，工资的提高，增加了收入，使得这位母亲有可能购买更多的商品与服务与更多的家庭时间，最终使得家庭生产产品得到增加，即发生了收入效应。不过，不同于劳动-闲暇模型中的收入效应，这里的收入效应更加复杂。因为最终带来效用的家庭生产产品的增加必须得到两种投入的同时增加。所以，在家庭生产模型中，收入效应增加的不仅仅只是消费商品的数量，而且必须同时增加家庭生产时间，才能使得最终效用得到增加。工资增加后，收入效应使得最终产品提高到新的等产量线上，但此时消费商品和家庭生产时间各自增加多少，并没有确定的答案，这取决于家庭生产的技术替代率。在图2－7中最终最佳选择点是V还是V'点，受到收入效应的强度的影响①。

在很多时候，子女抚养既是父母的一样重要职责，也被看为一项家庭生产活动。父母可以选择由自己亲自带孩子，也可以选择请保姆、送到托儿所等两种抚养类型。大量利用美国和加拿大数据的研究发现子女抚养成本对母亲工资收入的影响是负向的②，即当保姆或托儿所费用上升时，会造成母亲工作时间的降低、收入的减少。一项针对子女抚养成本影响法国女性工作时间变化的研究也证明了上述结论。子女抚养成本增加一倍，母亲的工作参与率将减少0.3％；工作时间将减少2％，其中1％的减少是因为部分女性完全停止工作，另外1％则是因为停留在劳动力市场中的女性减少的工作时间。此外，政府补贴对于母亲工作时间的增加促进作用。父母教育补贴导致了法国女性劳动参与率提高了4％，子女抚养退税导致了母亲劳动参与率提高了2％③。

政府对生育女性工作时间的干预还可以通过调整其收入实现。例如1984年到1996年，美国单身母亲的工作参与率产生了显著的增加，每周工作时间增加了6％，年度工作时间增加了近9％。相比而言，单身未育女性的每周与年度工作时间只有仅仅1％的增加。经济学家通过实证分析对此现象进行了解释：政府对收入所得税法案进行改革，扩大了征收的范围；对福利制度进行改革，削弱了福利保障程度，这些都相当于降低了单身母亲的收入，从而产生了替代效应，增加了单身母亲的劳动工作时间。其中，单身母亲工作时间增加的63％是受到了收入所得税改革的影响，

---

① 曾湘泉．劳动经济学．上海：复旦大学出版社，2010：95—98.

② Ribar, D.（1995），“A Structural Model of Child Care and the Labor Supply of Married Women.” *Journal of Labor Economics*, 13(3)：558－597；Blau, D.，Hagy A.（1998），“the Demand for Quality in Child Care.” *Journal of Political Economy*, 106(1)：104－146；Powell, L.（2002），“Joint Labor Supply and Childcare Choice Decisions of Married Mothers.” *The Journal of Human Resources*, 37(1)：106－128.

③ Philippe Choné, David le Blanc, Isabelle Robert-Bobée, “Female Labor Supply And Child Care in France.” CESifo Working Paper No. 1059, Jul. 2003.

工作时间增加的17%到27%是受到了福利项目改革的影响。此外，可以看出由于存在不同于单身未育女性的收入效应，使得单身母亲的工作时间增长要高于单身未育女性①。

2.2.2 三重选择：闲暇、家庭生产与工作决策

现在，在确定了劳动者如何在家庭生产与职业工作之间如何分配之后，将闲暇也引入劳动者的时间分配中。即，劳动者在作出职业工作决策时，面临着三种不同的选择：职业工作、家庭劳动和闲暇。

传统社会中，与男性相比，女性向非职业劳动领域中配置的时数更多。对于女性而言，工资增长的替代效应大于收入效应。大量研究表明了对于男性工资率增长的收入效应要更大，对女性工资率增长的替代效应更大。在对9个实证研究进行仔细考察之后。鲍哈斯和哈克曼(Borjas and Heckman)估计，工资率提高10%将使男性劳动供给量减少大约1%到2.2%。基利(Keeley)的估计表明，工资率提高10%使已婚女性的工作时间增加约10%。但是，随着女性劳动参与率的提高，替代效应对女性劳动者的主导作用逐渐在减少，因此，两种效应对于男性和女性劳动者的影响趋向一致，即说明男性和女性劳动者对于职业工作、家庭生产和闲暇的选择趋于相同②。这种现象可以部分的归结为两种替代效应的出现：一种是职业工作与家庭生产之间的相互替代；另一种是职业工作与闲暇之间的相互替代。这两种效应的大小主要取决于个体在家庭中所扮演的角色。

在工作决策理论中，在保持预算约束线和既定的无差异曲线向切的前提下，我们通过改变预算线的斜率(工资率)来分离替代效应。如图2-8所示，两个小图分别存在家庭生产时间与职业工作的等效应曲线和闲暇与职业工作的等效用曲线。两条不同的等效用曲线有着不同的形状，形状较为平缓的等效用曲线与陡峭的等效用曲线相比，工资率上升产生的替代效应更为显著。那么，是什么原因造成了这两种等效用曲线的不同弯曲程度呢？

在图2-8(a)中，等效用曲线表示的是维护某一确定效用水平，不同的外购商品与家庭生产的组合，即表示职业工作与家庭生产之间的替代关系。该等效用曲线较为平缓，意味着家庭劳动时间的减少很容易利用外购商品来进行补偿，在实际中也是这样的，即在家做饭可以用外出就餐代替；亲自打扫房间可以利用洗碗机、吸尘机等或是请临时工来代替；照顾孩子可以由专业的儿童看护服务来代替。

---

① Bruce D. Meyer, Dan T. Rosenbaum, "Welfare, the Earned Income Tax Credit, And the Labor Supply of Single Mothers." NBER Working Paper 7363, Sep. 1999.

② Paul J. Devereux, "Changes in Relative Wages and Family Labor Supply." *The Journal of Human Resources*, Vol. 39, No. 3(Summer, 2004), pp. 696-722.

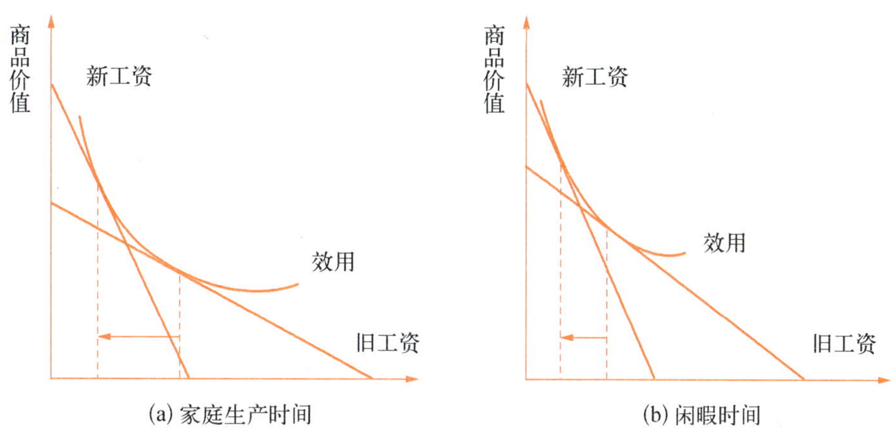

图 2－8 工资率上升带来的两种替代效应

在图 2－8(b)中，等效用曲线表示的是维护某一确定效用水平，不同的外购商品与闲暇组合，即表示闲暇与家庭生产之间的替代关系。可以看到该等效用曲线的弯曲形状更为陡峭一些，这意味着想要在保持效用不变的情况下，想用外购商品来替代闲暇，比较困难。在享受闲暇的活动中，时间的投入是必需的，大量物品的增加对于时间的替代效果是比较差的，比如可以购买更高级的电视机，但是如果不花时间看电视，就很难说是用它替代了闲暇的时间，而且为了维持看电视的效用，不会因为电视更高级而减少看电视的时间，这样的理由是没有道理的。当然，个人可以同时做多件事情，例如，跑步的时候收听音乐。但这些例子都说明了想要对闲暇活动中的时间进行替代是多么不容易的。

由于传统社会中女性角色的局限于家庭的原因，女性比男性承担更多的家庭生产活动，同时造成了男性和女性的职业工作与家庭生产的等效用曲线是不同的，女性的该等效用曲线的弯曲程度比男性的等效用曲线更加平滑。因此，随着工资率上升，图 2－8(a)中所显示的那种职业工作与家庭生产之间的替代效应，对女性的影响要大于男性。表现的现象即为工资的增加使得女性职业工作增加更多。无数实证研究的例子都证明了，女性在过去一百多年，工资与职业工作时间都得到了显著增加。现代社会随着技术的进步，在家庭生产中出现了诸多显著节约时间的技术进步，包括电烤箱、洗衣机、微波炉等，而且，各种家政服务出现已经使得女性的替代效应得到加强。同时，涉及女性进行职业选择的法律文化的转变都使得女性的这种职业工作与家庭劳动的效用无差异曲线倾斜程度逐步与男性靠拢。最终使得两种替代效应对女性与男性的影响相差无几，从而对应地改变了家庭生产的方式。

随着社会的发展，生活习惯的变迁使得人们的偏好发生变化，从而影响着其对职业工作、家庭生产和闲暇时间分配的变化。一般来讲，随着经济的发展和社会财富的增加，人们更愿意增加闲暇时间、减少职业工作时间。一项针对北京市民 20 年来生活方式变化的实证报告显示，2006年调查的北京市民平均每天工作时间为6小时7分钟，与1986年相比减少了1个小时40分钟，家务劳动时间也比1986年的2个半小时减少了40分钟，而这些时间的减少正好与闲暇增加的时间相差不多。其中，时间结构的变化取决于劳动生产率的提高和劳动制度的变革(1995年每周休一天改为双休)。休闲活动得到了增加，例如以前没有的上网这一活动到2006年平均消费时间为每天22分钟，其他很多过去没有的项目都到了增加，说明2006年与1986年相比，人们的休闲活动出现了多样化趋势①。

2.3 复杂选择：联合工作决策

上面我们是对一个带有孩子的单身母亲的家庭进行的工作决策分析，我们只考虑到母亲进行职业工作的情况。现在，我们考虑一个只包含夫妻两人的家庭，这时家庭成员都能进行职业工作，并且必须采取联合工作决策的方式，就双方各自如何分配时间达成一致，这就意味着决策是丈夫与妻子联合作出。丈夫与妻子并非各自配置自己的时间，单独达到个人效用最大，而是共同分享时间资源，联合作出使得家庭效用最大的职业工作时间选择。由于夫妻双方的家庭地位、学历、年龄、特长以及生产率等方面的不同，加之风俗习惯和社会舆论的影响，最终才使得家庭成员作出职业决策。我们利用经济理论在这节继续对家庭作出这些决策进行分析，从而找出影响决策的因素。

对家庭这种不同决策过程的研究是经济学家一个较为新兴的研究领域。直到现在，以效用最大化为原则已经建立起来的适用于已婚夫妇的模型主要有三类：第一种是将单一决策者的模型扩张到已婚夫妇；第二种是假定夫妻双方各自独立作出自己的效用最大化决策，但每个人都要在做出决策时考虑到对方的可能行动或是作出的反应；第三种是假设夫妻之间在进行家庭决策时，进行一个谈判过程，其中每个人都有影响自己谈判力的资源②。

2.3.1 联合工作决策理论

经济学鼻祖亚当·斯密早就对分工提高生产效率进行了论述，同样的，夫妻双方对于需要完成的各项工作进行某种程度的专门化安排，能够最终提高家庭的效用。由于传统文化中对女性观念的影响使得女性相对于男性更擅长从事家庭生产活动，而且现代劳动市场中女性工资率低于男性，那么更有理由让女性留在家里从事家务劳动与

---

① 王琪延. 从时间分配看北京人20年生活的变迁. 北京社会科学，2007(5)：22—26.

② [美]罗纳德·G·伊兰伯格，罗伯特·S·史密斯. 现代劳动经济学：理论与公共政策. 刘昕，译. 北京：中国人民大学出版社，2007：226.

养育孩子，男性外出进行职业工作以维持家用。这种选择对于夫妻双方来讲，带来的效用将大于单个家庭成员进行工作决策带来的效用①。

夫妻不同的工资率和不同的家庭生产劳动率使得夫妻面对职业工作和家庭生产两种选择时各自的预算约束线不同，如图 2－9 所示，$Y_M H_M$ 是丈夫的预算线，相比于妻子的预算线 $Y_F H_F$ 更加陡峭，斜率更大，说明丈夫的工资率大于妻子。此时，我们考虑夫妻共同决策时的家庭总的预算线，此时相当于是两个人时间的叠加，其将家庭作为一个整体的个体来探讨其预算约束。这时家庭的预算线相当于两个个体预算线的叠加，如图 2－9 所示，为曲线 $Y_J SH_J$，其中 Y_J 是丈夫与妻子收入的总和，H_J 为丈夫与妻子家庭生产时间的总和。这条家庭的预算约束曲线有着这样的含义：在 H_J 点，夫妻两人都将时间都配置到家庭劳动中；在 SH_J 段，妻子将所有的时间配置到家庭生产活动中，由于对于外购商品的需求，需要外出职业工作以获得收入，相比妻子，丈夫的工资率较高，因此由丈夫外出工作一定时间以购买所需商品，剩余时间帮助妻子进行家务劳动；在 $Y_J S$ 段，由于丈夫已将自己的所有时间配置到职业工作中，但是该家庭依然希望增加外购商品，因此使得妻子也进入劳动市场中，进行职业工作，同时，她利用剩下的时间进行家务劳动和抚养小孩，由于妻子工资率较丈夫低，结果是预算曲线的斜率向点 S 弯曲的左侧会变得较为平坦；最后的 Y_J 是另一个极端点，即丈夫与妻子将所有时间用来进行职业工作。其中 SH_J 段的斜率与丈夫一个人的预算线斜率相同，而平缓的 $Y_J S$ 段的斜率与妻子一个人的预算线斜率相同。

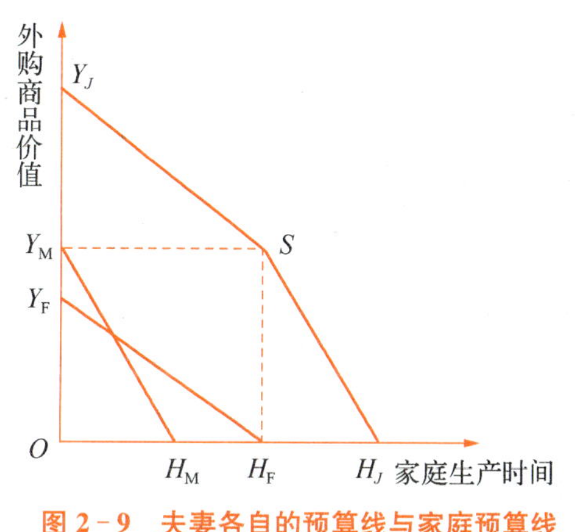

图 2－9　夫妻各自的预算线与家庭预算线

那么，该家庭会选择哪个组合点呢，这取决于该家庭的等效用曲线，此时的等效用曲线代表着该家庭总体的效用，图 2－10 中展现了三个截然不同的解决方案。在图 2－10(a)中，该家庭会选择沿着预算线陡峭的那段上的点，也就是说，在点 E，夫妻共同决定，妻子将所有的时间分配到家庭生产领域，丈夫则将自己的时间在职业工作与家庭之间平摊。在图 2－10(b)中，家庭会选择沿着该预算线较为平缓的线段上的点，即丈夫现在将他所有的时间都配置到职业工作中，妻子则将自己的时间在职业工作与家庭之间平摊。最后，在图 2－10(c)中，点 E 处于拐点处，显示丈夫与妻子完全是专业分工的，即丈夫将所有时间用于职业工作，妻子将所有时间用于家庭生产领域。

① 具体分析参见，大卫·桑普斯福特，泽弗里斯·桑纳托斯. 劳动经济学前沿问题. 卢昌崇，王询，译. 北京：中国税务出版社，北京腾图电子出版社，2000：9—38.

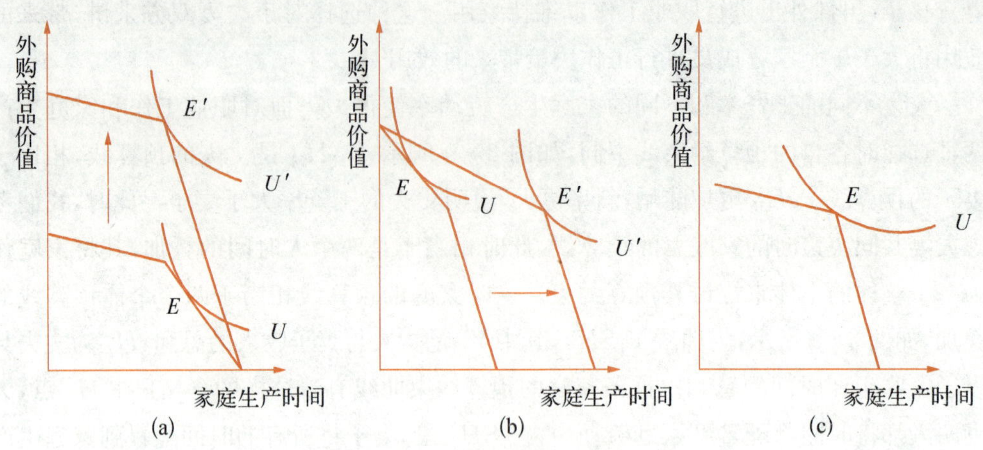

图 2－10 家庭联合决策的劳动分工

男性与女性市场工资的差异在决定家庭中的工作分配时显得很重要，尤其是在双方存在较大的工资率差距时，更体现了家庭分工的重要性。这一点比较容易理解，即使夫妻两人在家庭生产活动中，生产率是相同的，当一方的市场工资高于另一方，则根据比较优势理论，市场工资高的一方外出进行职业工作，而工资率低的一方则更多的进行家庭生产，从而使得家庭的效用得到提高。

如图 2－10 中的(a)与(b)所示，工资率和家庭劳动生产率的提高导致了更深程度的分工。在(a)图中，在初始均衡点 E，丈夫的时间在职业工作与家庭生产两部分平摊，这时丈夫的工资得到了提高，使得家庭的预算线向上移动，陡峭的线段变得更加陡峭，该家庭将移动到 E'点，因此工资增高鼓励丈夫撤出家庭生产领域，将所有时间配置到职业工作中。在(b)图中，在初始均衡点 E，丈夫利用所有时间进行职业工作，妻子的时间将在职业工作与家庭生产两个部分平摊。这时，妻子的家庭生产率显著提升，则家庭预算线向外移动，平缓的线段变得更加平缓。如果妻子在家庭领域的边际产品增加足够大，家庭的最优点移动到拐点 E'，因此妻子的家庭生产率提高对妻子产生激励，促使她将所有时间贡献给家庭生产领域。

在美国和其他一些国家，家庭成员之间工资率与家庭生产效率的规模和方向都发生着变化。在一些新兴家庭中，妻子的工资等于或是超出了丈夫的工资，这种工资差距的缩小已经弱化了家庭内专业分工的激励。同时，家庭生产的技术变革也使得夫妻之间家庭生产效率差异的减小。这使得我们明白了为什么现在有着更多的女性参加职业工作，同时也出现了“家庭妇男”这样的现象。然而，应该强调的是，该模型无法遇见丈夫倾向于将所有时间配置于职业工作，或者是无法预见妻子将所有的时间配置于家庭生产。

2.3.2 联合工作决策中的交叉效应

我们看到，家庭职业决策是在综合考虑夫妻双方在家庭生产和职业工作生产率之后得出的。然而，夫妻中的一方的家庭生产率会随着另一方职业活动变化的影响。丈夫与妻子在家庭生产活动是可以替代的，当妻子职业工作时间得到增加时，丈夫必然会因为接手一些家务劳动而使得其家庭生产率得到提高。这就说明，夫妻中一方增加职业工作时间，会使得另一方的职业工作时间得到减少，以进行家庭生产。另一方面，夫妻双方在家庭产品的消费过程上也是互补的。夫妻一方增加职业工作时间，会导致另一方也增加工作时间，当丈夫的职业工作时间增加，收入也增加时，家庭就会选择用更多外购商品替代妻子的家庭生产时间，从而使得妻子有更多时间选择职业工作活动。

我们并不能从理论上来说明夫妻双方之间在家庭生产和消费方面是替代的作用大还是互补的作用大，即说明这两种交叉效应的作用方向是相反的，我们也不能说明到底哪种效应的作用更强。因不同家庭有着不同的情况，随着时代的发展，联合决策的交叉效应还需要更为深入的研究。德芙若科斯(Paul. J. Devereux)通过研究发现丈夫的工资的变化对于女性的劳动供给产生强烈的负效应，对于那些丈夫收入比较低的女性，如果其供给不随丈夫的收入而变化，则导致其实际收入的下降，但男性自己的工资弹性与妻子的交叉工资弹性都很小①。除此之外，布劳和卡恩也发现女性与丈夫的交叉工资弹性变小的趋势。他们利用 1980—2000 年的 20 年的已婚女性劳动供给数据进行研究得出女性的工资弹性下降了 50%—56%，与其丈夫的交叉工资弹性下降了 38%—47%②。

但是也有研究显示有些情况下，这种交叉影响作用会产生另一种结果。对 1993 年的美国人口调查的数据分析显示③，妻子工作的男性经理人，其收入要低于妻子没有工作的同类人，这种因妻子收入增加而导致丈夫收入下降的作用被称为“配偶工作罚金”，仅存在于一些局部劳动力市场。这种作用一般认为有三个原因：妻子工作成为丈夫低人力资本的信号，即丈夫的人力资本不能产生足够的收入维持家用；保守的雇主会歧视那些让妻子工作的丈夫；丈夫无法从传统家庭分工中得到妻子的支持。此外，经理人妻子的职业工作决策并不受到丈夫工资的影响，而非经理人妻子的职业工作决策会受到丈夫工资的影响，这使得“配偶工作罚金”变成了“配偶工作红利”。这种现象表现为妻子工作的非经理人比妻子没有工作的同类人收入增加了，这是因为额外的家庭收入对于丈夫来说，是降低了其转换工作的风险。

---

① Paul J. Devereux, “Changes in Relative Wages and Family Labor Supply.” *The Journal of Human Resources*, Vol. 39, No. 3 (Summer, 2004), pp. 696 - 722.

② Francine D. Blau and Lawrence M. Kahn, “Changes in the Labor Supply Behavior of Married Women: 1980 - 2000.” *Journal of Labor Economics*, Vol. 25, No. 3, 2007.

③ Julie L. Hotchkiss and Robert E. Moore, “On the Evidence of a Working Spouse Penalty in the Managerial Labor Market.” *Industrial and Labor Relations Review*, Vol. 52, No. 3, Apr. 1999, pp. 410 - 423.

2.3.3 讨价还价模型

基本的联合决策理论中面临的最大问题是将家庭成员视为单一的决策主体，再考虑如何分配时间才能使得家庭效用最大。但是对于不同国家、地区，不同文化背景下，家庭的功能是不同的。而且随着社会经济发展，家庭的功能也随着时间而逐渐变化，因此单一的家庭联合决策也受到了经济学家的质疑。因此对家庭职业决策研究出现了新的趋势。

上面介绍的联合决策理论中其实相当于是将家庭假设夫妻两人为一个人，再考虑其效应最大的问题。接下来，我们将夫妻的效用分开考虑，从而考虑其职业供给情况。这时，丈夫和妻子拥有不同的效用函数，拥有不同的预算约束曲线。这时的每个家庭成员的效用函数需要考虑到对方职业工作决策对自己效用的影响，同样夫妻两人各自的预算约束线也需要考虑到对方职业工作时间对自己效用的影响。则夫妻两人各自的效用函数如下：

$$U_M = u(L_M, L_F, C) \tag{2.11}$$

$$U_F = u(L_M, L_F, C) \tag{2.12}$$

式中：L_M 表示丈夫的闲暇时间选择；L_F 表示妻子的闲暇时间选择；C 表示两人共同收入所消费商品。之所以在夫妻某一方中考虑到对方的闲暇选择时间是因为夫妻中某一方的职业工作时间是在考虑到对方的职业工作时间后做出的。同样，夫妻双方的预算约束曲线也是考虑到对方的职业工作选择，正是由于要考虑到对方，所以双方的预算线是相同的，如下式：

$$W_M(T-L_M)+W_F(T-L_F)+A=C \tag{2.13}$$

根据劳动—闲暇选择模型，丈夫与妻子各自会根据上述的效应函数和预算约束得到一个最优选择点，如图 2－11 所示，丈夫单独作出决策的最优选择点为 A 点，此时丈夫与妻子的闲暇时间分别为 L_{MM} 和 L_{MF}，妻子单纯作出决策的最优选择点为 B 点，闲暇时间分别为 L_{FM} 和 L_{FF}。在夫妻两人都各自确定其最优选择后，则展开讨价还价。如图 2－11 中所示，长方形 $ADBC$ 表示夫妻谈价还价的可供选择范围，这是因为丈夫的可接受选择在 L_{MM} 与 L_{MF} 之间，而妻子的可接受范围是 L_{FM} 与 L_{FF} 之间。在长方形 $ADBC$ 中，每一条虚线表示的是夫妻讨价还价后所达到的相同效用最终点的集合。以 A 为圆心的虚线表示的是以丈夫的效用最大为主得出的两人效用集合点，而以 B 为圆心的虚线表示的是以妻子的效用最大为主得出的两人效用集合点，虚线离各自的圆心越远，则说明该家庭成员获得的效用越小。当表示以丈夫效用最大的效用组合虚线与表示以妻子效用最大化的效用组合虚线相切时，说明两人都在一定条件下可以达到效用最大。将这些最终的切点连起来，即得到了讨价还价的最终结果，即合约曲线 AB。表示夫妻效用最大集合的合约曲线上的点，离 A 点越近，则说明最终选择使得丈夫效用更大些；离 B 点越近说明最终选择使得妻子效用更大些。

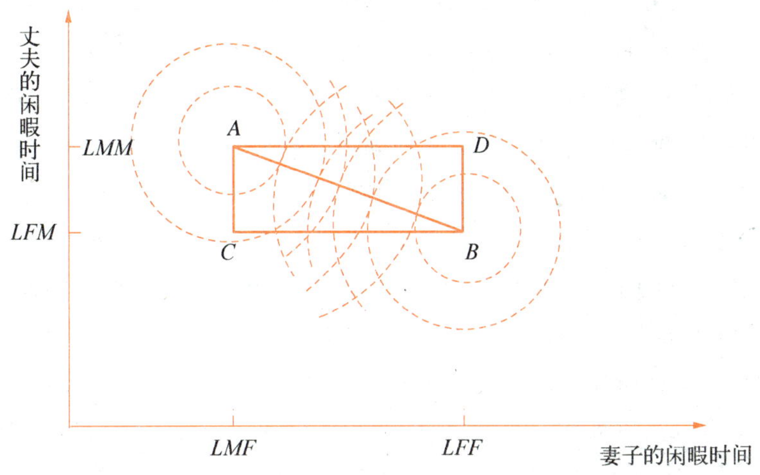

图 2－11　夫妻各自最优选择与合约曲线

合约曲线说明了夫妻经过讨价还价最终可能达到的最优选择组合，但是实际上具体最终可以达到哪一点取决于夫妻之间在家庭中的角色和地位。在传统社会中，男尊女卑的观念还有部分残存，丈夫在家庭中还是处于主导地位，因此丈夫在讨价还价中也占据优势，使得最终讨价还价的结果更接近于 A 点，使得家庭达到满足以丈夫效用为主导的最大效用选择组合。随着社会的发展，女性地位在家庭中不断得到提升，当代更多家庭的联合决策的选择逐渐向合约曲线 AB 的中间靠拢。

该模型实质上是在引入了博弈论的思想后，将家庭内部的职业决策开始考虑到可分离的家庭效用函数。家庭供给的博弈模型认为家庭成员通过谈判来实现闲暇、工作和家庭劳动的帕累托最优结果，而谈判取决于家庭成员个人的相对谈判力量上。家庭决策合作博弈中，假设夫妻双方都存在各自的效用曲线和约束线，因为相对于个人，男女组成的家庭进行联合生产和分工必然会产生“剩余”，家庭成员需要通过讨价还价来决定各自的效用分配。正是为了获得这种潜在的“剩余”进行谈判可以得出一系列帕累托最优效用点，形成了“婚姻”合约曲线，根据合约进行收益分配正是反映了内部讨价还价的结果。如果，双方无法就一致的分配结果达成赞成，就意味着“婚姻”的破裂①。

2.3.4　家庭职业决策的新发展

基于讨价还价模型，研究者对家庭职业决策的内部过程进行了深入的研究。在家

---

①　吴桂英．家庭内部决策理论的发展和应用：文献综述．世界经济文汇，2002(2)：70—80.

庭双方职业决策谈判过程中，家庭成员会以离婚后个人生活时的收益为基础进行谈判，当家庭中该成员的收益低于其离婚后生活收益时，婚姻破裂。家庭主妇由于长时间进行家务劳动，会使得其一般性人力资本和企业特殊性人力资本发生折旧，因此她们在市场的可能获得工资水平会降低①，因此在预见到婚姻巩固性的下降和离婚率的上升后，有远见的女性将主动参与市场劳动，降低其保留工资，提高劳动参与的概率。这可以作为女性用来提高离婚后可能收益和家庭地位的手段，从而为提高其在家庭中讨价还价的能力，维持婚姻的稳定性，并对离婚所带来的经济损失提供一个保险机制。

因此，大量的研究都关注了离婚怎样影响女性劳动供给决策的②。通过对美国的实证分析发现，离婚率的上升，会迫使离婚女性为了维持生活而进入劳动力市场，从而增加她们的劳动参与率，同时由于存在离婚威胁，已婚妇女的参加市场劳动的积极性增强，其在家庭中的地位得到了提高③。预期的离婚率对女性劳动参与率产生显著的影响④。对爱尔兰的研究中也发现，存在高风险离婚率的已婚女性会倾向于增加劳动供给量⑤。即存在高风险离婚率的已婚人群中的女性会倾向于增加劳动供给量。此外，关于离婚的法律规定也影响女性的谈判力量。如果有关离婚的法律更倾向于保护女性权益，那么劳动供给行为和家庭决策行为也会随之改变⑥。相关的研究都表明，在控制了离婚率的情况下，允许单方面离婚的州要比只同意双方面离婚的州的女性劳动参与率更高，其中前一种情况中妇女在离婚时所得到的经济补偿要低于后者⑦。性别比例（婚姻市场上男性和女性的相对供给）是影响保留收益的另一大指标。性别比例的提高会降低已婚妇女的劳动参与率和她们的工作时数⑧。利用美国移民的有关数据也得出了类似的结论：性别比例的提高是导致女性移民的劳动参与率降低的重要因素⑨。

---

① Mincer, Jocob and Ofek, Haim (1982), "Interrupted Work Careers: Decreciation and Restoration of Human Capital." *Journal of Human Resources*, 17, 3-24.

② 下面的文献综述节选于：姚先国，谭岚．女性劳动供给研究的理论综述与评价．浙江大学劳动经济与公共政策研究中心工作论文系列。

③ Johnson, William R. and Skinner, Jonathan (1986), "Labor Supply and Marital Separation." *American Economic Review*, 76, 455-469.

④ Kristian Bolin (1994), "The Marriage Contract and Efficient Rules for Spousal Support." *International Review of Law and Economics*, 14, 493-502.

⑤ Olivier Bargaina, Libertad Gonzalez, Claire Keane, and Berkay Ozcan. "Female labor supply and divorce: New evidence from Ireland." *European Economic Review*. 2012, 56, 1675-1691.

⑥ Chiappori, Fortin and Lacroix (2002), "Marriage Market, Divorce Legislation, and Household Labor Supply." *Journal of Political Economy*, 110, 37-72.

⑦ Parkman, Allen M. (1992), "Unilateral Divorce and Labor-force Participation Rate of Married Women, Revisited." *American Economic Review*, 82, 671-678.

⑧ Grossbard-Shechtman, Shoshana and Neideffer, Matthew (1997), "Women's Hours of work and Marriage Market Imbalances." In: Inga Persson and Christina Jonung (ed.): *Economics of The Family and Family Policies*, London: Routledge.

⑨ Angrist, Joshus (2002), "How Do Sex Ratios Affect Marriage and Labor Markets? Evidence from American's Second Generation." *Quarterly Journal of Economics*, 117, 997-1038.

本章小结

工作决策理论以劳动-闲暇模型为基础，重点分析了单个人劳动者的职业决策行为。职业工作—闲暇选择主要受到三个因素的影响：闲暇的机会成本(工资)、个体偏好和预算约束。由效用最大化的原则可以推导出往后弯曲的个人劳动供给曲线。家庭生产理论在工作决策理论的基础上，强调家庭生产活动对职业工作时间的替代，将劳动者的时间分为职业工作、家庭生产和闲暇三部分，劳动者面临三重选择。家庭联合决策理论是对家庭各个成员的职业工作选择进行了探讨。劳动者在决策时必须考虑其他家庭成员的家庭角色、工资率与家庭生产效率的不同所产生的比较优势，从而作出自己的相应的职业工作选择。讨价还价模型是家庭成员在对方选择情况下进行的反应，最终通过博弈得到各自最优的选择。

复习思考题

1. 持续观察一位同学，对其一天的时间进行记录，并划分为闲暇、职业工作(学习)与家庭生产(家务劳动)三个部分。说明在每学习一小时可以得到 5 元、10 元的情况下你是怎么安排闲暇、职业工作(学习)与家庭生产(家务劳动)的，并举例说明三者之间的替代关系。
2. 画图说明工资率上升时收入效应占主导地位时，职业工作时间如何变动。
3. 本章中，我们认为劳动者的所有收入都购买了市场商品，并认为市场商品价格不变，请思考当市场商品价格上升时，家庭生产时间和职业工作时间是如何变化的，市场商品价格下降呢?
4. 研究发现“美国 20 世纪 80 年代女性劳动参与率增加大于 90 年代。相应的是丈夫的实际工资在 20 世纪 80 年代有轻微下降，而 90 年代又有所上升。”①利用家庭联合决策中的交叉效应来分析丈夫工资变动是怎么影响妻子劳动参与率(职业工作时间)的。
5. 比较工作-闲暇模型和家庭生产模型以及讨价还价模型的主要内容和理论内涵。

---

① Paul J. Devereux, “Changes in Relative Wages and Family Labor Supply.” *The Journal of Human Resources*, Vol. 39, No. 3 (Summer, 2004), pp. 696 - 722.

案例分析

妇女是否应该“回家”？

2011年3月两会召开，全国政协委员、《中国美容时尚报》出版人张晓梅在前几年的两会上，曾因提出“家务劳动价值化”“将三八妇女节更名为女人节”“设立‘爱乳日’”等提案而备受争议。今年(2011年)，她提交的关于“鼓励部分女性回归家庭，提高社会幸福指数”的提案，也再次引发了各界的讨论。张晓梅委员认为，随着女性社会角色的逐渐强化以及对男女平等的片面理解，很多女性在全力争取竞争优势的同时明显出现了中性化，甚至男性化的现象，缺乏女性和做母亲的意识，缺乏应有的女性素养也已经成为日渐显著的社会问题。因此，她建议政府应当倡导和鼓励部分有条件的家庭中的女性成员回归家庭，而鼓励她们更多投入和谐家庭的建设中去，完善家庭的幸福与美满，提高社会的整体幸福指数。在张晓梅委员看来，女性回归家庭对稳定社会和促进家庭和睦作用积极。

此外，她还认为部分女性回归家庭也是合理优化社会人力资源，有利于促进社会工作效率的提升、缓解失业问题。张晓梅在提案中特别说明，倡导部分女性回归家庭强调的是部分而不是全部女性，社会应该鼓励女性更好地发挥她们的特质，回馈社会，把女性回归家庭的选择权交还给她们。

确实，在欧美包括日本，女性回归家庭已经成为一种日渐普遍的社会现象。有趣的是，20世纪60年代，在如火如荼的女权运动助推下，渴望平等的美国女性纷纷走出家庭，外出工作。此一时，彼一时，看似两相矛盾，实则合情合理，过去女性走出家庭是为了争取平等和自由，今天回归家庭则是家庭收入有保障、实现幸福目标的理性选择。

近年来，一直有专家学者呼吁让女性回归家庭。这顺应了时代发展潮流，但在现阶段的中国，女性回归家庭的道路并不平坦。

首先是家庭收入问题。张晓梅委员建议的前提是有条件的家庭，就眼下来看，什么样的家庭最有条件呢？除了身价过亿的豪门贵族，太太们可以在家赋闲，中国大多数家庭都是夫妻双方共同赚钱养家，在收入比例上，女性收入占据家庭财产“半边天”，更不用说，还有更多女性为了还房贷、买奶粉、把孩子送进幼儿园在省吃俭用，有更多女性为了保住现有的“饭碗”，放弃双休、节假日，勉强自己工作。在这样的境况下，让女性回归家庭，就算有国家立法撑腰，恐怕也没几个女性拍手称快。

其次是女性的就业问题。只有在女性就业不成为问题时，女性回归家庭才会成为一种正常的社会现象。一旦遇到特殊情况时，如家庭变故，女性可以随时重新就业，独自扛起生活的一切。就眼下来看，虽然“用工荒”此起彼伏，但高校毕业生的就业严峻形势摆在眼前，“有条件”的女性就业又谈何轻松？

对此提案，引起了各方激烈的争论：

中国性学专家李银河表示反对：“看到张晓梅的提案，非常诧异。几年前，有一帮男社会学家呼吁让妇女回家，简直像捅了马蜂窝，女界全体愤怒声讨，吓得他们马上收了声。现在居然有位女代表提女性回家的提案！”

学者方刚直言：“张晓梅代表为什么不率先辞去人大代表，回家呢？”他认为，这一提案维持着把女性归入私领域，把男性归入公领域的不平等社会性别建构。女性有选择回家的权利，但公共政策应该鼓励的是女性自主选择而不是某一项选择。幸福家庭的建设需要男人更多投入家庭，而不是女性放弃职业。

但网友中也有支持张晓梅委员的声音。网友“河南八套—谢金波”表示，支持女性回归家庭，男女本应有分工。不然就会像现在社会中大多数人那样，男不像男女不像女。由于分工不明，女人也以工作为重，家庭扔到了一边，孩子扔给了老人，家庭矛盾突出。再看日韩两国，结婚后男性出去工作赚钱，女性在家相夫教子，不仅可以让家庭更加和睦，而且对下一代的教育也很有好处。

网友“冷人”也表示：“强迫女性回家或者强迫女性去工作，都不是上好之选。但依现实情况来看，要想照顾好孩子，孩子接送、看病、学习都涉及很多问题的，必须要有一位家长顾家啊。如果孩子的教育抓不好，我们还忙什么劲儿呢，忙了今天丢了明天，这个问题国家要重视。一个人赚钱得够一家最低生活标准。”

（资料来源：《张晓梅委员“让女性回家”提案遭专家网友抨击》南方报业网，http://china.nfdaily.cn/content/2011-03/09/content_20959319.htm，2011-3-9；《都市女性，是否应该回家？》华夏经纬网，http://www.huaxia.com/xw/mttt/2011/03/2331363.html；2011-3-15。）

请谈谈你对“女性回家”这一观点的看法，并且运用本章所学知识结合中国社会现状对此问题进行分析。

推荐阅读资料

1. [美] 罗纳德·G·伊兰伯格，罗伯特·S·史密斯. 现代劳动经济学：理论与公共政策. 第八版. 北京：中国人民大学出版社，2007.
2. Becker G. S., “A Theory of the Allocation of Time.” *Economic Journal*, 1965, pp. 493-517.
3. Francine D. Blau and Lawrence M. Kahn, “Changes in the Labor Supply Behavior of Married Women: 1980-2000.” *Journal of Labor Economics*, Vol. 25,

No. 3, 2007.

4. Gronau R., "The Theory of Home Production: the Past Ten Years." *Journal of Labor Economics*, (Apr. 1997), pp. 197 - 205.
5. Jill Tiefenthaler, "The Sectoral Labor Supply of Married Couples in Brazil: Testing the Unitary Model of Household Behavior." *Journal of Population Economics*, Vol. 12, No. 4 (Nov. 1999), pp. 591 - 606.
6. Marilyn Manser and Murray Brown, "Marriage and Household Decision-Making: A Bargaining Analysis." *International Economic Review*, Vol. 21, No. 1 (Feb. 1980), pp. 31 - 44.
7. Olivier Bargaina, Libertad Gonzalez, Claire Keane, and Berkay Ozcan, "Female Labor Supply and Divorce: New Evidence from Ireland." *European Economic Review*, 2012, 56, 1675 - 1691.

网 上 资 料

1. NEBR：http://www.nber.org/.
2. ILO：http://www.ilo.org/.
3. 美国劳动统计局：http://www.bls.gov/.

第 3 章

职业选择

学习目标

职业决策关心人们是否从事职业活动的问题，而本章将介绍职业选择的基本理论，分析选择什么样的工作或职业问题。通过本章的学习，重点掌握职业选择的劳动经济学分析方法，即分析雇员和雇主双方如何匹配，达到各自效用最大化或利润最大化；掌握不愉快工作特征、弹性工作制与雇员福利是如何影响职业选择的；了解与不愉快工作特征、弹性工作制、雇员福利的实证研究情况。

引 例

金融危机下的职业选择——大学生首选“获取生活与工作平衡”

企业究竟想要什么样的人才？毕业生都很关注这个问题，企业的人力资源经理们也在绞尽脑汁，希望掌握学生们不断变化的职业诉求。“青年理想家 2009 中国大学生职业倾向调查”就为学生和用人单位架设了一座沟通的桥梁。本次调查由优信咨询(Universum)提供专业咨询支持，共收集来自全国 73 所重点高等院校的有效问卷 25 795 份，受访者涵盖 6 大学科、数十个专业。

谁是金融危机下学生的理想选择？

调研显示，2009 年度中国大学生心目中最理想雇主前三甲为中国移动、宝洁、中国银行。在全球金融危机影响下，理想雇主榜单格局较上年出现了巨大变化：上年的理想雇主 10 强中有 6 名为外资企业，4 名为本土企业；而到了 2009 年，这一比例变成外三内七。在今年的榜单中，诸如花旗银行、汇丰银行、渣打银行等外资银行的排名普遍下降，摩根士丹利、高盛高华等境外投资银行下滑尤其明显。与此相比，内资银行的排名确是全面飘红，以中国银行为首的一批本土银行均有大幅的位次提升。

职业选择与性别差异

调研显示，“获取生活与工作的平衡”依然是当前学生的职业目标首选。但在工科和商科学生中，“成为领导者或管理者”已经超过“获取生活与工作的平衡”成为新兴的职业目标选择。另外“获得国际化的职业生涯”一项也有大幅降低，全球金融危机对中国大学生职业选择的影响可见一斑。

在调研中，男女生在职业目标的选择上表现出巨大的差异：女生职业选择中最重视的前三位分别是：获取工作与生活的平衡(66%)、获取安全感和稳定感(49%)、成为领导者或管理者(44%)；而男生则为：成为领导者或管理者(61%)、获取工作与生活的平衡(48%)、成为技术专家(38%)。

薪酬福利与发展机遇

在薪酬与发展机遇方面，最受学生青睐的吸引力当属“未来收入的良好前景”，调研发现，以麦肯锡、中金、路易威登为代表的咨询业、金融业和奢侈品等高端行业公司已成为学子心目中支持他们未来收入良好前景的代表。

在工作特点方面，“专业的培训与发展”倍受学生关注，其中排名前10名的公司全部为知名跨国企业，尤其是四大会计师事务所，全部跻身前5名。在人际与文化方面，“能使我在工作与生活之间获得良好的平衡”的企业受到学生们的推崇，其中排名前10位的企业均系中央直属的大型国有企业，表现出国企超群的文化特色。在公司声誉与形象方面，是否“高度重视企业社会责任”是影响学生择业的最重要因素，南方报业以近70%的投票率成为学生心目中最重视企业社会责任的企业，排名前10位的企业还有海尔、联想、李宁等改革开放后崛起的中国民族品牌，加上中广核、宝钢、一汽等诸多国家重点支柱产业公司。

天南地北的选择差异

参与本次调研的大学生中，北京与上海的高校学生占27%，而计划到北京与上海工作的学生却占到全部学生的48%，可见，大城市仍然是学生的就业首选。

在选择广州的学生中，“提供工作与生活的平衡”成为这个城市广受青睐的特质，上海在国际化的职业生涯方面较为突出，深圳则成为希望自我创业和自主创新的学生的乐园。

进一步分析行业选择，希望到北京工作的学生中，媒体与互联网及电子商务行业位列理想行业的前10名，而上海经济中心、金融中心的形象在大学生心目中根深蒂固。市场营销、广告业相比之下在广州占据绝对优势，广州的消费品行业也是其他城市的理想行业榜单所不具备的，电子产品、电信、计算机软件等行业则是深圳的特色所在。

（资料来源：《人才市场报》，2009 年 9 月 26 日，中国知网，中国重要报纸全文数据库，2011 年 10 月 1 日下载。）

上述引例中给出了大学生职业选择的调查结果，事实上，每个进入劳动力市场上的劳动者都面临着选择什么样职业的问题。每种职业的特征是不同的，有的职业工作条件不好，有的职业提供弹性工作时间，有的职业福利高；而劳动者的偏好也千差万别，如，有些人喜欢安全的工作，有些人则可能并不那么讨厌风险；有些人喜欢高福利，更偏向于去国企工作，有些人则偏向高工资，可能选择去外企工作；有些人喜欢弹性工作时间，有些人则对工作时间没有特殊要求。本章将详细介绍劳动者的职业选择问题，我们将会掌握职业选择的经济学分析方法，了解职业选择中的一些因素，如不愉快工作特征、弹性工作制和福利。

3.1 职业选择理论

职业不仅是一种生存的手段，而且是实现人生抱负、获得人生成功的一个舞台。职业选择受很多因素的影响：社会因素（包括社会需求、社会关系、家庭背景等）、生理因素（如性别、年龄、身高、外貌、健康等）、个性特征因素（如性格、兴趣、能力、价值观）等。本章主要是从劳动经济学视角出发，研究职业选择的工资和工作特征因素，本章所涉及的工作特征主要包括三个方面：不愉快工作特征、弹性工作制、福利。这三种重要的工作特征都可以在补偿性工资差异和享乐主义工资理论（hedonic theory of wages）的框架下进行理论探究，从雇员选择、雇主选择、雇员和雇主最佳匹配的角度进行分析，寻求最佳匹配的雇佣双方的市场决策及最终的均衡结果。

3.1.1 补偿性工资差异

一份工作，除了工资的差异外，还存在着工作特征的差异，如工伤可能性的差异、工作声望的差异、弹性工作制度的差异、福利的差异等。工资和工作特征是可以相互交换的，即在其他条件相同的情况下，面临更高工作风险的雇员的工资可能更高，享有弹性工作时间的雇员的工资可能较低。

除了工作特征存在差异外，工人也存在着偏好的差异。有的劳动者害怕工作中的风险而宁愿选择工资低但安全的工作，有的劳动者喜欢自由安排工作时间，宁愿选择低工资但提供弹性工作时间的工作，有的劳动者喜欢现金，能够自由支配自己的收入，可能不愿意接受低工资高福利的工作。工人对工资和工作特征的偏好不同，他们愿意通过工资和工作特征的交换使得自身效用最大化。从雇主的角度来说，为了吸引足够的工人从事不愉快的工作，就必须支付补偿性工资。补偿性工资差异是指，在员工的其他特征相同的前提下，从事较差工作的员工得到的工资高于那些在较舒适的条件下工作的员工，高出的部分工资是吸引人们接受不愉快工作条件所必需的差别工资。

补偿性工资差异理论的雏形早在1776年就由亚当·斯密在《国富论》中提出。他指出了职业的五种情况：第一，职业本身有愉快的和不愉快的；第二，职业学习有难有易；第三，工作有安定的有不安定的；第四，职业所必须担负的责任有重有轻；第五，成功的可能性有大有小。由于职业的这些特征不同，工人得到的工资也有差异。

补偿性工资差异可以从两个角度理解：一方面是对雇员的奖励，用高工资刺激人们自愿从事一些不愉快的工作；另一方面是对提供不愉快工作特征的雇主的惩罚，他们必须提供高工资才能吸引到足够的工人。社会上有很多不愉快的工作，如采煤、警察、高压电工等，要吸引工人从事这样的工作有两种方法：一是社会强迫人们去从事这类工作，如征兵去救灾抢险；二是诱导人们自愿从事，比如提供补偿性工资使人们自愿接受不愉快的工作。

在用补偿性工资差异理论框架解释问题时，有三个前提假设需要注意：第一，工人追求效用（而不是收入）最大化。如果工人追求收入最大化，则所有人都会选择工资最高的工作，而事实上有些工人会选择工资低但更愉快的工作，有些工人会选择工作条件很差但工资高的工作，这样来说，工人追求工资和心理方面的总效用最大化，而不是收入的最大化。第二，工人了解对他们十分重要的工作特征的信息。像灰尘、肮脏、严格的纪律、工作的危险性等，工人都可以凭直觉或从其他雇员那里了解到这些信息，否则补偿性工资差别很难产生。第三，工人是可以流动的，即工人有一系列可供选择的工作机会。如果工人只能从事危险性的工作，工作危险的补偿性工资差别就不会出现。正是由于工人能够选择安全性的工作而不是危险的工作，迫使提供危险工作的雇主增加工资。

3.1.2 享乐主义工资理论

当一个工人被雇用时，他就和雇主达成了一个关于工资率的协定，这个工作会包括一系列特征——工作节奏、工伤率、任务的不愉快特征等。工资率实际上包含了一系列工作特征的价格。补偿性工资差异的性质表明，享乐主义工资理论是最合适的分析框架。在这个框架下，每个工作都被一个个非工资因子（即各种工作特征）来描述。每个因子的金钱价值，也就是补偿性工资差异，并不能直接被观察出来，而是由每个工作的单个工资率所反映出来。企业根据自己的实际情况制定工资水平，工人在使自己效用最大化的基础上选择工作。

在较简单的模型中，我们考虑工作有各种各样的特征，工人在选择一份工作时，需要在工资和工作的一系列特征之间进行权衡。设工资为 W；工作特征为 $z_1, z_2, \cdots, z_n$。工资和工作特征之间存在着替代，在其他条件相同的情况下，那些工作条件较好的工人，得到的工资较少。用函数表示即为：

$$W = f(z_1, z_2, \cdots, z_n), \ \frac{\partial w}{\partial z_i} < 0, \tag{3.1}$$

图3-1的曲线代表工人的无差异曲线。无差异曲线指能够给工人带来相同满足程度或效用的所有工资和工作特征的组合点的轨迹。同一条无差异曲线上的各点所代表的工资和工作特征的组合能够给雇员带来的效用水平是相同的。无差异曲线有以下一些特征：第一，无差异曲线向右下方倾斜；第二，无差异曲线凸向左下方；第三，不同的无差异曲线所代表的效用水平不同，存在一个无差异曲线图，右上方的无差异曲线代表的效用水平较高；第四，无差异曲线之间不会相交，且不同工人的无差异曲线具有不同的形状。

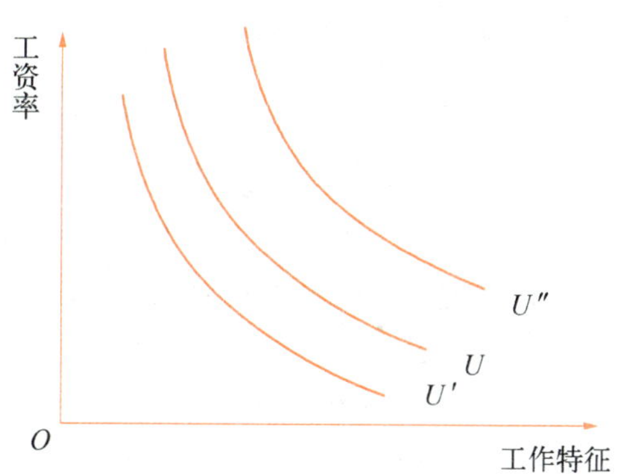

图3-1　工资率和工作特征的替代

下面将加入厂商（雇主）进行分析，得到较复杂的模型。

较复杂的模型中，同时考虑工人的偏好和厂商面临的市场环境。劳动力市场上的劳动者存在差异，不同的人有不同的偏好；而厂商各自面临的市场环境也不同，提供各种工作特征时的成本存在差异。工人追求效用最大化，厂商追求利润最大化。工人效用最大化的函数为：

$$u(W, z_1, z_2, \cdots, z_n, \alpha) \tag{3.2}$$

式中：α 代表工人偏好的差异；厂商利润最大化的函数为：

$$PQ(L) - wL - C(z_1, z_2, \cdots, z_n, \beta) \tag{3.3}$$

式中：β 代表厂商提供各种工作特征时的成本差异，由于 β 的存在，使得企业的等利润线不同；L 代表劳动力数量；C 代表成本。

在图3-2中，XX'，YY' 代表不同企业的等利润线。所谓等利润线是指能给雇主带来既定正常利润的工资率和工作特征的不同组合。该曲线具有以下特点：第一，等利润曲线向右下方倾斜，使工作特征变得对工人更具有吸引力会增加雇主的成本，在其他条件相同的情况下，企业要维持既定的利润率，要么支付高的工资率而在有吸引力的工作特征方面采取较少的措施，要么提供较低的工资率而提高工作特征的吸引力。第二，等利润线凸向右上方，这是因为工作特征的支出边际成本是递增的。在工作特征已经有一定的吸引力时，厂商若再提高工作特征的吸引力，其耗费的成本不断增加，因此，工资率会越来越快地降低，等利润线会越来越陡峭。第三，不同的等利润曲线代表不同的利润水平，等利润曲线之间互不相交。第四，不同的厂商具有不同的等利润曲线，有些等利润线较为平坦，意味着这家企业提高某些工作特征吸引力的边际成本相对较小，有些企业则很不幸，提高工作特征吸引力的边际成本很大，企业面临的等利润曲线就很陡峭。

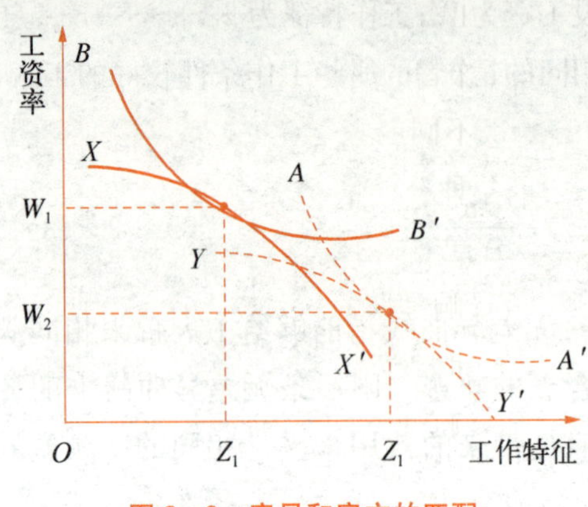

图 3 - 2　雇员和雇主的匹配

下面考虑工人和雇主如何匹配以达到各自效用最大化，图 3 - 2 中，存在两类工人，A 偏好有吸引力的工作特征，B 偏好高工资；存在两类厂商，X 和 Y，它们提供有吸引力的工作特征的成本不同，在完全竞争的产品市场中，厂商要维持一定的利润，要么选择高工资而减少提供愉快工作特征的支出，如厂商 X；要么选择低工资，而增加支出提供更多的愉快的工作特征，如厂商 Y。在厂商和工人的匹配下，那些偏好高工资的工人选择提供高工资而工作条件不那么好的厂商，如图 3 - 2 中 B 选择 X，而那些偏好较好工作条件的工人选择提供较好工作条件的厂商，如图 3 - 2 中 A 选择 Y。这给我们的人力资源启示是在薪酬设计时企业要考虑希望吸引什么样的劳动者，然后再决定提供什么样的工资和工作条件。

3.1.3　补偿性工资差异研究中的数据和估计问题

检验补偿性工资差异需要先验的对不愉快的工作特征作规定，补偿性工资差异的可测度的工作特征在实证上有以下几方面。第一，艰苦的工作条件、如生命和健康；第二，城市或地区在气候、污染和拥挤上的差异；第三，特殊工作安排，如加班、非弹性工作制、失业、下岗等；第四，福利。但是，需要注意，工人的偏好是如此多样，以至于这种先验的规定没有多大作用。工作是体力的、重复的或者很少有自由，这些对工人来说是否不愉快的高度不确定。因此，用这些特征检验理论得出的并不一定是结论性的。

补偿性工资差异实证研究所用的数据主要有两种采集方法。一种方法是建立一个包含着个体特征以及工资水平等信息的庞大的不断更新的数据库，并且从其他源头获得工作特征的数据，然后通过行业或职业代码把个人和工作特征的数据匹配起来。但是，该方法的一个问题是，如果一般工作特征和那些并不拥有具备这些特征的个体做匹配会导致变量的误差问题，这在检验补偿性工资差异时会导致偏差。昆塔纳(Quintana-Domeque C.，2010)指出，以前对补偿性工资差异的研究结论都不明确，是因为工人的偏好和工作的性质之间并没有匹配。在作者的样本中，38%的男性和47%的女性被错误匹配了。这种错误匹配对工资有两种不同的影响：一方面，错误匹配的工人做并不符合自己偏好的工作需要得到补偿。这种补偿性工资差异效应确实增加了工资；另一方面，错误匹配的工人从事并不符合自己偏好的工作，其生产率会下降，工资会减少，因此，总体上来说，错误匹配对工资的影响是模糊的①。

另一种方法是被访问者自己填写含有工作特征和偏好的问卷，这种方法的一个问题是工人的社会背景或对风险的规避程度可能会影响它们对不愉快特征的感知，得到的数据是主观的，缺乏个体的可比性。

在对补偿性工资差异进行估计方面，加伦(Garen. J.，1988)的研究表明，对死亡和风险的补偿性工资差异进行估计时，工作风险的内生性问题会导致很大的偏差。作者考察了偏差的两种来源。一个偏差在于那些收入能力可能更高但却无法观测到的人很可能选择安全的工作，导致了对工资和风险关系的一个向下的估计。另外一个偏差在于对于工作风险回报的异质性，这可能导致另外一个方向上的偏差。实证研究表明对死亡和工作风险的回报有丰富的异质性，把另一个偏差来源也考虑进来最终导致对工作风险回报的OLS估计的向下的偏误②。

3.2 不愉快工作特征与职业选择

本节所要讨论的是包括“工作风险”在内的一些不愉快的对雇员不利的工作特征。“十二五”规划指出，我国安全生产形势依然严峻。一是伤亡事故多发。近三年平均每年死亡10.2万人，发生重特大事故93起。二是职业危害严重。全国累计报告职业病70多万例，每年新增患者约1.4万人，且仍呈上升趋势。三是安全生产基础依然薄弱。一些企业生产工艺技术落后，管理、技术人才缺乏。四是安全监管监察保障能力低。规划还指出“十二五”规划的目标是单位国内生产总值生产安全事故死亡率比2010年下降37%以上，工矿商贸就业人员十万人生产安全事故死亡率比2010年下降20%以

① Quintana Domeque, C., “Preferences, Comparative Advantage, and Compensating Wage Differentials for Job Reutilization.” *Oxford Bulletin of Economics and Statistics*. 2010.

② Garen, J., “Compensating Wage Differentials and the Endogeneity of Job Riskiness.” *The Review of Economics and Statistics*. 1988, pp. 9－16.

上，煤矿百万吨死亡率和道路交通万车死亡率有一定程度下降①。下面我们将对不愉快工作特征进行经济学分析，并介绍一些相关的实证研究。

3.2.1 工作风险的经济学分析

为了便于理解，在对不愉快工作特征进行经济学分析这部分，我们以不愉快工作特征中最鲜明的特征"工作风险"为例进行分析。首先，我们借助无差异曲线分析工人如何在工资和不愉快工作特征之间进行取舍。这里的无差异曲线代表能够给工人带来相同满足程度或效用的所有工资和不愉快工作特征的组合点的轨迹。同一条无差异曲线上的各点所代表的工资和不愉快工作特征的组合能够给雇员带来的效用水平是相同的。无差异曲线有以下一些特点。

第一，无差异曲线具有正的斜率，向右上方倾斜。工作风险对工人来说是不利的工作特征，根据补偿性工资差异理论，在雇员的人力资本和工作的其他特征等条件相同的情况下，工作风险越高，则雇员得到的工资越高。若把工资和工作特征看作两种商品，在保持同样效用的情况下，雇员必须通过减少一种商品的持有，获取更多的另外一种商品。

第二，无差异曲线凸向右上方。这反映了边际替代率递减的性质。例如，图 3-3 中，A 特别厌恶风险，在无差异曲线的 E 点，他所面临的风险非常大，以至于他愿意放弃很多工资来换取工作中的安全保障，但是在 C 点，他面临的风险较小，工资较低，对商品的消费能力也变低，这时他为减少风险而降低工资的意愿下降。

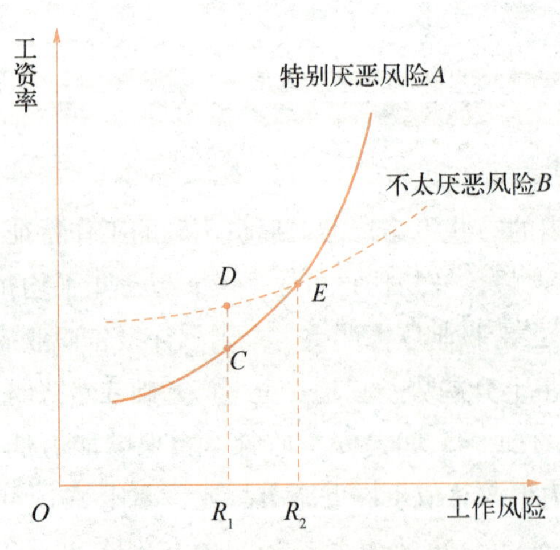

图 3-3 风险厌恶程度不同的两个工人的无差异曲线

第三，不同的无差异曲线所代表的效用水平不同，存在一个无差异曲线图，左上方的无差异曲线代表的效用水平越高，在工作风险相同的情况下，工人的工资率水平越高，雇员获得的效用水平就越高。且无差异曲线之间不会相交。

第四，不同雇员的无差异曲线具有不同的形状。如图 3-3，特别厌恶风险者 A 所面临的无差异曲线较为陡峭，而不太厌恶风险者 B 所面临的无差异曲线较为平坦，这意味着若增加一定的风险，如从 R_1 增加到 R_2，相对于工人 B，要吸引工人 A，

① 国家安全生产监督管理总局网页，《安全生产"十二五"规划基本思路》，http://www.chinasafety.gov.cn/newpage/zhuantibaodao/125gh.htm，2011 年 10 月 30 日下载。

需要增加更多的工资。

其次，我们考察雇主如何在工作风险和工资之间进行选择。雇主能够采取一定的措施提高工作安全性，增加对工人的吸引力，但是采取这些措施的成本可能很高，雇主就必须在工资率和工作安全之间进行取舍，以维持既定的利润率，要么支付高的工资率而在提高工作安全方面采取较少的措施，要么提供较低的工资率而提高工作的安全保障。

雇主的选择可以用等利润线来表示，如图3-4中XX'和YY'，表示能给雇主带来既定正常利润的工资率和工作风险之间的不同组合。该曲线具有以下特点：

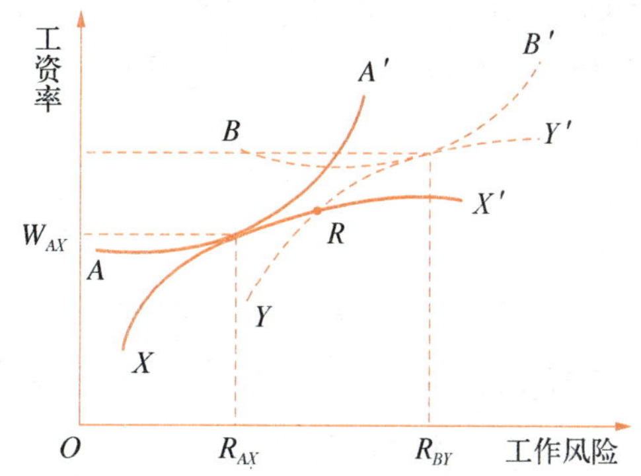

图3-4 雇主和雇员的匹配

第一，等利润曲线向右上方倾斜，因为工资率和工作安全的提高都会增加雇主的成本，在其他条件相同的情况下，企业要保持总成本不变，以维持既定的利润率，要么支付高的工资率而在安全方面采取较少的措施，要么提供较低的工资率而提高工作的安全性。

第二，等利润线凸向左上方，厂商使工作安全每增加一定幅度，其耗费的成本不断增加，因此，工资率会越来越快地降低，即雇主提高工安全的成本是递增的，曲线会越来越陡峭。

第三，不同的等利润曲线代表不同的利润水平，等利润曲线之间互不相交。在相同的工作风险下，工资率越低，则雇主的成本越低，利润水平就越高，因此，右下方的曲线代表较高的利润水平。

第四，不同的厂商具有不同的等利润曲线，有些等利润线较为平坦，意味着这家企业提高工作安全方面的边际成本相对较小，只需降低很少的工资，就可带来工作安全的大幅度提高。但是，有些企业则很不幸，因为各方面的限制，这些企业要提高工作安全性，如减少事故发生的可能性是非常困难的，企业面临的等利润曲线就很陡峭。

接下来，我们考察雇主和工人之间的匹配。若劳动力市场上存在着两种类型的工人：A和B。A为厌恶工作风险的工人，面临的无差异曲线是AA'；B为不太厌恶工作风险的工人，面临的无差异曲线是BB'。同时，市场上存在着两种企业X和Y，企业X降低风险的成本较低，提供较低工资和较高安全性的工作，而企业Y降低风险的成本较高，提供高工资高风险的工作。它们在降低工作风险上面临的成本不同，其等利润线形状不同，如图3-4中XX'，YY'。

工人在选择工作时努力使自身效用最大化，若工资率相同，他们会选择风险水平较低的工作；而企业则努力获得自身利润最大化。企业提供的条件太差，会吸引不到所需要的员工，如提供的条件太好，成本巨大，会被挤出劳动力市场。按照工人效用最大化和企业利润最大化的原则，工人 A 为企业 X 工作能够达到效用最大化，此时，工资率为 W_{AX}，工作风险为 R_{AX}。同样，工人 B 为企业 Y 工作能够达到效用最大化。假如 A 从事了 B 的工作，其达到的效用水平将低于 AA'，因为 A 厌恶风险，而企业 Y 在提高工作安全方面面临的成本非常高。同样，如果 B 从事了 A 的工作，达到的效用水平也低于 BB'。在劳动力市场上，A 会被 X 这样的低工资高安全型的企业所吸引，而 B 会被 Y 这样高工资高风险型的企业所吸引，从而实现了不同类型的雇员和不同类型的工作之间的匹配。

3.2.2 不愉快工作特征

对边际工人来说，工伤无疑是最不愉快的工作特征，每个人都愿意付出一定的代价去避免伤害，因此对于工伤或死亡率高的企业，需要给雇员支付补偿性工资。

史密斯(Robert S. Smith, 1979)对补偿性工资的一个总结研究中指出，把工伤作为自变量的研究几乎一半运用了二分方式测量，有一些情况下这种测量是雇员自己报告的，另外一些是从职业名称词典(Dictionary of Occupational Titles)中获得的职业特征。总体来说运用 0—1 变量得出的结论是模糊的，因为只是对安全和危险的工作做了粗糙的区分。他得到了一些基本的结论。第一，几乎所有运用了“死亡风险”变量的研究都发现变量系数为正，且具有统计显著性，表明补偿性工资的存在。而运用“工作风险”变量得出的研究结论就不那么明显了。第二，平均给每个工人支付的和死亡相关的补偿性工资，在每个研究中得到的估计都在收入的 1%—4%之间。第三，相比职业死亡率的研究，运用行业死亡率的研究得出的工资-风险的交换比例更高①。

列思(John D. Leeth, 2003)考察了性别和种族的风险补偿的差异，作者使用了一个足够在不同小组产生精确估计的非常大的样本数据集，得出的结论为：男性在致命的和非致命的风险上都有补偿性工资，而女性只在非致命风险上有补偿性工资，且女性得到的非致命风险的补偿性工资超过了男性；非致命伤害的补偿性工资在各个人群中都很普遍，在白人女性中尤其普遍；致命伤害的补偿性工资对于白人和西班牙男性更高，具有统计显著性②。

工伤或死亡作为不愉快的工作特征是被人们普遍认可的，还有其他一些工作特征，诸如体力工作、重复性、工作地点远、机械工作、监督责任等，对人们来说是不愉快的，需要支付补偿性工资。

---

① Robert S. Smith, “Compensating Wage Differentials and Public Policy: A Review.” *Industrial and Labor Relations Review*. 1979, pp. 339 - 352.

② John D. Leeth, “Compensating Wage Differentials for Fatal and Nonfatal Injury Risk by Gender and Race.” *The Journal of Risk and Uncertainty*. 2003, pp. 257 - 277.

史密斯(Smith,1979)在总结性研究中认为工作不安全性、艰苦或者压力可能最接近先验性的不愉快的定义。但是,作者并没有发现这两个特征对理论的支持,显著的正系数在八个研究中只有三个。之后,又有很多人研究了不愉快工作特征。艾伦伯格与舒曼(Ehrenberg, R. G. and P. L. Schumann,1984)研究了强制加班的情况,考察了在何种程度上那些在强制加班的企业中工作的工人会接受补偿性工资差异。虽然实证结论表明平均工人并没有为这种工作条件得到正的补偿性工资,但是结论表明工会成员和新被雇用的工人接受了正的补偿性工资①。

维拉努娃(Villanueva E.)估计了四种不愉快工作特征:高工作强度、工作危险性、差的时间规制、拥有技能和需要技能之间的不匹配。作者使用的是1984—2001年德国的工作特征和工资的纵向数据,结论证实德国劳动力市场上普遍存在补偿性工资差异。作者发现和高工作压力相关的回报为3.5%—4.8%,和工作时间的严格规定性相关的回报为0—5.1%,和工作需要的技能与工人拥有的技能之间不匹配程度的回报为0—6.1%②。

秦蓓、陆铭、桂勇考察了中国的情况,利用的数据是2003年上海浦东新区妇联和复旦大学社会学系课题组联合进行的"上海市浦东新区女职工权益保障状况调查",实际进入估计的共850个样本。在作者的估计中,把职工的工作环境中存在高温、低温、高空、有毒有害物质或气体、噪声、光污染、放射性、冷水潮湿等不利条件的工作定义为坏工作,反之则为好工作。总体样本中在差的条件下工作的女性有198个,占了23.29%。研究结果表明存在显著的补偿性工资③。

3.3 弹性工作制与职业选择

随着网络的发展,传统朝九晚五的工作方式被改写了,取而代之的是很多公司采取弹性工作制度。在知识经济时代,企业的核心人才往往不愿受制于一些刻板的工作形式,弹性工作制能够很好地满足员工的需求,工人在进行职业选择时弹性工作制已经成为一个重要的因素了。一般地,弹性工作制对工人来说是愉快的工作特征,本节将考察其对工人职业选择的影响。

3.3.1 弹性工作制

弹性工作制是指在保证完成规定工作任务的前提下,员工可以自由选择工作的具

---

① Ehrenberg, R. G. and P. L. Schumann, "Compensating Wage Differentials for Mandatory over Time?" *Economic Inquiry*. 1984, pp. 460 - 478.

② Villanueva, E., "Estimating Compensating Wage Differentials Using Voluntary Job Changes: Evidence from Germany." *Industrial and Labor Relations Review*. 2007, pp. 544 - 561.

③ 秦蓓,陆铭,桂勇.劳动力市场转型与补偿工资支付.中国劳动经济学,2004.

体时间和地点，以代替统一固定的上下班时间和工作地点的制度。一般来说，弹性工作制给雇员提供了工作时间或者工作地点的可选择性。工作时间的弹性（flexible work schedules）包括：弹性时间（flextime），即可以自主选择工作开始或者结束的时间；缩短工时（compressed workweek），即完成全部的工作时间，但是在少于五天内完成；减少工作量（reduced workload），这一般指兼职工作。而远程办公提供了在工作地点上的弹性。另外，弹性工作制中最经典的实施方式是核心时间与弹性时间相结合。即员工每天的工作时间由核心工作时间（通常5—6小时）和两端的弹性工作时间共同组成。而另一种方式是成果中心制，用人单位只考核员工的工作成果或业绩，不规定具体的工作时间、工作地点等。弹性工作制主要适用于政府机关、银行、保险业、商业服务性行业，而一些生产性企业则不易实行弹性工作制。从职位上来说，销售、咨询师、职能管理类（人力资源、财务部）等容易实行弹性工作制。

弹性工作制是20世纪60年代由德国的经济学家提出的，当时主要是解决职工上下班交通拥挤的困难。从70年代开始，这一制度在欧美得到了稳定的发展。进入90年代后，弹性工作制在西方国家取得了新进展，在规模和范围上出现了明显的扩张，不再只局限于高技能员工，而成为普通员工的一种生活方式。

美国人力资源管理协会2002年举行了一项调查，58%的回答者报告说提供了弹性工作时间，而37%的组织提供了远程办公。这些数字相比于前一年分别增加了7%和11%①。其实弹性工作制对工人最大的好处是促进了工作—家庭生活的平衡，对雇员是一个重要的激励。虽然各大组织和行业都采用了弹性工作制，但是在会计师事务所中更受欢迎，因为对工作时间要求很高，尤其是在忙碌的季节，很难吸引和保留有质量的女性会计师，弹性工作制解决了这个问题。

企业选择实施弹性工作制的原因有以下几点：一是弹性工作制有利于降低人工成本，增强企业的成本竞争力，因为弹性员工在工资尤其是福利和培训方面的支出通常低于全职员工；二是弹性工作制增强了企业的生产灵活性，使企业易于适应多变的需求波动；三是弹性工作制可以为企业寻求更合适的全职员工提供前期准备，可用于考察员工。个人偏好弹性工作制的主要原因是弹性工作在时间上更自由，有助于个人实现工作—生活的平衡，更新技能，还能赚取更高的边际收入或额外收入②。

3.3.2 弹性工作制的实施效果

弹性工作制如此受欢迎，但是这些政策的实施效果怎样呢？为了解决这个问题，相关的文献用不同的测量方式（如员工保留、组织绩效、对申请者的吸引力）探讨弹性

① Rogier, S. A. and M. Y. Padgett, "The Impact of Utilizing a Flexible Work Schedule on the Perceived Career Advancement Potential of Women." *Human Resource Development Quarterly*, 2004, pp. 89 - 106.

② 魏翔. 西方弹性工作制研究述评及其新进展探析. 外国经济与管理. 2008(12)：1—7.

工作制对雇主和雇员的影响。

从组织的角度来讲，一般来说，弹性工作制促进了组织利益，如增加雇员满意度、组织承诺和生产力，降低旷工和离职。皮尔斯和纽斯特罗姆(Pierce and Newstrom, 1980)运用工作调节模型(work adjustment model)解释为什么会发生这些积极的结果。根据这个模型，当雇员需求和工作提供的回报有很好的匹配时，那么积极的工作态度就会发生。弹性工作制能够帮助雇员平衡家庭和工作上的责任，当工作更有效的满足雇员的需求时，他们的工作满意度应该增加，旷工和离职将会降低，组织承诺将会增加。而且允许雇员根据自己的生物钟去工作，将会提高生产率，降低压力①。

特别地，弹性工作制对离职率的影响的研究尤其多，很多研究都表明采取灵活工作安排的组织会从降低员工流动率中获益。斯塔夫罗(Stavrou)指出离职雇员的成本大概在其年收入的150%，而实行工作家庭平衡的策略，如弹性工作制，仅仅花费一个人年收入的32%。因此，运用弹性工作制降低离职率，对企业来说是非常合算的②。但是，最近一个对弹性工作和培训之间长期关系的研究表明，长期来看，弹性工作制度不利于降低员工的流失率，这主要是由于企业对弹性员工的长期培训投入不足③。

此外，罗和海伦(Rau and Hyland, 2002)考察了弹性工作制对于组织的申请人的吸引力，结果表明雇员更容易被吸引到有弹性工作制的组织中。然而，这些变量受雇员角色冲突水平的影响。有着高角色冲突的工人更容易被吸引到有着弹性工作制的组织中④。

实行弹性工作制也对雇员产生诸多方面的影响，一般来说，弹性工作制中的灵活性工作时间和在家工作这两种方式会促进家庭-工作平衡，同时利于解决部分特殊就业人员的失业问题，如土耳其西北部的城市布尔萨，2011年开始在其海关局推行了一项基于弹性工作制度，残疾人可在家远程工作，解决了大量的残疾人就业问题。这都对雇员带来了好处⑤。但是，也有些研究得出了相反的结论。关于灵活性工作时间，格拉斯和埃斯蒂斯(Glass and Estes, 1997)运用美国的数据发现灵活性工作时间会降低工作-家庭冲突⑥。而怀特等(White *et al*. 2003)运用英国的数据检验了一系列允许员

---

① Jon L. Pierce and John W. Newstrom, "Toward A Conceptual Clarification of Employee Responses to Flexible Working Hours: A Work Adjustment Approach." *Journal of Management*, 1980, pp. 117 - 134.

② Stavrou, E. and C. Kilaniotis, "Flexible Work and Turnover: an Empirical Investigation across Cultures." *British Journal of Management*. 2010, pp. 541 - 554.

③ Martin, J. E., and Sinclair, R. R., "A Typology of the Part-time Workforce: Differences on Job Attitudes and Turnover." *Journal of Occupational Organizational Psychology*. 2007, pp. 301 - 319.

④ Rau, B. L. and M. A. M. Hyland, "Role Conflict and Flexible Work Arrangements: the Effects on Applicant Attraction." *Personnel Psychology*. 2002, pp. 111 - 136.

⑤ Serpil Aytac, Nuran Bayram, Ahme t Özenalp, Serhat Özgökçeler, Sanem Berkun, Ali Ceylan and Hasan Erturk, "Flexible Working and Employment of People with Disabilities at Customs Brokerage Firms in Turkey: A Social Responsibility Project." *Procedia-Social and Behavioral Sciences*. 2012, 65: 39 - 45.

⑥ Glass, J. and Estes, S., "The Family Responsive Workplace." *Annual Review of Sociology*, 1997, pp. 289 - 313.

工关于自主开始或结束工作的自由裁量权的影响，发现虽然一般来说灵活性工作时间会降低工作-生活冲突，但是有一些证据显示男性使用灵活性工作时间会增加他们的工作时间，使工作更多的侵入生活，加剧工作-生活冲突①。拉塞尔等人（Russell *et al*. 2009）的研究则表明灵活性的时间和较低水平的工作压力有关，但是当控制其他因素后，对工作-生活冲突没有显著影响②。

虽然在家中工作可以降低时间压力，如削减交通时间，可以给家庭生活留下更多的时间和其他活动，但它也可以对工作-家庭生活平衡有负面的影响。海曼等人（Hyman *et al*. 2003）对软件开发者的研究发现，在高压力的工作中，在家中工作可能导致工作对家庭的侵入，因为工作无处不在的存在，即雇员发现很难“工作只是工作”。因此，在家中工作会增加工作-生活的冲突③。同样地，拉塞尔等人（Russell *et al*. 2009）的研究也证实了这个观点，在家工作和更高水平的工作压力相关联④。

特别地，很多研究关注弹性工作制对雇员，尤其是女性的职业生涯发展的影响。研究表明女性在进入高层管理职位时面临很多障碍，主要是因为女性在工作-家庭平衡上承担更多的责任（Collins，1993）⑤。如果存在弹性工作制，就方便女性去平衡工作-家庭，使事业型的妇女继续留在自己的工作上，这样，弹性工作制会使更多的女性会进入到高层管理职位。

但事实也可能相反。哈蒙德等人（Hammonds *et al*. 1997）提出了女性职业脱轨（career derailment）的概念，正在使用或者考虑使用弹性工作制的雇员会担心自己被视为对职业不忠诚，且因为在正常的工作时间他们可能都不待在办公室，因此，在晋升的决定中往往会忽略他们⑥。和这些结论一样，爱玛等人（Almer *et al*. 2003）发现雇员在作出是否参与弹性工作制的决定时会受到两个因素的影响：职业考虑和感知到的组织文化的支持。采用弹性工作制的雇员可能被视为不太适合职业晋升⑦。

还有一些间接证据表明那些实行弹性工作制的女性可能受到负面影响。沃德弗格（Waldfogel，1998）发现，在一个八年的时间段里，有小孩的女性工资增长的幅度比

---

① White, M., Hill, S., McGovern, P., Mills, C. and Smeaton, D. "'High-performance' Management Practices, Working Hours and Work-life Balance." *British Journal of Industrial Relations*. 2003, pp. 175 - 195.

② Helen Russell, Philip J. O'Connell, Frances McGinnity, "The Impact of Flexible Working Arrangements on Work-life Conflict and Work Pressure in Ireland, Gender." *Work & Organization*, 2009, pp. 73 - 97.

③ Hyman, J., Baldry, C., Scholarios, D. and Bunzel, D., "Work-life Imbalance in Call Centres and Software Development." *British Journal of Industrial Relations*. 2003, pp. 215 - 239.

④ Russell, H., P. J. O'Connell and F. McGinnity, "The Impact of Flexible Working Arrangements on Work-life Conflict and Work Pressure in Ireland." *Gender, Work & Organization*. 2009, pp. 73 - 97.

⑤ Collins, K. M., "Stress and Departures from the Public Accounting Profession: A Study of Gender Difference." *Accounting Horizons*. 1993, pp. 29 - 38.

⑥ Hammonds, K., Furchgott, R., Hamm, S., & Judge, P., "Work and Family." *Business Week*. 1997, pp. 96 - 99.

⑦ Almer, E. D., Cohen, J. R., & Single, L. E, "Factors Affecting the Choice to Participate in Flexible Work Arrangements." *Auditing*. 2003, pp. 69 - 91.

那些没有小孩的要少 8%①。而采取弹性工作时间的女性绝大部分都是为了照顾小孩。朱迪西和莱尼斯(Judiesch and Lyness,1999)的研究表明有弹性工作时间的雇员可能会存在职业脱轨。他们发现请病假(不管因为家庭的原因还是真的病假)和较少的晋升、较少的工资增加有关联②。

3.3.3 弹性工作制的经济学分析

按照上一节关于工作中工作风险的经济分析框架,类似的可以分析工人如何在弹性工作制和工资之间进行选择,本节主要分析弹性工作时间。

对于工人来说,提供弹性工作时间一般是一种好的愉快的工作特征,因此工人面临的工资和弹性工作时间的无差异曲线向右下方倾斜,且凸向左下方,这也反映了边际替代率递减的性质,即额外的弹性工作时间对工人的效用降低,刚开始工人愿意用一部分工资来换取弹性工作时间,但是当工人已经有很多弹性工作制时,他们就不愿意再放弃工资获取额外的弹性工作制了。与工作风险相似,无差异曲线不会相交,且不同工人面临的无差异曲线也不同,如图 3-5 中 A 的无差异曲线较为陡峭,B 的无差异曲线更为平坦,A 较 B 更重视弹性工作时间,愿意放弃较多的工资换取弹性工作时间。

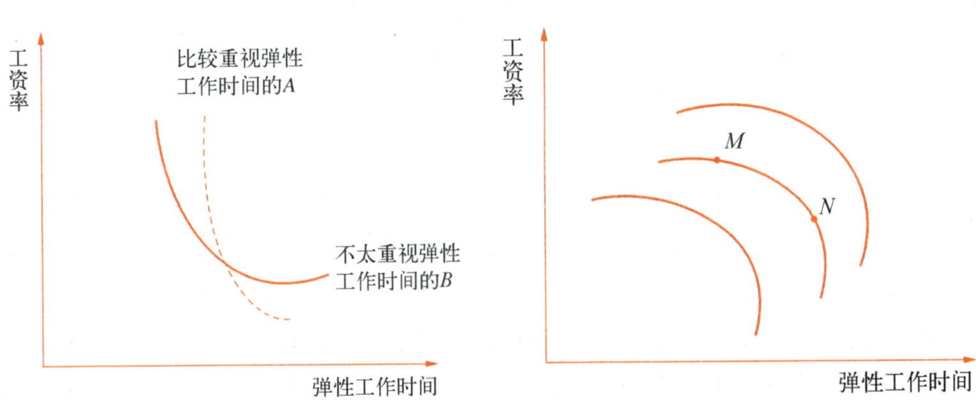

图 3-5 对弹性工作时间重视程度不同的两工人的无差异曲线

图 3-6 工资率与弹性工作时间的一组等利润曲线

类似地,企业提供弹性工作时间与提高工资率都需要付出成本,若保持相同的利润,企业在延长弹性工作时间时,需要降低工资,且等利润线凸向右上方,图 3-6 中,在 M 点,企业提供弹性工作时间的成本小,而随着弹性工作时间增加到 N 点,企业提

① Waldfogel, J., "The Family Gap for Young Women in the United States and Britain: Can Maternity Leave Make a Difference?" *Journal of Labor Economics*. 1998, pp. 505-545.

② Judiesch, M., & Lyness, K., "Left behind? The Impact of Leaves of Absence on Managers' Career Success." *Academy of Management Journal*. 1999, pp. 641-651.

供弹性工作时间的成本很大,需要降低更多的工资。此外,不同的雇主提供弹性工作时间的成本不同,当企业的等利润线比较陡峭时,提供弹性工作时间的成本很大,如流水线形式生产的企业,而当企业的等利润线比较扁平时,提供弹性工作时间的成本很小,如研发类的企业。

在工人和企业的匹配上,和工作风险的分析类似,图 3-7 中,A 和 B 是两种工人,A 重视弹性工作时间,B 不太重视。X 和 Y 是两种企业,X 提供弹性工作时间的成本较高,提供较低的弹性工作时间和较高的工资率,而 Y 提供弹性工作时间的成本较低,提供较高的弹性工作时间和较低的工资率。根据工人效用最大化和企业利润最大化的原则,重视弹性工作时间的 A 工人选择在提供弹性工作时间成本较低的 Y 企业工作,而提供弹性工作时间成本较高的 X 企业吸引了不太重视弹性工作时间的 B 工人。

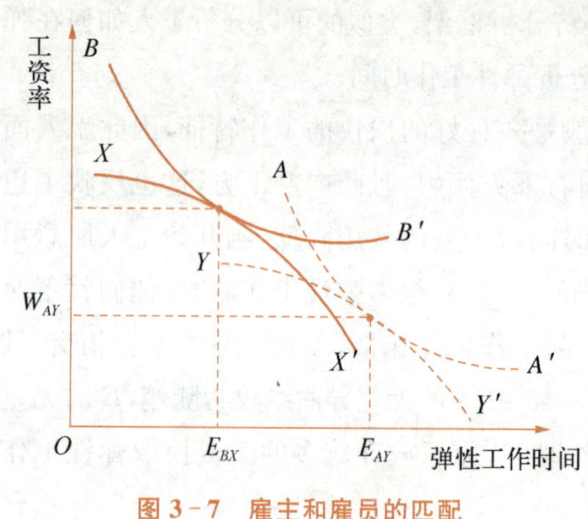

图 3-7 雇主和雇员的匹配

3.4 福利与职业选择

前面我们讨论了不愉快工作特征和弹性工作制对工人职业选择的影响。实际上,福利也是员工在职业选择时一个不可忽视的因素。与过去的"福利"相比,今天的福利简直令人瞠目结舌,福利项目种类繁多。基因技术公司在 2005 年位居"全美 100 家最适合工作的公司"排行榜之首,其福利项目包括了学费援助计划、家庭/儿童看护收养援助、儿童看护、同居伴侣福利、生活工作计划、育婴室、银行服务、移动电话、折扣、冰茶、爪哇咖啡、玫瑰花、身体锻炼、自主餐厅等①。现在福利已经变成一种激励,并成为提高雇员工作满意度的重要因素。

3.4.1 福利的概念及影响因素

员工的福利是现代企业薪酬体系中一个非常重要的组成部分。国际员工福利计划基金会(International Foundation of Employee Benefit Plans)2007 年对美国、加拿大 1 200 家来自不同领域的雇主进行调查,结果显示员工福利支出占工资总额的

① 乔治·T·米尔科维奇,杰里·M. 纽曼. 薪酬管理. 第 9 版. 北京:中国人民大学出版社,2008.

11%—30%，在荷兰、瑞典等北欧福利国家中，员工福利占员工总薪酬的比重更高。福利项目多种多样，包括退休计划、健康计划、牙科医疗计划、人寿保险计划、休假福利、医疗休假等①。2010年3月，美国的私营部门的全职工人中，有74%的人能够获得退休计划，86%的人能够获得健康计划，74%的人能够得到带薪休假福利。总体上来说，现在很多雇主已经把福利看作是一种人力资本投资的方式，而不仅仅是成本。根据大都会人寿保险公司的第八次年度雇员福利趋势调查（MetLife's 8th annual employee benefit trends study），84%的雇主报告生产力是一个重要的福利目标，而2008年是79%②。

关于福利的概念，著名的薪酬管理专家米尔科维奇将员工福利界定为总报酬的一部分，它不是按工作时间给付的，是支付给全体或部分员工的报酬，如寿险、养老金、工伤保险和休假③。从广义上来说，雇主所支付的工资以外的所有形式的薪酬都是福利。

一般来说，可以把福利分为法定福利和非法定福利。法定福利是指政府规定的强制性的、统一的社会基本福利，它包括社会保险和法定休假制度，企业必须按国家规定缴纳这部分福利费用，这是国家对雇员的一种保护，如果国家不强迫企业去支付这部分福利，企业会毫无顾忌地裁员、忽视生产安全和工作条件。非法定福利是企业在法定福利的基础上根据企业的特点和发展战略自行设计和实行的补充福利项目，希望能够吸引比较优秀的员工，使企业更有竞争力，它具有较大的弹性空间，也是企业在设计员工总体薪酬计划时考虑的重点内容，包括补充养老和医疗保险、住房福利以及其他各种服务项目。

事实上，企业为员工提供的福利项目会受很多因素的影响，最主要的两个方面是：雇主因素、雇员因素。雇主因素方面主要是指雇主采用的人力资源战略以及其对福利项目的偏好。首先，在设计福利计划时雇主要考虑成本，考虑到福利与总薪酬成本之间的关系，总体上来说，福利毕竟是总薪酬成本的一部分，在费用决策时要考虑成本和收益，使福利成本在一定时期内保持可控的范围，如果发现福利成本在未来难以控制，则应该在成本分担的基础上提供给员工；其次，竞争对手提供的福利水平及结构也是福利选择中不可忽视的部分。即福利必须保持外部公平性。确定外部公平性的最佳方法是进行福利调查，进而对自己的福利水平进行定位。总之，福利项目的提供要能与其他人力资源战略相配合，最大限度地吸引合格的员工，激励现有的员工和保留优

---

① Julia E Miller, "Employee Benefits Survey: U. S. and Canada 2007." *Benefits Quarterly*. 2008, pp. 1－63.

② Dr. Ronald S. Leopold, "A Fresh Perspective: Employee Benefits as a Strategic Business Investment." *Benefits Quarterly*, 2010.

③ 乔治・T・米尔科维奇，杰里・M・纽曼. 薪酬管理. 第9版. 北京：中国人民大学出版社，2008.

秀的员工。

从雇员的角度来考虑，员工个人的一些因素会对福利计划的制定产生重要的影响。雇员方面的因素主要指雇员的个人特征，包括员工的个人的绩效、年龄、工作年限、性别、婚姻状况、家庭负担等都会影响到其对福利项目的偏好。另外，公平性也是一个重要的考虑因素，即员工在福利上面无论与个人的过去相比，还是与周围其他人相比要能感觉到企业提供的福利是公平的。在一个企业内部，福利制度的设计要尽量满足不同类型员工的需要。另外，外部因素也会影响福利选择，所谓外部因素主要是指国家的相关法律法规、税收政策、劳动力市场供求状况、市场工资水平、工会的力量等。

3.4.2 弹性福利计划

给雇员提供他们不需要的福利既浪费资源，又不能起到激励作用。因此，很多公司开始考虑雇员的需求，提供弹性福利计划，从 20 世纪 80 年代开始，一些著名公司如能源集团(TRW System and Energy Group)、惠普等就开始根据员工的需求提供不同的福利，弹性福利计划渐渐在企业中流行开来。所谓“弹性福利计划”是指雇员可以从企业所提供的一系列有各种福利项目的“菜单”中自由选择其所需要的福利。

目前，移民数量增加、企业间兼并与合资、跨国竞争等都迫使企业雇用多样化的劳动力。为了获取最好的工人，雇主都调整人力资源政策实施弹性福利项目以匹配雇员的多样性。

在弹性福利项目的设计中，相关文献中提出有一些特殊群体需要考虑，该文献主要考虑了美国劳动力的情况①。第一，针对老龄工人的福利。美国经济正面临着劳动力短缺的危机。婴儿潮时期出生的劳动力在 2011 年将面临退休。裁员、工资奖金短缺和老龄化都使得很多老龄工人离开劳动力市场，这些因素都导致了高水平管理人员和专家的短缺、有经验的雇员的短缺。人才短缺的比率将是 2∶1——对于每两个要退休的工人仅有一个新劳动力进入劳动力市场。那些有着几十年丰富经验的雇员退休了，而这些经验和知识是无法由新的毫无经验的雇员所提供的。目前的文献显示，年龄较大的工人更容易学习新技能。而且，在《企业家》这本杂志里的一篇文章显示成熟工人提供的不仅仅是制度性的知识和技能，而且他们更加奉献、关注细节、有组织性并且集中。如果要吸引年龄较大的工人，则福利项目要更关注健康保险和养老金，并且提供工作分享也是一个非常有用的方式，比如一个大学教授可以只教授秋季学期，而把春季用来旅行或者写作，这是婴儿潮一代逐渐退休的一种方式。

---

① Bryan K. Brenner, “Using Employee Benefits Can Help Recruit, Attract, and Retain the Workforce of the Future: The Mature Employee.” *Journal of Financial Service Professionals*. 2010.

第二,针对 X 一代的福利。X 一代非常重视工作各个方面的灵活性——工作时间、他们在哪儿工作、他们怎样被监督。因此,这方面的福利有弹性时间、远程办公和自治型的项目制。养老金计划并不重要,但是培训是非常重要的。家庭和私人时间对这些人来说也非常重要。更多闲暇时间和更少加班对这个群体是非常重要的。

第三,针对有家庭工人的福利。有家庭的工人需要平衡工作-家庭生活,如果没有灵活的时间或者福利项目帮助他们平衡个人和家庭责任,那么这些人可能无法工作。这些工作生活平衡的福利项目包括:帮助照看小孩、家庭带薪休假、解决吸毒问题、收养、教育、老人照顾和其他一些活动。这些帮助可以通过个人、电话或者个性化的网页提供,可能会花费较多的成本,但好处是可以降低缺席和流动、提高士气、生产力和工作质量。所有类型的工作生活平衡项目有助于吸引女性和少数群体,这对于吸引多样化的劳动力都是非常重要的,因为拥有多样化的劳动力"依赖于雇主吸引保留女性和少数群体的能力"。

除此之外,还有一些福利项目,如针对新移民的,可以开发一些 ESL 课程(English as a second language)作为雇员福利;有针对同性伴侣的项目,目前,财富 500 强中至少 196 个成员会提供同性的家庭伴侣福利;针对单身的福利,在美国劳动力中有 40%是没有结婚的,因此考虑他们的需求是很明智的①。

3.4.3 提供福利项目的经济学分析

企业为员工提供福利的原因有很多种,这部分讨论三个方面:购买福利的成本优势、保留激励员工、税收优惠。

首先是购买福利的成本优势,前面的分析中我们假定企业和员工是以同样的价格购买福利,但是在现实生活中,企业往往能以更优惠的价格购买到商品和服务,即存在规模经济,如在购买各种保险时,集体购买比个别购买往往更能节省管理费和代理费,企业的规模越大,成本节约的也越来越多。

其次是企业可以利用员工福利计划吸引和激励其发展战略所需要的员工。可以用下面的图形进行分析。假设:对于企业来说,提供 X 美元的工资和提供 X 美元的福利并没有差别,工资与福利都是企业的成本,且完全可以替代(现实生活中提供福利可以避免税收,能降低企业的成本,企业愿意提供福利),因此,企业提供福利的等利润线是直线,且斜率为−1②。在劳动力市场上,图 3-8 中,存在两种工人,A 工人更偏好可

---

① Gayle White, "Diversity in Workplace Causes Rise in Unique Employee Benefits and Changes in Cafeteria Plans." *Journal of Management and Marketing Research*, 2009, 5(2).

② 如果企业名义上提供 250 美元的福利,但是由于税收或其他因素,使得可以为企业节省 20 美元的成本,那么员工的工资只需要降低 230 美元,因此企业的等利润曲线变得扁平。但是,也有可能变得陡峭。如果企业提供福利使自己的成本增加,比如,收入效应的存在使得人们朝着减少工作时间的方向发展。

支配的现金，而 B 工人更偏好福利。不同特征的工人和不同类型工作特征匹配的结果是 A 工人会选择大部分是工资的总薪酬，而 B 工人会选择福利所占比重比较大的企业。其他条件相同的情况下，福利越高，则工资水平越低。对于企业来说，那些期望吸引更多年轻人的企业，在设计薪酬福利时，应该更侧重现金，而期望吸引有经验的、年龄较大的工人的企业，应该更侧重提供福利，如提供企业年金和各种保险，若企业发现有孩子的工人离职率更低、生存率更高时，期望吸引已婚有孩子的工人，则可以为员工子女提供教育补助、提供托儿服务、为家庭成员提供健康保险等，如延期薪酬会吸引那些更看重未来的劳动者。通过这种福利结构的安排能够为雇主减甄选成本，用相对较少的成本吸引和保留自身发展所需要的员工。

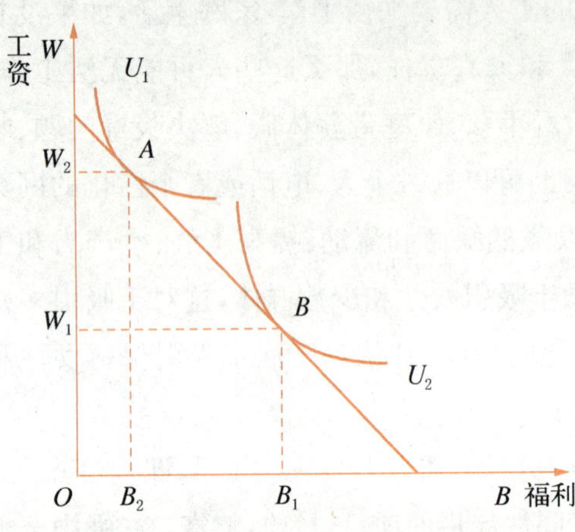

图 3-8 用工资和福利组合吸引特定员工

资料来源：[美] 罗纳德·G·伊兰伯格，罗伯特·S·史密斯. 现代劳动经济学：理论与公共政策. 第八版. 北京：中国人民大学出版社，2007

再次是福利所带来的税收优惠。员工福利可划分为两大类：一类是具有递延支付性质的货币收入，如各类基本社会保险和补充保险等；另一类是实物性的报酬或服务，如商品折扣券、各种休假、托儿服务，等等。从员工角度来说，员工缴纳的各类基本的社会保险以及补充性保障计划所缴纳大都属于税前列支项目，免缴个人所得税。且实物性质的福利也不需缴税，因此福利对员工而言有很大的吸引力。另一方面，企业，尤其是大公司员工数量众多，采取福利的方式能降低企业的纳税负担，为企业节省一笔极为可观的税收收入。

福利能挽留人心，减少离职，较低的离职率不仅能够保护企业在员工身上投入的培训成本，削减招募培训新员工的成本，而且更多有经验的人留下来会提高企业的效率。总之，在现代企业薪酬管理体系中，员工福利扮演着非常重要的角色，一个完善的员工福利计划，是企业吸引、激励、保留人才的重要手段。

本 章 小 结

职业选择是劳动力供给决策的重要组成部分。其经济学分析方法运用了补偿性工资差异和享乐主义工资理论，该理论的主要观点是工作特征和工人偏好存在差异，工人追求效用最大化，企业追求利润最大化，在此假设下工人和雇主在工资和各种工作特征之间进行选择，即对工资和非工资利益有不同偏好的工人，寻求与那些以不同成本提供非工资利益的雇主之间的最佳匹配，最终达成一种均衡的状态。在此理论框架下，本章重点分析了不愉快工作特征、弹性工作制和雇员福利这三种工作特征对劳动者职业选择的影响。

不愉快工作特征实证研究中的问题在于很难准确界定什么样的工作特征是不愉快的，但是工伤或死亡作为不愉快工作特征是最确切的。实证研究基本上确定了对于工伤或死亡是存在补偿性工资的。但是，对于其他不愉快工作特征——强制加班、高工作强度、不利的工作环境是否存在补偿性工资，实证研究并未得到一致的结论。

弹性工作制最近几十年大受欢迎，尤其是在发达国家，其实施总体上来说对组织对工人个体都有好处，比如降低离职率、提高生产率、促进工作-家庭生活平衡等，但是实证研究并未达成完全一致的结论，有些弹性工作制的影响是不确定性的或者是负面的。

雇员福利也是员工职业选择中不可忽视的一个因素，员工福利占其总报酬的比重也比较大。实施福利能够提供相当大的税收优惠，而且可以根据企业自身的战略吸引其所需要的员工，最终能够达到吸引人、留人的效果。最近弹性福利颇受欢迎，它具有灵活性，较能满足员工的需求，从而起到激励的作用。

复习思考题

1. “某些职业(比如采煤)本身就存在着对工人健康和安全的威胁。因此，毫无疑问，最适当的政府政策是建立和实施严格的安全和卫生标准。”请分析这句话是正确的吗。
2. 讨论：“社会收入最低的工人，例如临时性的厨师，其工作环境也比较差。因此，补偿性工资理论是站不住脚的。”
3. 表述(1)：“企业经理是贪婪的利润最大化者，只关心自己。”表述(2)：“其他条件相同，业已确认从事不卫生、危险的工作的工人得到的工资较高。”一般来说，这两种说法都是正确的吗？为什么？
4. 试分析工人和雇主在工资和弹性工作制之间如何选择？弹性工作制实施了几十年，其效果怎样？
5. 假设国家决定让所有的雇主都必须为自己的员工提供一份价值至少为5万元人民币的死亡保险，请分析这一政策对于员工的总体福利所产生的影响。

案例分析

逾千大学生争夺温州8个掏粪工职位　争的是编制

16年前,《中国青年报·冰点》栏目刊登一篇经典报道——《北京最后的粪桶》。报道描写了返城知青当掏粪工的生活,引来无数同情和泪花。

16年后,继济南市城肥清运管理二处招聘的5名大学生掏粪工后,近日,一则“温州招聘大学生‘掏粪工’”的帖子红遍天涯等网站。帖子称2010年温州事业单位招聘已经开始报名,其中温州环境卫生管理处的一个“粪便处理工”岗位,要求学历大专以上,一时引起网友热议。

昨日,记者从温州市人事局发布的报考人数一览表上看到,本次“掏粪工”的报名可谓轰轰烈烈——8个掏粪工岗位确实有1 102名大学生报名。而此次温州市属71家单位公开招聘的148个岗位中,报名人数最多的就是掏粪工。

“大学学历”是被强加还是需要?

据《南方日报》记者了解,由于温州环卫处粪便处理中心今年退了七八个人,因此需要再招新人。温州环卫处的工作人员证实,此次招的“粪便处理工”就是一线掏粪工人,需要最原始的粪便处理操作。

自6月22日报名截止后,网络上便争议不断,有网友直称这是“人才高消费”。

昨日,环保局的相关负责人向《南方日报》“喊冤”,他表示,以前温州市环卫处招聘了几名大学生垃圾处理工。“因为掏粪工岗位实在缺人,就临时调派了两名大学生去掏粪。但两人都表示吃不消,最终因无法适应该工作而被调离。”

正因为有了这样的经验教训,所以环保局想在今年把招聘范围扩大,特别是在学历方面,不做太多要求。“本想招高中毕业的年轻人,可报到人事局后,被改为要求大专以上学历。”至于具体原因,该负责人表示“不清楚”。

笔试面试,一关都不能少

刚刚发布招聘信息就引来很多大学生报名,截至23日,记者在温州人才网上看到,温州市人事局发出了《市属事业单位公开招聘工作人员(二)报名考生人数公布》,上面显示已有“最原始的处理,主要指两项工作:一是手拉粪车,另外就是粪车随行人员。”环卫处一位不愿具名的工作人员称:“每天4点,掏粪工们就要起床,拉着粪车,挨家挨户地去收集粪便。”

抽水马桶普及的年代,《北京最后的粪桶》中描述的家门口刷马桶的壮观场面似乎早已难觅,为什么还需要掏粪工?这名温州环卫处的工作人员解释称,在一些老城区内,特别是五马街的晏公殿巷一带,却还有2 000多只老式马桶。

记者了解到，由于是事业编制，就要按照人事局相关招聘程序进行，进入事业单位必须参加统一招考，笔试面试一关都不能少。

温州环卫处工作人员称，凡是通过笔试的考生，必须先体验半个月的“掏粪工”生活，如果无法适应，就将无缘面试。

“哥掏的不是粪，是事业编制”

不少网友对学历门槛的设置觉得很好奇，网友“丢丢球”就表示：“好雷，真的是去掏粪?”

但也有网友认为时下工作难找，而且这个岗位还是事业编制，要求高不足为奇。从温州当地论坛发言看，的确有不少网友表示愿意冲着事业编制去报名。

对于年轻人来说，掏粪工不仅需要体力，还需要厚脸皮。一位报名者在网上袒露心声：“想到是事业编制，对于现在的就业状况来看，还是非常有吸引力的”，“哥掏的不是粪，是事业编制。”

据了解，虽然属于事业编制，但“粪便处理工”的收入并不高，年薪在 3 万元左右。

今年“两会”期间，中央电视台主持人朱军接受记者采访，谈到山东大学生当掏粪工时，他表示完全支持大学生的这一做法。“可能会改变中国的掏粪现状，因为无论是在思维，还是掏粪工具的使用上，大学生都具备优势，从而将使中国摆脱传统意义上的掏粪。”一时舆论哗然。

众多网友表示，大学生高才低就，对国家来说是社会资源的浪费，对家庭来说是父母心血和财力的浪费，对大学生本人而言，则是美好青春年华的浪费。他们之所以选择卖肉、擦皮鞋、当保姆、当掏粪工，是因为他们要生存，要工作，对此“我们表示理解即可，但大可不必鼓掌叫好，打着官腔说一些冠冕堂皇的话。”

（资料来源：《南方日报》，http://china. nfdaily. cn/content/2010 - 06/28/content_13230895. htm，2010 年 6 月 28 日下载。）

分析：请结合本章所学内容，分析资料中提到的大学生从事掏粪工的原因。你是如何看待这一现象的？

推荐阅读资料

1. [美] 爱德华·拉齐尔. 人事管理经济学. 北京：生活·读书·新知三联书店、北京大学出版社，2000：8—65.
2. [美] 罗纳德·G·伊兰伯格，罗伯特·S·史密斯. 现代劳动经济学：理论与公共政策. 第八版. 北京：中国人民大学出版社，2007.

3. 杨伟国. 劳动经济学. 大连：东北财经大学出版社，2010.

4. Anandi Mani and Charles H. Mullin，"Choosing the Right Pond：Social Approval and Occupational Choice." *Journal of Labor Economics*，Vol. 22，No. 4（Oct.，2004），pp. 835 - 861.

5. Budge，S. L.，E. N. Tebbe and K. Howard，"The Work Experiences of Transgender Individuals：Negotiating the Transition and Career Decision-Making Processes." *Journal of Counseling Psychology*，2010. 57(4)：pp. 377 - 393.

6. David A. Jepsen and Josiah S. Dilley，"Vocational Decision-Making Models：A Review and Comparative Analysis." *Review of Educational Research*，Vol. 44，No. 3 (Summer，1974)，pp. 331 - 349.

7. Krecar，I. M.，"Theoretical Models of Entrepreneurial Career." Drustvena Istrazivanja，2010，19(3)：pp. 441 - 461.

8. Serpil Aytac，Nuran Bayram，Ahmet Özenalp，Serhat Özgökçeler，Sanem Berkun，Ali Ceylan and Hasan Erturk，"Flexible Working and Employment of People with Disabilities at Customs Brokerage Firms in Turkey：A Social Responsibility Project." *Procedia-Social and Behavioral Sciences*，2012，65：39 - 45.

网 上 资 料

1. 中国人力资源学习网：http://www. hrlearner. cn/.

2. IZA：http://www. iza. org/en/webcontent/index_html.

3. NBER：http://www. nber. org/.

4. OECD：http://www. oecd. org/home/0，2987，en_2649_201185_1_1_1_1_1，00. html.

第 4 章 职业搜寻

学习目标

当职业选择确定之后，人们就需要寻找他们所期望的职业。职业搜寻是指个人寻找工作的劳动力供给行为，旨在改善搜寻者的职业前景。在本章，我们将学习如何从经济学的角度理解和认识工作搜寻行为，从理论和实证的角度考察影响工作搜寻行为及决策的市场因素和个人因素。通过本章的学习，读者能够把握工作搜寻的基本模型以及相关的实证研究。

引 例

涨薪不力成2011年白领跳槽首因

智联招聘网站于2011年3月初，对8 000余名职场人士进行了为期三周的跳槽意向调查。通过相关数据分析，发现了以下几个特点。

一、2011年伊始，40.8%职场人着手寻找新工作

“金三银四”，2011年的职场招聘进入了活跃期。智联招聘调查数据显示，40.8%的职场人有跳槽的想法，而且已经在着手寻找新的工作；37.5%的职场人表示虽然有过跳槽的想法，但是并没有付诸行动，还想再观望一阵，寻找合适时机；12.8%的人在心动和行动之后已经实现了职场上的华丽转身，完成了跳槽；仅有8.9%的职场人明确表示自己压根没有跳槽的打算。

二、30.3%职场人得到涨薪，涨薪幅度在20%以内

物价的持续上涨，给职场人带来了不小的压力。当无法控制物价上涨的步伐时，职场人只能寄希望于薪酬的上涨。虽然涨薪的呼声越来越高，但智联招聘的调查显示，截止到2月底，只有三成职场人获得了涨薪。涨薪的幅度也并不大，大多在20%以内。

三、涨薪不力成2011年白领跳槽主要原因

离开熟悉的工作岗位和朝夕相对的同事，选择一家单位重新开始也是个不大不小的挑战，那么人们都是因何而希望跳槽呢？智联招聘调查显示，物价飞速上涨，而薪酬迟迟不涨或是涨幅太小成为职场白领跳槽首要原因，占到了32.4%；33%的职场人出于对个人今后发展的考虑，将发展空间受限作为跳槽的首要原因；13.5%的人从更为宏观和长远的角度考虑，出于对公司和行业的发展缺乏信心，选择跳槽。

与人们选择跳槽的原因相对应，打算跳槽的职场人在选择新的公司时会考虑的两个重要因素是公司的薪酬福利和个人未来的发展空间，分别占到了64.4%和59.4%，两者所占的比例要远远高于其他因素。

四、34.9%职场人期望跳槽后薪酬涨50%，同期增长6.5个百分点

调查显示，期望通过跳槽薪酬能够涨一倍也就是翻番的职场人有17.5%，比2010年春季高了2.8个百分点。其次希望能够涨薪50%的职场人为34.9%，比2010年春季的数据高出6.5个百分点。

五、41.1%职场人对单位性质没有特殊要求，三资企业相对受青睐

在调查中，41.1%职场人表示自己对于理想的工作单位性质没有什么特别的要求。随着市场经济的成熟发展，很多用人单位都在经受着市场的考验，对于求职者而言可能更为关注用人单位的规模以及发展前景等因素。

近六成职场人对理想工作单位的性质作出了选择，其中三资企业因其有竞争力的薪酬、良好的个人发展机会相对更受青睐，占到总人数的22.0%，其次是国家机关或事业单位，比例为14.9%。近年来，民营企业虽然获得了巨大的发展，但是与其他几种类型的企业相比，民营企业在职场人心目中的地位仍然居于劣势，仅有8.6%的职场人将私营企业作为理想的工作单位。

对于工作的满意度也在一定程度上决定着人才在其工作岗位上的稳定程度。数据显示，只有不到两成的职场人表示对目前的工作满意，37.1%的人明确表示对自己的工作不满意，49.2%的人表示一般。

跳槽虽然可能会成为个人升职涨薪的契机，新的环境也能带给职场人不同以往的锻炼和成长机会。但是，也应当看到，跳槽具有一定的风险。职场人在作出跳槽选择的时候一定要谨慎，不能仅仅考虑眼前的利益就盲目地跳槽，将自己苦苦积累的职场能量在盲目起跳后消耗为零，反而不利于今后的职业发展。在今年的出现"用工荒"和"人才荒"人才市场背景下,以及物价上涨的经济环境下,希望更多的企业和员工能够一起面对新的形势,达到双方的共赢局面。

(资料来源:高菲菲,祝红艳.智联招聘网.http://article.zhaopin.com/pub/view/185227.html,2011-3-9。)

通过上面的案例我们发现,在当今社会,人们工作的流动性已经越来越大,工作搜寻行为已经成为职场中的普遍行为,也成为人们获取职业发展的一种重要手段。同时,我们还可以看到,工资水平是影响人们搜寻决策的一个最主要因素。然而,工资对于劳动者工作搜寻行为影响的内在机制,以及除工资因素外的其他影响因素是什么,还需要我们进行进一步的探讨。因此,在本章中,我们将首先介绍工作搜寻的渠道,不同的群体可能会选择不同的工作搜寻的渠道,而不同的渠道选择在理论中通常被抽象化而容易被人们忽略。在第二节中,我们将介绍工作搜寻的基础模型,其中涉及保留工资与工作搜寻时间的关系。第三小节将介绍工作搜寻模型在基本模型上的扩展,用以解释更为贴近现实的情形。最后,我们将介绍有关工作搜寻的相关研究,以及实证研究中可能遇到的一些技术问题。

4.1 工作搜寻渠道

搜寻渠道是连接工作搜寻者和工作提供者的媒介,是实现工作搜寻必须凭借的信息通道。工作提供者在搜寻渠道中提供工作相关的信息,而工作搜寻者则通过各种渠道获取相应的工作信息。因此,工作搜寻渠道是工作搜寻中的重要环节。然而,在建立理论模型的过程中,工作搜寻渠道通常会被模型化而被抽象化简;但是在现实生活中,不同的工作搜寻渠道对于工作搜寻的结果将产生不同的影响。同时,一些渠道,例如社会网络,在实证研究中也受到了越来越多的关注。因此,在第一小节,将首先对工作的搜寻渠道进行简单的分析与比较,并对目前广泛使用的搜寻渠道互联网和社会网络进行简单的介绍。

4.1.1 工作信息与搜寻渠道

工作搜寻渠道作为一种信息的载体,其区别主要存在于信息发布与接收的对象,以及信息传递的过程。从对象来说,工作信息的发布者为用人单位,虽然一些企业对某些渠道有所偏好或处于某些原因而经常使用某一类渠道,但是在这一方面不存在显著的差异。从信息的接收者角度看,进行工作搜寻的人包括刚刚毕业首次进入劳动力市场的学生、失业人群以及在职群体,针对不同的群体存在着不同的搜寻渠道。例如,针对大学毕业生,有专门的校园招聘,企业直接进入学校进行宣传和招聘;而针对失业人群，失业救助机构也会为他们提供专门的就业信息。

从信息的传递过程分析，在信息传递的过程中信息量、传递速度，以及传递信息的完整性与信息对称性等几个方面，不同的搜寻渠道之间存在着一定的差异。纸质媒介与网络媒介都具有相对较大的信息量，特别是互联网的兴起与发展使得网络渠道提供的信息量迅速增长。同时，互联网还拥有着最快的信息传递速度，可以保证实时更新，为搜寻工作的人们提供最新的就业信息。相比于纸质媒介与网络媒介，社会网络作为工作搜寻的渠道在信息的对称性方面有一定的优势。不论纸质媒介还是网络媒介，其提供的有关工作的信息相对是有限的，而且为单向的信息传送。社会网络作为工作信息的提供渠道，具有双向性和互动性，同时基于对工作单位与求职者的了解，社会网络可以较好地缓解在求职过程中存在的信息不对称情况，不仅减少个人工作搜寻的时间成本，也可以减少企业在招聘甄选过程中的时间成本。

从信息量、信息传递速度、信息完整性与对称性这几个方面来看，各种工作搜寻渠道有着它们各自的特点。其中，就业中介机构的存在，是一个比较有趣的现象。就信息量和传递速度来说，它们比不上媒体网络，就信息的对称性和完整性而言，它们又比社会网络逊色。然而，在高端人才的工作匹配和低端劳动力的工作匹配中，中介机构都起着重要作用。例如针对重要核心人才的猎头机构和针对从事家政服务的低端流动人口的家政服务中介机构，是这些人群搜寻工作的主要渠道。对于高端劳动力市场和低端劳动力市场，劳动供给者存在着较大的不确定性，中介机构的存在，可以大大减少劳动需求方的搜寻成本，这也是中介机构存在的一个主要原因。

4.1.2 互联网

互联网作为工作搜寻的渠道，由于其信息量大且信息及时有效，已经逐渐成为人们最主要的工作搜寻渠道。同时，与传统的互联网相比，基于交互信息的网上社交网络平台及微博等网络工具，也成为一种新兴的工作搜寻渠道。

通过网民行为监测系统数据显示，2009 年第四季度中国招聘网站的浏览时间同比增长了 46.0%①。来自国家统计局上海调查总队对 600 余名上海市大学应届毕业生的调查显示，选择通过人才网站进行求职的受访者占 68%。有 32.8%的已签约受访者表示，其是通过人才网站找到工作的。研究表明，截至 2011 年，中国的网络招聘市场规模将达到 20.3 亿元。从 2003 年到 2011 年，网络招聘市场规模的年均复合增长率高达到 34.97%②。

从雇主方面看，伴随着互联网普及程度的提升，以及网络招聘具有的降低企业成本、节省时间等优势，越来越多的雇主开始使用互联网进行招聘，发布就业信息。特别是二

① 信息引自 http://news.iresearch.cn/charts/109453.shtml，2011-12-27。
② 信息引自 http://service.iresearch.cn/67/20111226/160183.shtml，2011-12-27。

三线城市的中小企业雇主，更加倾向于选择网络招聘服务。截至 2010 年，使用网络招聘的雇主数量已达到 105 万家，较 2009 年增长了 29.6%，占中国招聘企业的 10.7%①。

微博招聘是互联网的发展与微博普及的产物。微博的日益流行，打破了移动通信网与互联网的界限，很多企业开始设立官方微博并通过企业微博账号发布招聘信息和网友互动。虽然微博招聘受到了越来越多的关注，但现实中通过微博找到工作或招到合适人才的比例仍然较低。中国电子商务研究中心的调查显示，仅有 22%的受访者表示微博求职招聘有成效，而 64%的受访者表示效果一般②。

4.1.3 社会网络

社会网络不论在中国还是在外国都是一种重要的工作搜寻渠道。由于社会网络中的个体对工作搜寻者和工作提供者都相对了解，通过社会网络进行工作搜寻可以减少搜寻中的信息不对称，提高工作匹配程度。

对北京和石家庄的工作搜寻者的调查发现，在职人员通过社会关系网络获得目前岗位的招聘信息的比重最大、效果最好。就失业人员而言，社会关系网络也特别重要。虽然失业人员在获取就业信息时利用率最高的渠道是职业介绍机构。但在选择最有帮助的渠道时，他们对社会关系网络的认同度则较高。对北京市的调查表明，有 34.9% 的失业人员认为亲友对于寻找工作最有帮助(见表 4-1)③。

表 4-1 失业人员工作搜寻渠道分布

工作搜寻渠道	北京		石家庄	
	选择人次	选择频率(%)	选择人次	选择频率(%)
职业介绍机构	455	84.7	275	79.9
社会关系网络	302	56.2	155	45.1
纸制媒介	243	45.3	198	57.6
网站	176	32.8	146	42.4
校园招聘会	37	6.9	71	20.6

资料来源：曾湘泉. 劳动力市场中介组织的发展与就业促进. 中国人民大学学报，2009(6)：93—102

社会网络在美国也是最成功的搜寻方式。最终获得工作的搜寻方式中有 34%为社会网络搜寻；网上申请的成功率排第二，为 26%。社会网络中，内部推荐和外部推荐分别为最成功的两种方式，占 18%和 9%。对于收入超过 10 万美元的人或是管理级别的人员而言，借助社会网络是最有效的搜寻方式，其中 50%的人是通过社会网络获

① 信息引自 http://service.iresearch.cn/67/20110916/150254.shtml，2011-12-27。
② 信息引自中国电子商务研究中心：http://www.100ec.cn/detail-6016730.html，2011-12-27。
③ 曾湘泉. 劳动力市场中介组织的发展与就业促进. 中国人民大学学报，2009(6)：93—102.

得目前工作的。46%的男性和39%的女性通过社会网络搜寻。对于年龄超过50岁的劳动者，社会网络在工作搜寻中仍然扮演着重要的角色，其中46%的人表示社会网络增加了他们获得工作的概率①。

4.1.4 工作搜寻渠道的结合

从宏观层面看，改革开放以来，我国劳动力市场的工作搜寻渠道已经形成了以劳动部门举办的职业介绍所和人事部门举办的人才交流中心为工作搜寻渠道的主体，民营和外资中介机构为重要补充的格局。网上就业服务企业与公共就业服务机构形成既互补又竞争的发展态势。民营中介机构数量随着经济发展有着迅猛的增长；外资人才中介机构采取合资以及并购的方式，与民间资本结合，主要聚焦在高端人才市场的竞争中。2009年末，全国有各类职业介绍机构37 123所(其中公共职业介绍机构24 921所)，各类职业培训机构27 250所。"十一五"规划时期的前4年，各级公共职业介绍机构为各类求职者成功介绍工作7 944万人次，各类职业培训机构组织技能、转岗、创业等各类培训9 596万人次②。

从微观层面，在现实生活的工作搜寻中人们通常将几种工作搜寻方式结合起来，通过多个渠道进行工作搜寻，增大找到工作的概率。同时，不同中介机构对不同人群有着不同程度的就业影响。由于就业困难群体大多是受教育程度较低的人群，因此，他们的工作搜寻对公共就业中介服务体系有很强的依赖性。调查结果显示③，学历越低的人越倾向于使用职业介绍机构、亲友、直接与企业联系、路牌等招贴广告、劳务派遣公司等工作搜寻渠道。而学历越高的人越倾向于使用校园招聘会、网站等工作搜寻渠道(见表4-2)。

表4-2 不同受教育程度的失业人员对工作搜寻渠道的使用情况(%)

	教育程度			
	初中或以下	高中、职业学校	大专	大学本科及以上
职业介绍机构	77.0	73.0	65.4	50.0
校园招聘会	1.6	3.7	27.8	35.4
直接与企业联系	14.8	13.6	16.3	18.8
网站	8.7	31.7	57.4	64.6

① 主要数据信息引自 http://careerchangechallenge.com/50-job-search-statistics-you-need-to-know，2011-11-10。

② 数据来源：国家统计局人口和就业统计司，http://www.stats.gov.cn/was40/gjtjj_detail.jsp?searchword=%C8%CB%BF%DA%BA%CD%BE%CD%D2%B5%CD%B3%BC%C6%CB%BE&channelid=6697&record=5，2011-11-25。

③ 曾湘泉.劳动力市场中介组织的发展与就业促进.中国人民大学学报，2009(6)：93—102.

（续表）

	教育程度			
	初中或以下	高中、职业学校	大专	大学本科及以上
报纸、杂志招聘广告	42.1	49.5	57.0	50.0
路牌等招聘广告	8.7	3.9	1.9	—
亲友	63.4	57.1	40.3	25.0
劳务派遣公司	4.9	1.8	0.4	—

资料来源：曾湘泉.劳动力市场中介组织的发展与就业促进.中国人民大学学报，2009(6)：93—102

4.2 工作搜寻的理论模型

在斯蒂格勒(Stigler)①提出劳动力市场存在摩擦以及工作搜寻对于获取信息的重要意义之后，麦考尔(McCall)②与莫藤森(Mortensen)③分别将这一问题模型化。在麦考尔提出的模型中，时间是离散分布的，工作机会的获得也是按时期以某一概率外生决定。该模型对于工作搜寻模型有着重要的贡献，是众多工作搜寻研究的主要理论基石。而莫藤森将工作搜寻模型扩展为连续搜寻时间条件下搜寻均衡的选择，并在以后的研究中考察了搜寻双方在劳动力市场上的议价能力，使得理论模型与现实更为贴近。

本小节主要介绍以上两个模型，这两个模型是工作搜寻问题研究的经济学理论基础。因此，理解和掌握这两个模型是十分重要和必要的。对于这两个模型与现实中的实际情况存在的出入，很多经济学家都对这两个理论模型进行了扩展和修改。在第三小节还会介绍在这两个模型基础上的扩展。

4.2.1 简单的搜寻模型

在简单的搜寻模型中④，搜寻者被假定为了解他所拥有的技能所对应的工资的分

① G. J. Stigler (1962), "Information in the Labor Market." *Journal of Political Economy*, Vol. 70, No. 5, Part 2, pp. 94 - 104.

② McCall (1970), "Economics of Information and Job Search." *The Quarterly Journal of Economics*, Vol. 84, No. 1, pp. 113 - 126.

③ Mortensen, Dale T (1970), "Job Search, the Duration of Unemployment, and the Phillips Curve." *American Economic Review*, Vol. 60, pp. 847 - 862.

④ McCall (1970), "Economics of Information and Job Search." *The Quarterly Journal of Economics*, Vol. 84, No. 1, pp. 113 - 126.

布，并且知道获得一个工作机会的成本。工作机会是来自工资分布的独立随机选择，同时工作机会是定期产生的，它会被拒绝或接受。由此，很容易看出，搜寻者的最优策略就是拒绝一切工资小于某一值的工作机会，并接受任何大于这个工资值的工作机会，这个工资值便是搜寻者的保留工资。

以下的方程，将这一过程模型化。

$c =$ 每一期的搜寻成本；

$x =$ 工作机会的一个随机工资值；

$\Phi(x) = x$ 的概率密度方程；

$f(x) =$ 当观察到工作机会 x 时可获得的最大回报；

成本 c 与工作机会 x 同时产生。

如果工作是在 N 次搜寻后结束，那么回报 $f(x)$ 则为第 N 次工作机会的价值，记作 x_N，应当小于搜寻成本 c 乘以搜寻次数，即：

$$f(x) = x_N - cN \tag{4.1}$$

如果工作机会在第一阶段就被观察到，而之后继续进行搜寻，那么最优的回报可以表示为：

$$f(x) = -c + \max[x, E(f(x))] \tag{4.2}$$

如果我们使 $\varepsilon = E(f(x))$，那么很明显，最优的策略可以表示为：

如果 $x < \varepsilon$，继续搜寻；

如果 $x > \varepsilon$，接受工作。

对于 ε 值的计算，需要使用条件期望的概念。

令搜寻者接受第 N 个工作的回报的条件期望为 $E(f(x) \mid N)$，

显然，$E(f(x) \mid N) = E(x_N \mid N) - cN$，

且 $E(f(x)) = \varepsilon = E(E(x_N \mid N)) - cE(N)$.

同时条件期望表示为 $E(x_N \mid N) = E(x_N \mid x_N \geqslant \varepsilon, x_{N-1} < \varepsilon, \cdots, x_1 < \varepsilon)$。

根据假设 $E(x_N \mid x_N \geqslant \varepsilon, x_{N-1} < \varepsilon, \cdots, x_1 < \varepsilon) = E(x_N \mid x_N \geqslant \varepsilon)$，即在第 N 个工作机会之前的工作的回报都小于 ε，而第 N 个工作机会的工作回报大于 ε。

由工作机会是独立同分布的假设，可以得到：

$$E(x_N \mid x_N \geqslant \varepsilon) = E(x \mid x \geqslant \varepsilon),$$

$$E(x \mid x \geqslant \varepsilon) = \frac{\int_{\varepsilon}^{\infty} x \O(x) \mathrm{d}x}{P(x \geqslant \varepsilon)}, \tag{4.3}$$

则 $\varepsilon = \dfrac{\int_{\varepsilon}^{\infty} x \varnothing(x) \mathrm{d}x}{P(x \geqslant \varepsilon)} - cE(N)$,其中 $E(N)$ 是等待时间的期望。

假设等待中工作机会的数量服从几何分布[①],则概率参数 $P = P(x \geqslant \varepsilon)$,期望值为[②]:$E(N) = 1/P$, $P > 0$。

结合式(4.1)至式(4.3),可以解得 x, c, ε 和 $\Phi(x)$ 的关系为:

$$c = \int_{\varepsilon}^{\infty} (x - \varepsilon) \Phi(x) \mathrm{d}x$$

$$\int_{\varepsilon}^{\infty} (x - \varepsilon) \Phi(x) \mathrm{d}x = H(\varepsilon). \tag{4.4}$$

对于式(4.4)的经济含义,成本 c 为产生每一个工作机会的边际成本;而等式右边为等待另一个工作机会的时期内的期望边际回报。$H(\varepsilon)$为一个严格递减函数,即对于每一个成本 c 都会存在唯一的最优回报 ε 值与之对应。工作搜寻行为的结束取决于临界值 ε,而 ε 值由搜寻的边际收益和边际成本决定。

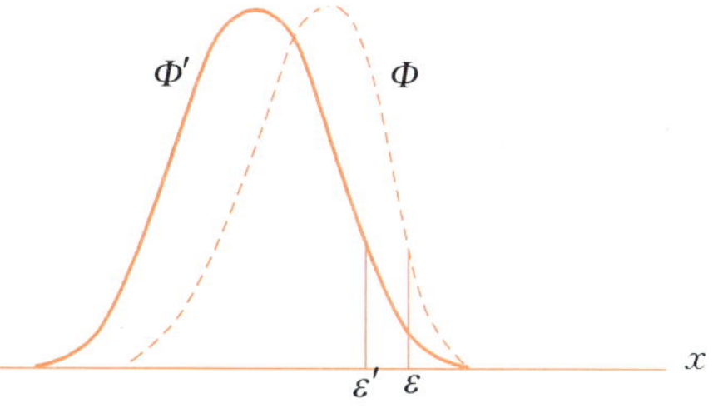

图 4-1 个人工资分布的调整引起保留工资的改变

资料来源:引自 McCall (1970),"Economics of Information and Job Search." *The Quarterly Journal of Economics*, Vol. 84, No. 1, pp. 113-126。

个人对工作的工资值的分布会随时间以及其他个人、社会、经济因素的变化而产生变化,由此调整自己的预期和保留工资额。

4.2.2 动态搜寻模型

动态搜寻模型使用了动态优化的方法来求解搜寻中的均衡条件。在动态搜寻模型中存在以下假设:

(1) 生命期限是无限的;

(2) 失业的产生是外生的;

(3) 工作机会一旦拒绝,不能再进行选择(cannot be recalled);

(4) 每一个工作机会是独立同分布的;

(5) 个人以预期收入最大化作为决策目标;

(6) 资本市场完全。

搜寻者知道各个工作的工资分布,每个工作机会的工资值的累积密度函数 *c.d.f.* 为

---

① 这里使用几何分布主要是为了后面推导的方便。我们也可以假设其他分布,例如假设工作机会的出现服从泊松分布。

② 由几何分布的性质得到。

$F(w)$，而每一时期可被观察到的搜寻成本为 a。那么，在离散的时间模型中，个人在接受工作机会和继续搜寻这两种行为中进行选择，每一时期搜寻的收益的净现值为

$$U_t = \frac{b-a}{1+r} + \frac{1}{1+r}\int \max\{W, U_{t+1}\} \mathrm{d}F(W), \ t = 1, 2, \cdots \tag{4.5}$$

式中：W 为当前工作机会的收益；b 为失业状态下的可能收益；r 为贴现率。

当为无限期的连续搜寻时间的情况下，继续搜寻的收益是方程的一个稳态解，所以可以令 $U_1 = U$，对于所有的时期 t，

$$U = \frac{b-\varepsilon}{1+r} + \frac{1}{1+r}\int \max\{W, U\} \mathrm{d}F(W),$$

假设接收到工作机会的等待时间服从的分布为 $\lambda(t)$，即在 T 时期收到工作机会而之前没有收到工作机会的概率为 $\lambda(t)$，则其累积概率函数 $F = \exp\left\{-\int_0^T \lambda(t)\mathrm{d}t\right\}$。

考虑等待时间，搜寻收益可以改写为：

$$\begin{aligned} U(t) &= E_T\left\{(b-a)\int_t^T \mathrm{e}^{-r(s-t)}\mathrm{d}s + \mathrm{e}^{-r(T-t)}\int \max\{W, U(T)\}\mathrm{d}F(W)\right\} \qquad (4.6) \\ &= \int_t^\infty \left((b-a)\int_t^T \mathrm{e}^{-r(s-t)}\mathrm{d}s + \mathrm{e}^{-r(s-t)}\int \max\{W, U(T)\}\mathrm{d}F(W)\right) \\ &\quad \times \lambda(T)\mathrm{e}^{-\int_0^T \lambda(t)\mathrm{d}t}\mathrm{d}T \end{aligned}$$

经过计算和极限关系 $\frac{\mathrm{d}U(t)}{\mathrm{d}t} = \lim_{\mathrm{d}t\to 0}\left\{\frac{U(t+\mathrm{d}t-U(t))}{\mathrm{d}t}\right\}$。

搜寻收益 $U(t)$ 的均衡解可以写为：

$$\begin{aligned} U(t) = \frac{1}{1+r\mathrm{d}t}\Big\{&[b(t)-a(t)]\mathrm{d}t + \lambda(t)\mathrm{d}t\int \max\{W, U\}\mathrm{d}F(W) \\ &+ [1-\lambda(t)\mathrm{d}t]U(t+\mathrm{d}t)\Big\} \end{aligned} \tag{4.7}$$

式(4.7)体现了保留工资和搜寻时间、搜寻成本、工资分布间的关系。在实证研究中，很多研究首先要解决的就是通过面板数据求得可观察的失业持续期以及工资分布①。

---

① 相关文献可参见 Devine, T. J., N. M. Kiefer (1991), *Empirical Labor Economics: A Search Approach*. Oxford University Press, Oxford, U.K. 。

Neumann, G. R. (1997), "Search Model and Duration Data." Chapter 7 In: M. H. Pesaran and P. Schmidt, (eds.), *Handbook of Applied Econometrics*, *Volume II- Microeconometrics*, 300 - 351, Basil Blackwell, Oxford.

4.3 工作搜寻模型的扩展

工作搜寻的基础理论模型是工作搜寻问题的经济研究的基础模型，相对抽象和理论化，因此与现实中的实际情况存在一定的出入。对于此，很多经济学家都对这两个理论模型进行了扩展和修改，在基础模型中加入了一些之前忽略的变量，使工作搜寻的模型更加符合经济生活实践中的工作搜寻，使理论更具有说服力和指导意义。在本小节，将为读者介绍五个在基础理论发表后被讨论和使用的理论扩展。这些扩展都是建立在前面所介绍的基础模型的基础之上，由于所针对和所要解释的问题不同，这些模型分别侧重了工作搜寻的不同方面。

4.3.1 纳入失业风险的工作搜寻模型

基础的工作搜寻模型只考虑了工作机会的工资分布和获得工作机会的概率，但是没有考虑一个工作自身的特点对于工作搜寻中接受或拒绝这个工作机会的影响。一份工作能持续多久，即这个工作所面临的失业风险有多大，是一个影响工作搜寻决策的重要影响变量。显然，从直观上来说，在其他条件相同的情况下，一份工作面临的失业风险越小，这个工作机会就越有可能被接受。因此，有必要将工作所面临的失业风险纳入工作搜寻的模型之中①。

在这个扩展中，由于考虑到了失业的风险，因此需要通过考虑当前和未来收入的比较以确定风险，引入贴现因素可以在一定程度上解释和体现这个问题。那么，现在每个工作便有两个特征，一个是工资率，另一个是可以就业的时间长短——即失业风险。简单起见，可以假设工资率和可以工作的时间长短是两个相互独立的随机变量②，则它们分别具有各自的概率密度函数，而这两个概率分布也假设为具有独立同分布性质。与简单的工作搜寻模型相同，工作机会仍然是定期以某一概率出现，而且搜寻者知道其工资的分布，并且每一份工作机会都具有相同的固定成本。但是，搜寻者对每个工作机会的可工作时间长短的分布并不清楚，这一个假设是这个模型中十分重要的一点，用以区别其与基础的工作搜寻模型。个人对可工作时间长短的了解程度是只知道工作时间长度的概率分布，即可工作时间对于个人而言是一个随机变量。因此，对于每一个工作机会的成本，对应的工资率是一个具体确定的值，而对于可工作的时间而言则不是，只能通过计算期望来获得相应的数值。而搜寻者的搜寻目标则是寻找一

① McCall (1970), "Economics of Information and Job Search." *The Quarterly Journal of Economics*, Vol. 84, No. 1, pp. 113-126.

② 虽然在现实中这两者往往具有某种程度的相关性，但在此进行模型假设时设定为相互独立。

个在预算约束下，工资率在经过可就业的时间长度折现后的最大值。

在这个模型中，基本的思路并没有发生大的变化，模型化的手段也是静态优化的方法，只是在模型中加入了贴现因素和可工作时间的不确定性，使其更加符合现实中的工作搜寻情况。

4.3.2 在职工作搜寻模型

在职工作搜寻与失业中的工作搜寻的不同之处在于搜寻者的资金约束更少，所以可选择的工作更多，而且搜寻的时间更宽松。沿用基础的工作搜寻理论中的静态均衡与边际效用的思想，改变搜寻者的搜寻成本和预算约束，可以求得均衡工资。在职工作搜寻理论在20世纪80年代基于博弈论理论的发展而有所发展，搜寻者单方的搜寻行为被扩展为企业与搜寻者间的双方行为。企业和工人都在劳动力市场上进行搜寻，以寻找适合自己的雇员和雇主。这种搜寻匹配（search-matching）的思想，是在职工作搜寻的基础①。在这种理论框架下，在职工作搜寻的均衡处的工资决定有两种研究方法。

一种是双边寡头模型。莫藤森②（Mortensen）最先对这种双寡头的情形进行了模型化。在模型中，他认为，一旦工人产生了搜寻一个合适工作的成本，而企业产生了聘用一个合适员工的成本，则两者就被锁定在了一个双边寡头的情景中：如果雇员和雇主单独行动，那么他们都将分别失去一些效用。所以与唯一确定的市场工资不同，这里的工资存在一个讨价还价的浮动的区间，以作为搜寻中可能的成本损失，而福利剩余则在企业与搜寻者之间进行分配。同样，针对这种局面，戴蒙德（Diamond）③的研究指出，摩擦会导致经济远离其期望达到的均衡，由此就为政府的政策发挥巨大作用留出了空间。通过在均衡环境中加入搜寻摩擦，可以获得多个理性预期均衡。在一个均衡中，雇员希望企业能够录用他，所以进行努力的工作搜寻；企业希望这些失业工人能为一个工作努力，所以就会在录用时花费更多的精力。但是，在另一个均衡中，搜寻双方都会变得消沉而减少搜寻密度，每个人的情况会变得更坏。然而没有企业或个人可以打破第二种消极的均衡，而只有类似政府这种具有强大力量的部门可以做到。他认为，自然失业率不是通过唯一元素决定的，而且也不必然是可能的结果。

在另一种模型中，工资是参与博弈的企业和搜寻者讨价还价的结果，是博弈应用

---

① Diamond, P. A., E. Maskin (1979), "An Equilibrium Analysis of Search and Breach of Contracts, I: Steady States." *Bell Journal of Economics*, Vol. 10, pp. 282 - 316.
Pissarides, C. A. (1979), "Job Matching with State Employment Agencies and Random Search." *The Economic Journal*, Vol. 89, pp. 818 - 833.

② Mortensen, Dale (1982), "Property Rights and Efficiency in Mating, Racing, and Related Games." *American Economic Review*, Vol. 72, pp. 968 - 979.

③ Diamond, Peter (1982), "Aggregate Demand Management in Search Equilibrium." *Journal of Political Economy*, Vol. 90, pp. 881 - 894.

纳什定理求得的均衡结果。在这个搜寻博弈中,模型假设企业具有全部的议价能力,但是企业在与搜寻者博弈之前因为企业间的竞争,所以需要将工资的信息公布(posting)给搜寻者。工资分布的最后确定,依赖于劳动力市场上所有劳动者的行为,但是由于企业具有全部的议价能力,因而福利剩余则全部归企业所有①。

4.3.3 二元经济中的工作搜寻模型

在发展中国家,二元经济和二元劳动力市场是一个经常被考虑的问题。由于存在着二元劳动力市场的分割,因此在这两个劳动力市场进行的工作搜寻将是不同的,在正规劳动力市场和非正规的劳动力市场中的竞争状态不同,工资确定方式也有所差别。此外,这两个劳动力市场之间还存一定的联系和相互影响。二元经济的流动理论认为②,流动更多地增加了城市工作,而不是减少了城市中的失业,因为流动的农村劳动力的消极影响超过了工作产生的积极影响。

应用二元劳动力市场的工作搜寻模型可以解释劳动力市场中存在的城市人口和乡镇人口就业的几个不同现象。其中包括:城市中低技能的居民的就业率远远低于相同技能水平的流动人口;低技能工作的职位空缺,在乡镇企业中远多于在城市企业中的数量;乡镇中低技能工人的工资高于城市中相同水平的工人的工资。这些现象很大原因是不同的工作搜寻环境,以及城市人口获得工作信息的途径和乡镇人口存在差异,从而产生了地区间的就业不匹配③。

在二元经济的工作搜寻模型扩展中,其研究路径也部分使用了搜寻—匹配的工作搜寻模型。在泽诺(Yves Zenou)④的工作搜寻二元劳动力市场模型中,将非正规劳动力市场假定为完全竞争的劳动力市场,而在正规劳动力市场中存在着搜寻摩擦。在这个假定下,非正规劳动力市场的工资确定由工人的边际生产率确定,并且在这个劳动力市场上是完全就业的。在正规劳动力市场上,工资率的确定是通过工人和企业双方的协商与讨价还价确定的,并且由于存在着搜寻摩擦,在均衡状态中存在着一定的自然失业。在这样的模型设定下可以求得静态下的经济均衡,并且可以证明这个均衡是

---

① Burdett, K., D. T. Mortensen (1998), "Wage Differentials, Employer Size, and Unemployment." *International Economics Review*, Vol. 39, pp. 257 - 273.
Mortensen, D. T., C. A. Pissarides (1999), "New Developments in Models of Search in the Labor Market". In: O. Ashenfelter and D. Card, editors, *Handbook of Labor Economics*, *Volume* Ⅲ, North Holland, Amsterdam.

② Harris, J. R., Todaro, M. P. (1970), "Migration, Unemployment and Development: a Two-sector Analysis." *American Economic Review*, Vol. 60, pp. 126 - 142.
Todaro, M. P. (1976), "Urban Job Creation, Induced Migration and Rising Unemployment: a Formulation and Simplified Empirical Test for LDCs." *Journal of Development Economics*, Vol. 3, pp. 211 - 226.

③ Coulson, E., Laing, D., Wang, P. (2001), "Spatial Mismatch in Search Equilibrium." *Journal of Labor Economics*, Vol. 19, pp. 949 - 972.

④ Yves Zenou (2008), "Job Search and Mobility in Developing Countries, Theory and Policy Implications." *Journal of Development Economics*, Vol. 86, pp. 336 - 355.

唯一的,但不是有效率的。使用二元劳动力的工作搜寻模型,可以对政府征收的不同类型的税收进行分析。研究结果显示,减少对失业的福利补偿或是减少企业进入正规市场的成本,会产生更多的工作以及更高的正规就业,并且将减少非正规市场的规模,但是对于工资率的影响则是相对模糊的。

4.3.4 联合工作搜寻模型

在现实经济中,很多家庭中的妻子已经走入工作岗位,成为一位工作女性。因此,就如在劳动供给中进行家庭联合劳动供给的模型化考虑一样,在工作搜寻中,以家庭为单位进行联合的工作搜寻模型化,也有着现实的意义。

对于配偶的工作搜寻研究,早在 1977 年就进行过理论探索①,但是在之后的几十年内这个理论没有什么突破性的发展。不过,现在它开始逐渐受到关注。

在家庭中,如果将配偶双方的偏好纳入一个偏好函数,那么这种一元工作搜寻模型的建立思路与单个个人的工作搜寻方式相同。当配偶双方进行联合决策,且分别具有各自的偏好,则可能出现两种情况。一种情况是当他们具有凹的偏好函数时②,在他们的工作搜寻中可能具有新的工作机会。但是,另一种情况是,他们可能收到不同地点的工作机会,则他们将面临为工作而分居的效用损失。在这种情形下,即使两者的偏好函数都是线性的,他们的决策也将偏离个人的单独决策,且会产生新的摩擦和更糟的结果③。

在第一种情形下,假设配偶双方都是风险厌恶的,并且可以将一部分的储蓄用于资本市场,但是没有借贷,那么两个都失业的配偶将会比个人更快地接受一个工作。而此后这对配偶由于将收入分享使用,所以没有工作的配偶将在工作搜寻中面临较少的约束,有更多的时间搜寻到一个更好的工作。如果没有工作的搜寻者搜寻到了一个更好的工作,那么有工作的配偶可能会选择离职,进行工作搜寻。如此,配偶们的工作搜寻结果将会在这种交替搜寻下都会变得越来越好。

在第二种情形下,家庭成员面临着分居而住的效用损失,无疑增加了他们的工作搜寻成本。当双方都是工作搜寻者时,他们将比个人更不愿意接受这样的工作,使情况与个人搜寻者相比更糟。此外,如第一种情形下工作不断改进的可能,在这种情形下也只部分地存在于一定范围内,即只有当其中一个搜寻者能不断提高自己的工资收入并不断获得更好的工作机会时,另一个配偶才可能考虑放弃目前的工作并移居。

---

① Burdett, Kenneth and Dale Mortensen (1977), "Labor Supply Under Uncertainty." *Research in Labor Economics*, Vol. 2, ed. R. G. Ehrenberg, pp. 109 - 158, New York: JAI Press.

② 即两者的偏好越相近,则两者的总效用就越大。

③ Bulent Guler, Fatih Guvenen, Giovanni L. Violante, (2009), "Joint-search Theory: New Opportunities and New Frictions." *NBER Working Paper* No. 15011.

研究联合工作搜寻，将配偶的偏好和保留工资纳入模型，考虑两维的保留工资约束，对于分析搜寻决策将会更为全面。

4.3.5 结合宏观经济的搜寻模型

就业与失业问题本身就是宏观经济研究中的一个重要问题，而工作搜寻又是与失业到就业转换联系十分紧密的行为。因此，除了从微观角度研究个人的工作搜寻行为及其影响因素外，从宏观经济的角度研究工作搜寻对整体经济的影响，也是研究中的一个重要内容。

早在弗里德曼(Friedman)[①]就职美国经济学会的就职演说上，他就定义了"自然失业率"这个概念，并提出工作搜寻在当时研究中的空白以及对以后研究可能产生的重大影响。他指出，如果自然失业率的概念纳入真实的劳动与商品市场的结构性特征中，包括非完全竞争的市场、供给与需求的随机变化，以及职位空缺和获得信息的搜寻成本、流动成本等特征，将会获得十分有趣而重要的经济议题。

皮萨里德斯(Pissarides)[②]的研究将工作搜寻与宏观经济的联系变得紧密。在他的研究框架中，企业的利润最大化选择决定了能产生多少职位空缺。随着职位空缺的增加，失业率会下降，而企业间竞争的加剧使得企业之间可以雇用到合适工人的可能性变得越来越小。在此情景下，失业工人搜寻到工作的速度会变快，并推动他们工资上涨，直到企业雇用工人的利润降为零。在他的模型中均衡是唯一且有效率的，并显示了失业和职位空缺两者是如何在一个短暂的劳动生产率冲击的情形下不断波动的。在皮萨里德斯最初的模型中，其假定失业人员失业时间的变化是决定失业的主要原因，而不是失业率本身。在这个模型中，萧条时期的失业时间会更长，但是不存在由于福利等货币因素导致的劳动供给的减少。

然而实证数据显示，工作消失(job destruction)比工作创造(job creation)的波动性要大。为了应对这个问题，莫藤森和皮萨里德斯扩展了基本模型，将工作丢失率作为企业在萧条时期削减工人的方式纳入工作搜寻模型，内生化工作丢失率和工作创造率，使工作数量波动成为模型的一个内生变量[③]。在这个模型中，其假定不同的工作有不同的劳动产出价值，由此产生出一个工资的分布。每一个工作都是基于边际收益等于边际成本而设计的，而边际产量的变化又是基于不同的工作与特定风险导致的价格变化的综合作用的结果。模型中十分重要的一个假设是投资是不可逆转的，因此每一

---

① Friedman, Milton (1968), "The Role of Monetary Policy." *American Economic Review*, Vol. 58, pp. 1-17.

② Pissarides, Christopher (1985), "Short-Run Equilibrium Dynamics of Unemployment, Vacancies, and Real Wages." *American Economic Review*, Vol. 75, pp. 676-690.

③ Mortensen, Dale and Pissarides, Christopher (1994), "Job Creation and Job Destruction in the Theory of Unemployment." *Review of Economic Studies*, Vol. 61, pp. 397-415.

个已经存在的工作都不能在工作创造后改变其边际产量。但在工作创造之前,企业可以选择它的技术来实现产出。负面冲击会诱使企业减少工作供给,但是最终工作岗位的减少是企业自身的选择。另一方面,工作创造依赖于潜在的雇主和已经存在的企业。并且假设新工作是生产率最高的工作,而企业的在边际生产率等于边际产品成本的条件下利润为零。由此,在雇主提供工作和工人之间存在双边讨价,并且讨价过程在持续的产出冲击下进行调整,并最终达到工资的均衡状态。

4.4 工作搜寻的实证研究

有关工作搜寻的实证研究非常丰富,本节介绍其中的两个问题,一个是关于失业时间估计的问题,主要研究保留工资与失业时间的关系;另一个是关于社会网络对工作搜寻影响的问题,研究多关心社会网络对找到工作的概率的影响。

4.4.1 失业与工作搜寻

在估计失业时间的实证研究中,主要使用时间持续模型和截取断尾模型的计量方法进行研究。使用时间持续模型研究工作搜寻中影响失业时间长短的因素,但是在某种程度上,由于社会经济原因个人的保留工资会随时间变化,从最后接受工作的工资来考察保留工资就会存在一定的问题,从而使失业时间数据不能作为检验工作搜寻理论的优良数据①。此外,由于在数据采集时,只有找到工作的人才可能获得其失业时间长短的数据,而仍在失业的人则无法获得这个数据。所以,如果只使用失业时间长短数据进行分析,则会遗漏重要的变量而导致回归结果的有偏。因此,在研究失业与工作搜寻时,为使模型的估计无偏一致,需要使用截取断尾模型②。

在失业与工作搜寻的实证研究中,主要的研究是关于保留工资与失业时间的关系,而保留工资又相对应于工作机会的工资与搜寻成本的差额。此外,还有一部分实证研究所关心的是失业保险这种政府政策对于工作搜寻行为的影响。在实证研究中,工作机会的到来是连续的还是离散的假设,个人是否完全掌握工资水平的分布信息的假设,都将影响研究方法的选择。

在早期的研究中,为了防止变量(例如失业者的失业、工作搜寻与个人特征)之间存在相关关系,导致估计方程中存在样本选择偏差和内生性问题,一些研究选择使用

---

① Tony Lancaster (1979), "Econometric Method for the Duration of Unemployment." *Econometrica*, Vol. 47, pp. 939 - 956.

② 对此问题的深入阐释,可以参见 Christopher J., and Heckman, James J. (1982), "New Methods for Analyzing Structural Models of Labor Force Dynamics." *Journal of Econometrics*, Vol. 18, pp. 115 - 168。

来自工厂倒闭这种外生冲击导致失业的失业者数据进行估计。研究发现保留工资会随失业时间的延长而显著降低，而在搜寻初期出现的短暂的收入的波动对于保留工资不存在显著影响①。此外，即使失业时间长短的期望相对于保留工资的弹性很小，保留工资的增长仍会显著地延长失业时间，而工作机会的增加则会减少失业的时间②。对于搜寻者而言，搜寻成本越高则其保留工资就越低，而搜寻的密度更大。因此，失业的人的工作搜寻应当比在职者的工作搜寻更有效率③。

从直观上看，失业保险金将会提高保留工资的水平，从而延长工作搜寻的时间④，而实证研究也证明了这一点。如果失业保险金是依据失业前工作时间的长短和工资水平所确定的，那么失业保险金的发放确实会影响保留工资和工作搜寻时间，且其影响方向与理论预期相一致。但是不同地区失业保险金所产生的影响程度有所区别⑤。布朗(Sarah Brown)和泰勒(Karl Taylor)(2013)使用英国住户面板调查(BHPS)中5 000户家庭抽样的个人层面数据，分析发现失业津贴与保留工资存在正相关关系，每增加 1%的失业津贴将会提高 0.4%的保留工资⑥。还有研究显示，工作地点距离的远近将会影响工作搜寻努力的情况，由此工作机会的抵达不是随机的而是努力的结果，而工作的接受也与距离有关。随着路上花费时间的增加，其对工作搜寻的消极影响也在加大，而对不同社会阶层的人群的影响则是大致相同的⑦。

4.4.2 社会网络与工作搜寻

社会网络作为工作搜寻的一种途径，影响着工作搜寻的结果。就社会网络而言，其影响工作搜寻的因素主要为社会网络的规模和强度两个特征。而这两个变量的测量则存在着一定的测量误差，且其与工作搜寻的关系可能存在反向因果关系。所以，对于这种内生性问题，需要使用工具变量，以及差分的方法对其进行处理。在中国特殊的制度背景下，使用流动距离作为社会网络规模的工具变量，在对之前有被雇用的

---

① Nicholas M. Kiefer and George R. Neumann, (1979), "An Empirical Job-Search Model, with a Test of the Constant Reservation-Wage Hypothesis." *The Journal of Political Economy*, Vol. 87, pp. 89 - 107.

② Kenneth I. Wolpin, (1987), "Estimating a Structural Search Model: The Transition from School to Work." *Econometrica*, Vol. 55, pp. 801 - 817.

③ Harry J. Holzer, (1987), "Job Search by Employed and Unemployed Youth." *Industrial and Labor Relations Review*, Vol. 40, pp. 601 - 611.

④ 相应的批判性分析可以参考 Atkinson, A. B., and Micklewright, J. (1991), "Unemployment Compensation and Labor Market Transitions: A Critical Review." *Journal of Economic Literature*, Vol. 29, pp. 1679 - 1727.

⑤ Christopher Ferrall, (1997), "Unemployment Insurance Eligibility and the School-to-Work Transition in Canada and the United States." *Journal of Business & Economic Statistics*, Vol. 15, pp. 115 - 129.

⑥ Sarah Brown and Karl Taylor, (2013), "Reservation Wages, Expected Wages and Unemployment." *Economics Letters*, 119: 276 - 279.

⑦ Van Ommeren, J. (1998), "On-the-job Search Behavior: the Importance of Commuting Time." *Land Economics*, Vol. 74, pp. 526 - 540.

工作而之后不再被雇用的劳动者的研究中发现，社会网络规模越大，个人成为自雇用劳动者的可能性就越大①。同样利用中国独特的政策，将享受“儿女双全”的计划生育政策的地区的劳动力作为研究对象，将第一个孩子的性别出生比作为工具变量可以发现，社会网络对于外出流动搜寻工作有着正向的显著影响②。

大多数研究都发现社会网络的使用会增加就业的机会，改变工作机会的分布③，或是缩短失业者的工作搜寻时间④。社会网络中联系强弱对工作搜寻也有一定的影响，但是不同地域的研究所得到的结果并不一致，而将联系的强度人为地划分为强联系和弱联系也可能导致研究结果的不同。对于中国的研究发现强联系会增加就业的机会⑤，而另一些研究则指出弱联系可以增加就业机会但强联系没有这种影响⑥，因为在强联系中群体中的每个人的特点都比较相像，使得获得的信息具有同质性，而弱联系中由于人们的差异性会带来更多不同的信息，并最终增加找到工作的可能。

随着社会网络规模的增大，从社会网络中获得有价值信息和实质性帮助的可能性都会增加，由此就会对工作搜寻中获得工作的机会产生积极影响。在实证研究中得到的结果与直观的认识是相一致的⑦。在对中国北部和东北部农民在寻找非农经济活动中社会网络作用的研究中就发现⑧，由于缺少非农活动的市场信息，个人需要通过社会网络获得该信息，因此从事非农活动的时间与社会网络规模存在正相关关系。为研究社会网络对男性和女性的不同影响，研究对男性和女性群体分别进行了回归，并比较了结果。结果发现，由于女性婚后更可能需要照顾家庭而留在农村，从而获得非农工作信息后外出就业的可能性更小，所以社会网络对于女性寻找非农工作的影响小于对男性的影响。

---

① Junfu Zhang, Zhong Zhao, (2011), “Social-Family Network and Self-Employment: Evidence from Temporary Rural-Urban Migrants in China.” IZA DP No. 5446.

② Yuyu Chen, Ginger Zhe Jin, Yang Yue, (2010), “Peer Migration in China.” *NBER Working Paper* No. 15671.

③ Jimy Sanders, Victor Nee, Scott Sernau, (2002), “Asian Immigrants' Reliance on Social Ties in a Multiethnic Labor Market.” *Social Forces*, Vol. 81, pp. 281 - 314.
Zhang Xiaobo and Guo Li, (2003), “Does Guanxi Matter to Non-farm Employment?” *Journal of Comparative Economics*, Vol. 31, pp. 315 - 331.

④ Korpi, Thomas, (2001), “Good Friends in Bad Times? Social Networks and Job Search among the Unemployed in Sweden.” *Acta Sociologica*, Vol. 44, pp. 157 - 170.

⑤ Bian Yanjie, (1994), “Guanxi and the Allocation of Urban Jobs in China.” *The China Quarterly*, No. 140, pp. 971 - 999.

⑥ Granovetter, Mark S, (1973), “The Strength of Weak Ties.” *The American Journal of Sociology*, Vol. 78, pp. 1360 - 1380.

⑦ Bao, Shuming, Örn B. Bodvarsson, Jack W. Hou and Yaohui Zhao, (2007), “Interprovincial Migration in China: The Effects of Investment and Migrant Networks.” *IZA Discussion Paper* No. 2924.
Zhao Yaohui, (2003), “The Role of Migrant Networks in Labor Migration: the Case of China.” *Contemporary Economic Policy*, Vol. 21, pp. 500 - 511.

⑧ Zhang Xiaobo and Guo Li, (2003), “Does Guanxi Matter to Non-farm Employment?” *Journal of Comparative Economics*, Vol. 31, No. 2, pp. 315 - 331.

社会网络的规模对不同性质的工作搜寻结果会产生不同的影响。在省级层面，省际之间的流动率随着目的省份中流出地流动人口群体规模的增加而增加；在个人层面，社会网络的规模显著地增加了个人外出工作的可能性。由于社会网络规模越大，获得资金支持和知识支持的可能性越大，因此对于自雇用者，其社会网络的规模在其成为自雇用者的决策中有显著的促进作用①。

本章小结

本章从经济分析的视角介绍了工作搜寻行为及决策，并探讨了影响工作搜寻的相关因素。在本章的第一部分，从信息量、信息流动速度和信息对称性的角度分析并简要比较了几种工作搜寻渠道的特点。简要介绍了在工作搜寻中使用比较广泛的互联网渠道和社会网络渠道。并从宏观和微观层面简单叙述了现实中最为普遍的多种工作渠道结合使用的情况。

在第二部分，介绍了工作搜寻模型的基本模型的设定和建立过程，基础的工作搜寻模型的建模理念也十分简单，即在得到一个工作机会后，衡量工作搜寻的成本与收益，当边际成本等于边际收益时，便停止搜寻。动态的工作搜寻基础模型，加入了时间路径进行分析，但是基本的理念并没有发生变化，停止搜寻的标准是搜寻的贴现收益与贴现成本的比较。

在第三部分中介绍了五个相对复杂的工作搜寻模型。这五个工作搜寻模型分别展现了工作搜寻中的几个不同方面，它们都是建立在基本工作搜寻模型的基础上，用工作搜寻模型解释更为具体的现实问题。在纳入失业风险的工作搜寻模型中，影响工作搜寻收益的变量除了工资外，还有一份工作可持续的时间，拓宽了研究的考察的范围。在职工作搜寻模型解释了除失业工作搜寻外工作搜寻中很重要的一个问题。在职工作搜寻者除了面对的预算约束较为宽松外，还具有一定的讨价议价能力，从而将导致工作搜寻的福利剩余的分布发生改变。二元经济中的工作搜寻模型的建立，反映了现实劳动力市场分割的现状，并对于解释现实中城市人口和非城市人口（包括流动人口和乡镇人口）两个群体就业结果存在的差异，有较好的解释力度。联合工作搜寻模型也是考虑了更为现实的经济生活而提出的，对于理解以家庭为单位的经济活动给予了启示。第五个模型是结合了宏观经济的工作搜寻模型，从整体经济的角度考虑工作搜寻与失业问题，而不再以微观层面的个体单位作为研究的主要落脚点。

① Zhang Junfu, Zhao Zhong (2009), "Social-Family Network and Self-Employment: Evidence from Temporary Rural-Urban Migrants in China." 3rd Migration and Development Conference, Paris.

第四部分介绍了关于工作搜寻的实证研究，重点介绍了对失业时间长短的估计和对社会网络对工作搜寻结果影响的估计。在对失业时间长短的估计中，主要研究的是保留工资与失业时间的关系，存在的实证技术上的问题是自变量——失业时间，不服从正态分布的假设，因此要使用截取断尾模型。而在对社会网络对工作搜寻的影响的研究中，主要考察社会网络规模和社会网络强度对找到工作的概率的影响。在这类估计中，需要考虑的主要问题是社会网络的测量以及由测量误差带来的内生性问题。解决内生性问题的实证手段大都可以应用在这个研究中，包括使用工具变量、使用倍差法等。

复习思考题

1. 如何建立工作搜寻的基本模型？工作搜寻者应当在何时停止搜寻？
2. 纳入失业风险的工作搜寻模型对基础模型进行了哪些拓展？
3. 在职工作搜寻模型中的搜寻者与基础搜寻模型中的搜寻者存在哪些不同？
4. 在正规部门和非正规部门寻找工作的人面对的环境分别是怎样的？
5. 配偶双方都是工作搜寻者，相比于基础模型搜寻结果会产生哪些改变？
6. 为什么一些研究失业时间长度和保留工资间关系的实证研究使用截取断尾模型？
7. 社会网络的哪些方面会影响找到工作的概率？影响是怎样的？

案例分析

机会留给有准备的人

冯云是湖北大学电子专业本科2009届毕业生，自2008年11月开始踏上求职之路后，她经历了61次求职失败的痛苦，但她没有灰心和气馁，一次次地从失败的打击中站起来，不断总结教训，积累经验，终于走向了成功。

谈起7个多月来的求职经历，冯云感慨万分，她说这段经历使她变得坚强了，也成熟了。2008年10月初，冯云就开始为求职做准备。10月中旬，她参加了省有关部门举办的考试，拿到了中级文秘资格证书，然后又花300多元钱制作了近200份简历。2008年11月20日，湖北省首届2009年毕业生供需见面会在武昌洪山体育馆举行。冯云抱着兴奋而又忐忑不安的心情赶去了。到了现场一看，求职者如潮水般涌动，每个摊位前都挤得密不透风。身材瘦小的冯云费了九牛二虎之力，才从人缝里塞进去了8份简历。回来后,冯云天天盼着有人打电话来通知她面试。可是8份简历都石沉大海。

冯云认识到,在人头攒动、需求双方几乎没有对话机会的招聘会上,成功的机会是渺茫的。她开始注意从报纸上寻找就业信息。她不再盲目地到处寄简历,而是在得到招聘信息后,或用电话求职,或登门求职。在4个多月的时间里,冯云数十次的打电话求职或登门求职,数十次失败。有的单位一听声音是女的,还没等她作自我介绍,就说"我们这里不要女的",马上挂断了电话。有的单位一见面就问有没有工作经历,一听说是应届毕业生,马上就打发她走。一天,冯云得知一家汽车销售公司招聘一名文职人员。她给公司发去了一份电子简历。几天后,公司来电话通知她去面试。这是冯云几个月来第一次得到的面试机会。那天,面试的第一个问题是作自我介绍,虽然冯云面试前已作了一番准备,可是见到面试官后一紧张,表达就显得有点混乱而缺少逻辑,她看见面试官微微皱了一下眉头。接下来是进行电脑打字,要求打字速度每分钟不能低于七八十个字。冯云一分钟只打了四十几个字。她被淘汰了。第一次面试失败,使冯云心里充满了懊悔。从那以后,冯云每天拿出一个小时练习打字速度,不到一个月就能每分钟打到七八十个字了。后来,冯云又先后参加了4次面试,都以失败告终。

她说最难忘的是参加一家电子公司的面试。面试之前先进行笔试,考场上黑压压地坐了一二百人。冯云不慌不忙地答完了题。工作人员当场改卷,改完卷即宣布面试人员名单,冯云榜中有名。

接下来的面试,让冯云至今想起来都脸红。主考官问:"你有工作经验吗?"

"没有。"

"你到生产线上实习过吗?"

"没有。"

主考官又拿出一张电子线路图,让她指出"210,211和212,分别代表什么电阻"。冯云仍一脸茫然,因为这是一张生产操作过程中使用的线路图,它完全不同于教科书上的线路图,从没上过生产线的她根本就看不懂。冯云满脸羞愧地走出公司。这次面试失败让冯云认识到自己知识的不足,她说:"如果让我再回到校园,我一定会到生产线上去实习,因为理论毕竟代替不了实践,而用人单位最看重的还是动手能力。"转眼到了2009年6月中旬,冯云仍没有找到工作。经历了一次次的失败,冯云反而理智和冷静下来。她一边密切关注人才市场的需求信息,一边潜下心来复习专业课程,弥补自己的不足。她知道,机会只会青睐真正有准备、有实力的人。

机会终于来了。6月21日,冯云得知武汉唯冠电子公司在某高校举办招聘会,她送上了自己的简历。结果,有70多人入围竞争20多个技术员职位,冯云报考的是公司客户服务部技术员。竞争分笔试和面试,笔试要求10分钟内做完100道题,冯云只用了7分钟就做完了。然后是面试。面试官问:"请你介绍一下自己的优点和缺点。""我的优点是性格开朗、随和,善于与人打交道,具有较强的亲和力;语言表达能力较强,能将自己的所思所想清晰简练地告诉对方。而且我严谨、诚实,也很宽容。我的缺点是,比较容易相信人,我的同学都说我这个人太老实,太没心眼。"面试官微笑着又问了一个问题:"你认为公司客户服务部与客户应该是什么关系?""应该是朋友关系。据市场调查专家分析,一个客户身边有240个潜在客户……"事实证明,机会是留给有准备的人。

(资料来源:http://www.bipt.edu.cn/pub/jiuye/jyzd/qzjy/18857.htm,2011-12-28。)

案例分析题:

本案例中的主人公使用了哪些工作搜寻渠道?

本案例中,哪些是影响工作搜寻时间的因素?

推荐阅读资料

1. Diamond, Peter, (1982), "Aggregate Demand Management in Search Equilibrium." *Journal of Political Economy*, Vol. 90, pp. 881-894.

2. McCall, (1970), "Economics of Information and Job Search." *The Quarterly Journal of Economics*, Vol. 84, No. 1, pp. 113-126.

3. Mortensen, Dale T. (1970), "Job Search, the Duration of Unemployment, and the Phillips Curve." *American Economic Review*, Vol. 60, pp. 847-862.

4. Mortensen, Dale and Pissarides, Christopher, (1994), "Job Creation and Job Destruction in the Theory of Unemployment." *Review of Economic Studies*, Vol. 61, pp. 397-415.

5. Pissarides, Christopher A. (1979), "Job Matching with State Employment Agencies and Random Search." *The Economic Journal*, Vol. 89, pp. 818-833.

6. Pissarides, Christopher A. (1985), "Short-Run Equilibrium Dynamics of Unemployment, Vacancies, and Real Wages." *American Economic Review*, Vol. 75, pp. 676-690.

7. Stigler, G. J. (1962), "Information in the Labor Market." *Journal of Political Economy*, Vol. 70, No. 5, Part 2, pp. 94-104.

8. Sarah Brown and Karl Taylor. (2013), "Reservation Wages, Expected Wages and

Unemployment." *Economics Letters*, 119：276－279.

网 上 资 料

1. 中国人力资源学习网：http://www.hrlearner.cn/.
2. NEBR：http://www.nber.org/.
3. 美国劳动统计局：http://www.bls.gov/.

第5章

职业投资

学习目标

尽管人力资本投资并非完全是出于职业发展的目的，但是职业发展前景却是与人力资本投资紧密相关，人力资本投资不是提升了职业能力就是证明了个人的职业能力。通过本章的学习，了解教育如何提高个人的人力资本价值，个人应如何进行投资选择；了解教育投资的信号模型是如何发挥作用的；了解在职培训投资的成本分摊；了解终身学习的必要性。

引　例

考　研　热

一谈到投资理财，很多人的脑海里，就即刻冒出"股票、基金、期货、黄金"等等字眼，至于"职业投资"几个字，好像没有听说过。其实，投资理财之路，并不单单指资本市场当中的股票、基金、期货、黄金，真正影响我们一生的，可以说是最普遍、最实惠、最重要的，还是"职业投资"。

在我国，一个人满18周岁，就进入成年了。之后，我们的第一想法是：寻找一份工作，赚钱养家糊口。但是，寻找一份工作容易吗？不容易；寻找到一份好工作容易吗？更不容易。很多人高中毕业会考大学，因为大学生相对高中毕业生会容易找工作，而且薪资待遇高。而大学毕业后呢，很多人又面临考研的选择，因为研究生文凭的价值高于本科生的文凭。

好的职业就好像投资于楼房等不动产，属于稀缺资源，它只会随着年限的增加而增值，很少出现贬值。为获得好的职业而奋斗，是名副其实的投资理财。在知识爆炸时代，各种新技术新产品问世的周期不断缩短，知识更新的步伐不断加快。个人需要及时充电学习新的知识，掌握新的技术，拥有新的理念才能保证自己不被淘汰。

2010年1月9日，全国硕士研究生入学考试如期举行，全国共有140万考生报名参加今年的硕士研究生入学考试，这也是2001年以来硕士研究生报考人数的最高纪录。2008年研究生报考人数第一次减少，但在金融危机造成的就业压力下，2009年研究生报考人数又有所增加，到今年研究生考试报考人数不仅恢复到降低前的水平，而且创十年新高，对于这样研究生报考热潮称之为“考研热”并不过分。据一些高校研究生院的工作人员介绍，受到金融危机的影响，今年应届高校毕业生求职压力增大，不少学生转而报名考研，躲避就业压力。另外，考生中也有一部分已经有工作的在职人员，为了提高学历，而辞职考研。请看下面的例子。

25岁的小张在开发区有一份不错的工作，他报考了天津大学的研究生。他告诉记者，自己就是本科毕业，前年毕业后一直在一家企业工作，几年下来，他感觉自己现有的知识水平已经快跟不上现在技术的发展速度了。他觉得自己的职位受到冲击，就想让自己再提高一步。考虑到考上全日制研究生后，就不能保有现在的工作，小张决定为前途让步，做好了辞职的打算。“研究生毕业后，相信有过工作经验又提高了学历的我，还能够找到不错的工作。”小张说。

彭力本来在一家加工制造企业从事销售工作，本想在今年换一份薪水不错的工作。小彭说：“不凑巧，刚好赶上同类型企业都在紧缩成本。我找了两个月都没有碰到合适的，原单位也回不去了，就只好把考研当作就业规划的一部分，通过选择考研来延后就业时间，缓解现在的就业压力。”小彭说，等读完研究生，自己还可以重新开始。

把考研当作充电的一种方式，也是有些带工作考研究生人员的报考心态。安雷在某高校工作，是前两年本科毕业留校的行政人员。因为所处的工作环境，她特别希望能提高自己的学历。她表示，在高校工作，周围接触的都是学历高的人，只是本科毕业的话，日子长了就有些抬不起头，特别是像她这样二十几岁的年轻工作人员。因此，报考一个本校的研究生，也是一种充电。而且报考本校研究生，还避免了必须辞职读全日制研究生的不便。

(资料来源：天津网—每日新报，2009-01-11，http://edu.enorth.com.cn/system/2009/01/11/003859229.shtml。)

为什么这么多人会选择辞职考研，放弃现有的工作，花费人力和财力去攻读一个研究生学位，研究生教育的价值在哪，研究生教育作为职业投资会为个人职业发展带来哪些有利的帮助。通过本章可以很好地了解职业投资的两种形式：教育和在职培训，以及谁应该为职业投资买单，职业投资是如何回报个体的。这就解释了我们进行职业投资的原因，并从理论上说明了较优的职业投资时机和形式。

5.1 学历与技能教育

当你在求职时，你会在简历上写什么内容？或者说招聘的企业会关注你哪些方面的信息？回答无外乎这些：教育背景（毕业院校）、学历水平、实习经历、在校表现、各种技能证书等。这些写在简历上的东西正是求职者向企业传达自己所具有的人力资本。人力资本是指体现在人身上的资本，即对劳动者进行教育、职业培训等产生的支出及其在接受教育时的机会成本等的总和，表现为人身上的各种生产知识、劳动与管理技能以及健康素质的存量总和①。本章探讨的职业投资就是为了实现职业发展而进行的投资，主要考虑对人力资本的投资。

将技能的获取和发展看作人力资本投资已经有多年的历史了，人力资本理论在经济史的长河中可以追溯得很远。系统的实证工作开始于 20 世纪 20 年代，1946 年都柏林和洛特卡进行了贴现收入计算②。在 40 年代，弗里德曼和库兹涅茨（1954）用最新的方法研究了医药行业的专业技术的获得和限制性实践。之后罗滕伯格（1956）发表了一篇有影响力的文章，是关于职业棒球选手的人力资本投资③。霍撒克（1959）④和米勒（1960）⑤更新了计算方法。但是，直到 20 世纪 50 年代晚期，人力资本投资的研究才开始进入专业前沿，20 世纪 60 年代早期开始了实证研究（舒尔茨，1961）⑥，研究发现教育对美国经济中生产力增长有重大贡献。基特（1960）的实证研究将不断缩小的工资差异归功于教育⑦。但正是明塞尔（1958）⑧和贝克尔（1964）⑨的研究才使得人力资

---

① 百度文库“人力资本论分析”，http://wenku.baidu.com/view/844fadb165ce050876321339.html。

② Dublin, L. I. and Lotka, A, J., *The Money Value of a Man*, New York: The Ronald Press Company, 1946.

③ Rottenberg, S., “The Baseball Players' Labor Market.” *Journal of Political Economy*, 1956, 64: 242—258.

④ Houthakker, H. S., “Education and Income”. *Review of Economics and Statistics*, 1959, 41: 24—28.

⑤ Miller, H. P., “Annual and Lifetime Income in Relation to Education, 1929 - 1959.” *American Economic Review*, 1960, 50: 962—986.

⑥ Schultz, T. W., “Investment in Human Capital”. *American Economic Review*, 1961, 51(1).

⑦ Keat, P., “Longrun Changes in Occupational Wage Structure, 1900—1956”. *Journal of Political Economy*, 1960, 68: 584—600.

⑧ Mincer, J., *Schooling, Experience, and Earnings*. New York: Columbia University Press for the National Bureau of Economic Research, 1974, pp. 7 - 22.

⑨ Becker, G., *Human Capital*. 3rd ed. Chicago: University of Chicago Press, 1993, pp. 1 - 66.

本理论丰满起来并具备了可操作性，贝克尔(1964)将当时所有人力资本理论的发展进行整合形成了一个内生理论结构，这是一个里程碑式的发展。

人力资本理论把教育和培训看成个人投资方式，对解决劳动经济学领域与酬金结构有关的许多问题很有指导意义。随着研究的不断丰富化，研究的注意力开始转到终身收入，而非当期的工资率。人力资本理论本质上是一个“永久”收入的概念，它开始强调整个职业生涯的收入。

5.1.1 教育回报率

为什么会有大学生考研热，抛开经济形势、社会背景等大因素，我们从经济学来看看考研的成本与收益分析，从而解释个体为什么会选择继续读研。

首先，个体会面临两种行为选择，一种是追求收入的行为产生的收益曲线$\{x\}$，另一种是与之相反的行为产生的收益曲线$\{y\}$。比如说个体在高中毕业后面临的抉择，x 可能代表选择进入劳动力市场带来的收益，y 可能代表选择读大学的收益。那么，对于个体来说，在时期 t 内，个体的收益 z 可表示如下：

$$z_t = y_t - x_t \text{（对于某些 } t \text{ 值，} z_t < 0\text{）}$$

根据贴现的公式，T 年后个体收益的净现值 V_t 可定义如下：

$$V_t = \sum_r z_r/(1+r)^r \text{ （} r \text{ 为贴现率）} \tag{5.1}$$①

如何让个体的收益最大，这里需要做的就是最大化 V 值。当 $V>0$ 时表示 y 选择是更有利的，当 $V<0$ 时，表明 x 选择是更有利的②。

设内部收益率为 i。内部收益率是指让投资人力资本(如教育、培训等方式)与投资其他(如直接进入劳动力市场工作)的净收入现值相等的贴现率 r 的值。具体到本节讨论的问题，内部收益率就是让个体在高中毕业后不论进入劳动力市场还是继续接受教育，T 年后的收益都相等的贴现率 r 的值。那么 i 如何得到呢？让式(5.1)中的 V_t 等于 0，并用 i 替代其中的 r，计算可得到 i。这样 y 和 x 哪种选择更好就取决于 i 大于还是小于 r。

当今人力资本领域中教育的收益分析常用到明塞尔模型(明塞尔，1974)。明塞尔的模型分为两个部分，学校教育模型和在职培训阶段的个人收入曲线。根据成本收益的比较，人力资本投资的成本包括相应的收入时间推迟、收入年限缩短、直接资金投入等，因此只有当投资能提高收入时，人们才会作出投资的决策③。

---

① Rosen, S. (1977), “Human Capital: A Survey of Empirical Research.” *Research in Labor Economics*, Vol. 1, pp. 3 - 40.

② Becker, G. (1993), *Human Capital*. 3rd ed. Chicago: University of Chicago Press, pp. 1 - 66.

③ Mincer, J. (1974), *Schooling, Experience, and Earnings*. New York: Columbia University Press for the National Bureau of Economic Research, pp. 7 - 22.

明塞尔模型假设：在学校教育阶段，个体投入的直接金钱成本被个体在接受教育同时从事的非全日制工作(例如勤工俭学工作)的收入抵消；学校教育结束后不再进行人力资本投资，不考虑人力资本贬值；工作时年收入恒定；排除经济环境变化对个人生产率和收入的影响。假设学校教育的延长推迟了收入的开始时间，同时推迟了退休时间，并假设推迟的年限与原本该缩短的年限相同，所以职业生涯的年限保持不变。

令 Y_s 为受 s 年教育后的年收入(假设每年收入的绝对值不变，即 Y_s 不变)；V_s 为毕生总收入折现到开始受教育时的折现值；d 为受教育年限的差异；n 为教育年限与工作年限的总和。则可以用 Y_s 贴现后求和来表示 V_s。将 V_s 的表达式转化为连续函数形式为：

$$V_s = Y_s \int_s^n e^{-rt} dt = \frac{Y_s (e^{-rs} - e^{-rn})}{r}$$

同理，接受 $s-d$ 年教育者的总收入现值也可以用类似的形式表示，用 $s-d$ 代替 s 即可。令 $V_s = V_{s-d}$，即令不同教育年限下的总收益相等，可得到不同教育年限下的年收入比例 $K_{s,\ s-d}$ 为：

$$K_{s,\ s-d} = \frac{Y_s}{Y_{s-d}} = \frac{e^{r(n+d-s)} - 1}{e^{r(n-s)} - 1} \tag{5.2}$$ ①

由式(5.2)可以看出，第一，$K_{s,\ s-d}$ 一定大于1，所以教育时间长的人能得到更高的年收入。第二，$K_{s,\ s-d}$ 与 r 正相关，即教育的收益率越高，d 年的教育差异带来的收入差距就越大。第三，$K_{s,\ s-d}$ 与 n 负相关，即教育和工作的总年限越短，d 年的教育差异带来的收入差距就越大，因为可供收回教育成本的时间缩短了，自然每年的收入差距要增大。第四，当 d 确定时，$K_{s,\ s-d}$ 与 s 正相关，即当教育差异年限相同时，教育绝对年限越长则年收入差异越大。

接着，假设 n 为固定的工作年限，则 V_s 的表达式发生变化：

$$V_s = Y_s \int_s^{n+s} e^{-rt} dt = \frac{Y_s}{r} e^{-rs} (1 - e^{-rn})$$

同理，接受 $s-d$ 年教育者的总收入现值也类似的变化。令 $V_s = V_{s-d}$，得到不同教育年限下的年收入比例 $K_{s,\ s-d}$ 为：

$$K_{s,\ s-d} = \frac{Y_s}{Y_{s-d}} = \frac{e^{-r(s-d)}}{e^{-rs}} = e^{rd} \tag{5.3}$$ ②

---

①② Mincer, J. (1974), *Schooling, Experience, and Earnings*. New York: Columbia University Press for the National Bureau of Economic Research, pp. 7 - 22.

此时 $K_{s,\, s-d}$ 与 s 甚至 n 均无关。当 $s = d$ 时，即比较接受 s 年学校教育和完全不接受教育的情况，有 $k_{s,\, 0} = Y_s / Y_0 = k_s$，则 $k_s = e^{rs}$，表达成对数形式为

$$\ln Y_s = \ln Y_0 + rs \tag{5.4}$$①

这就是最初的明塞尔模型表达式，它反映了收入的增长与受教育年限的差异严格成比例，收益率则是这个比例的系数，换言之，收入的对数是受教育年限的严格线性函数。

在此明塞尔模型所要传达的简单道理就是：受教育年限 s 越长，个体的年收入 Y_s 就越高。所以才有那么多人愿意考研，愿意接受更高的教育，正是预期在教育结束后会有更高的收入。但在这一节的推导中，明塞尔模型假设不论接受教育的年限如何，个人职业生涯的总体收入不变。如果真实情况如此，教育似乎就没有增加收益的实际意义了。但实际上，总体收入不变只是在模型推导中为了简化而进行的假设，根据我们的生活经验，教育年限长的人年收入较高，职业生涯也并未缩短，因此总体收入会增加。此外，教育还能起到信号的作用，对个人在劳动力市场的竞争中胜出，进而获得更高收入的工作有着重要意义。

5.1.2 教育的信号模型

通过教育回报率的介绍，我们看到人力资本理论的核心观点就是教育和培训能提高个体生产能力，上一节介绍了学校教育，稍后会介绍在职培训。但是，在个体进入劳动力市场时，由于劳动力市场信息的不完全对称，雇主不能完全有效识别教育对个体生产力的影响，而鉴定和识别雇员的绩效能力是要花费成本的。这样基于完全竞争和信息对称的人力资本理论就有很多局限性。

人力资本理论面临的第一个挑战是在不完全竞争的劳动力市场上雇主如何获取个体的生产力信息来雇用正确的人；第二个挑战是人力资本理论没有指出是否一个人学校教育的时间越久，他的生产力就高，即教育年限和生产力之间的关系是否是线性的；第三个挑战是尽管理论上表明教育是有贡献的，但当前尚未有充足的证据表明教育和培训对个人生产率的影响。

这样在人力资本理论之外就出现了筛选理论，筛选理论认为：学校教育对收入有非常明显的影响，要么是因为教育能有效提高生产率，要么是因为教育充当了一个工具，通过很多其他的背景变量发挥了作用，（比如说家庭背景：家庭背景好的人有经济能力接受好的教育，进而获得更高的收入，那么这到底是教育还是家庭背景影响收入

---

① Mincer, J. (1974), *Schooling, Experience, and Earnings*. New York: Columbia University Press for the National Bureau of Economic Research, pp. 7 - 22.

呢?)又或者因为教育影响了其他中介变量而不是直接影响生产力(索贝尔,1982)。阿罗(1973)提出了一些极端的假设：较高的教育并没有导致高的经济绩效,它没有增加认知能力也没有增强个体的社会化,而是充当了一个识别装置,一个员工的生产力和能力是不容易观察到的,但是他的文凭可以很容易的观察,这样的信息对组织来说是很容易获取的,而且基本上没有成本①。

斯宾斯1973年发表的论文《劳动力市场的信号发送》和专著《市场信号：雇用及相关甄别过程中的信息传递》很好地阐述了他的观点,提出了信号模型(signaling)。他思考的起点是MBA的就业。当时,他在哈佛大学读博士,他观察到MBA学生在进哈佛大学之前没什么了不起,而毕业出去就能比教授挣几倍,甚至十几倍的钱,禁不住问:“这是为什么?”,“哈佛的教育难道真有这么厉害吗?”。他研究的结果是教育具有信号传递的作用(当然教育也可能提高生产率)。

在斯宾斯看来,市场参与者无法影响自身的标识(如人种、性别、年龄等),但可以改变信号(如教育、品牌等),可以说,市场信号就是那些可以被其他市场参与者观察,且在市场上传递信息的个体的行为和特征。在斯宾斯看来,教育(文凭)是劳动力市场上典型的信号之一。潜在的教育信号具有可以观察到、可以改变的特征,有助于雇主认识到信号发出者的现状,特别是此人的边际生产力水平,从而帮助雇主作出决策②。

信号模型暗含了以下四个基本假设：(1) 劳动生产率是个人的内在能力,并不因接受教育的多少而提高或者下降。简言之,教育对个体劳动生产率没有影响。(2) 个人内在的劳动生产率与改变自身受教育状况所需付出的信号成本是负相关的关系,接受更多的教育必然需要付出更高的成本,劳动生产率高的个体改变自身受教育状况的信号成本较低。(3) 雇用过程中存在着信息不对称,即求职者能够清楚认识到自身的劳动生产率,但雇主或公司却不能马上了解求职者的劳动生产率。(4) 求职者的受教育状况可以被雇主免费观察到。

在劳动力市场上雇主会根据过去的市场经验建立关于教育水平与生产力之间关系的信念,然后他们会根据员工所具有的不同教育信号及标志出具一个工资表。那么,雇员会根据劳动力市场雇主开出的工资表,进行投资收益分析,理性地选择教育信号投资水平。随着时间的推移,雇主在用人过程中会得到关于雇员生产能力的信息反馈,发现教育水平与生产力之间的关系。若与雇主最初的信念相吻合,这时就得到了一种均衡。若不相吻合,雇主会根据新得到市场信息调整他最初的信念,然后,开始新的一轮循环,通过工资支付的改变又会影响到雇员下一轮的教育信号投资决策。在这

---

① Dobbs, R. L., Sun, J. Y. and Roberts, P. B. (2008), “Human Capital and Screening Theories: Implications for Human Resource Development.” *Advances in Developing Human Resources*, 10: 788, originally published online 22.

② Spence, A. M. (1973), “Job Market Signaling.” *Quarterly Journal of Economics*, 87(8): 355 - 74.

个循环过程中,任何一个环节的变化都可以打破均衡。

图 5-1 说明了信息反馈系统中的各要素。只有雇主的信念不被市场上随后的数据和经验所否定和修正时,才是一种均衡状态。

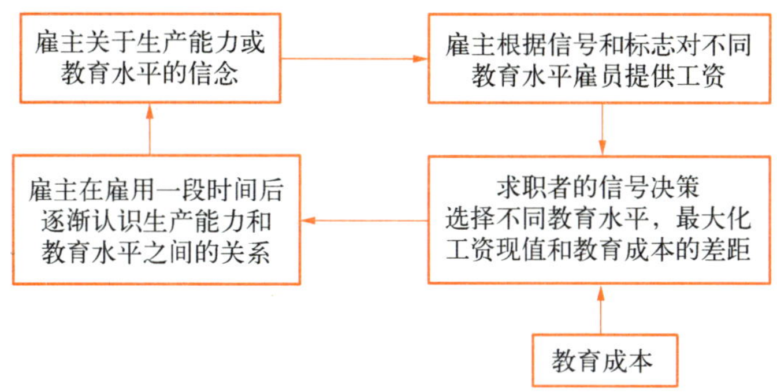

图 5-1　劳动力市场上信号均衡状态

资料来源：Spence，A. M.（1973），“Job Market Signaling.” *Quarterly Journal of Economics*，87（8）：355-374。

为使问题讨论方便与简化,假定教育仅仅具有反映人的能力的作用,而忽略其提高人的能力的作用。假定在雇主面对的求职者中,恰好分成两个生产能力不同的组别,具体情况见表 5-1:

表 5-1　假设的求职者情况

组　别	边际生产力	人数所占比例	教 育 成 本
1	1	q_1	y
2	2	$1-q_1$	$y/2$

资料来源：Spence，A. M.（1973），“Job Market Signaling.” *Quarterly Journal of Economics*，87(8)：355-374。

雇主的信念如图 5-2 所示(y^* 是临界值)。

雇主的信念是这样的:如果 $y < y^*$,那么其生产率为1;如果 $y > y^*$,那么生产率为 2。那么雇主给出的工资就如图 5-2 所示。

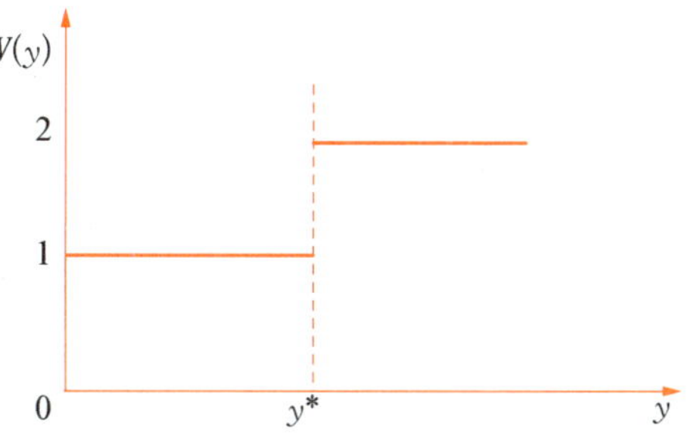

图 5-2　教育水平和支付的工资

资料来源：Spence，A. M.（1973），“Job Market Signaling.” *Quarterly Journal of Economics*，87(8)：355-374。

均衡图如图 5-3 所示。

个体在进行教育决策时依据的法则是其个体收益最大化。而个体收益 = 工资的贴现值 — 教育成本。考虑到雇主的信念,所以组一的选择 $y = 0$,组二的选择 $y =$

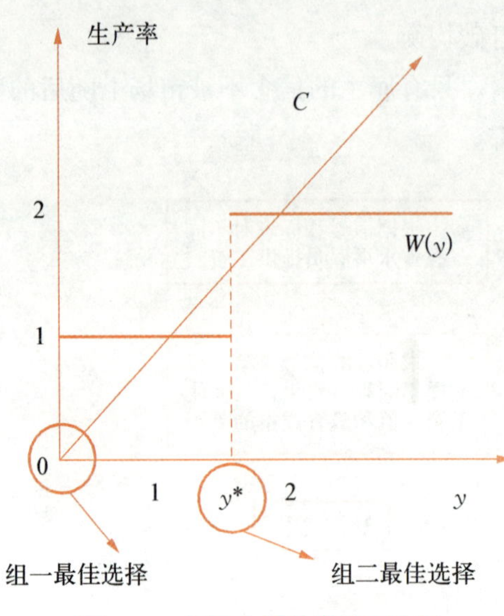

图 5-3 两组人最佳的教育选择

资料来源：Spence，A. M.（1973），"Job Market Signaling." *Quarterly Journal of Economics*，87（8）：355-374。

y^*。因为：对于组一的人来说，$2-y^*<1$，即组一投资的净收益小于其不投资时的收益，放弃人力资本投资；对于组二的人来说，$2-y^*/2>1$，组二选择教育投资时大于其不投资时的收益，因此选择人力资本投资，此时得到均衡的教育投资区间 $1<y^*<2$。

从帕累托最优来分析，对于第一组，增加 y^* 的值不会影响其收益，因为他们的收益始终为1；对于第二组，y^* 越靠近2，处境越坏，因为他们只能得到工资2；就总体而言，y^* 越接近1，分离均衡越接近帕累托效应，y^* 越接近2，分离均衡越远离帕累托效应，这时虽然发生了更高的教育投资，但是信号的分离功能并未增强，意味着信号投资过度。

如果信号功能不起作用，人均工资为：$q_1+2(1-q_1)=2-q_1$，此时，将形成混同均衡。组一在混同均衡中净收入为 $2-q_1$，分离均衡中净收入为1，而 $2-q_1>1$，所以组一偏好混同均衡。当 $y^*<2q_1$ 时，组二选择有信号发生（$2-q_1<2-2/y^*$），分离均衡优于混同均衡；反之，$y^*>2q_1$，混同均衡优于分离均衡①。

总而言之，若低生产力者占总人数比重越小，那么要求分离均衡的越少，高生产力者没有必要花费大额信号成本以实现与低生产力者的分离。而随着低生产力者人数的增加，雇主支付的平均工资越来越低，高生产力者通过投资信号分离自己的激励会变得越来越强。这样可能会造成改进市场效率的同时又导致教育信号投资过度而偏离帕累托效率。所以，确定适度的信号投资量 y^* 就显得至关重要了。

5.1.3 高职和技校教育

劳动和社会保障部在2006年第二季度曾发布的全国99个城市劳动力市场供求状况报告显示，我国中高级技能人才严重供不应求②。其中，高级工程师、高级技师和高级技能人员的招聘职位与求职人数之比最高，分别为2.08，1.96和1.71。相关资料显示，我国劳动力资源虽然丰富，但生产一线的技术工人整体素质并不高，技术工人结构呈典型的金字塔形。在全国城镇约1.4亿名职工中，技术工人只占一半，其中初级

① Spence，A. M.（1973），"Job Market Signaling." *Quarterly Journal of Economics*，87(8)：355-74.
② 数据来源：http://www.daynews.com.cn/sxrb/cban/C8/25006.html。

工所占比例高达 60%，中级工的比例为 35%，高级工只有 5%①。2007 年初浙江省城调队在杭州、宁波、绍兴、台州四地的调查结果显示：高级技师缺口率达 93.8%，技师缺口率为 66.0%。这些缺口岗位大部分集中在工艺设计、机械加工、电器设备、光机电一体化等生产附加值高的产业。长三角地区高级技工短缺的状况使许多企业的生产陷入困境，这对经济发展的制约已呈现出"木桶短板效应"，遏制了该地区的经济发展。按照大多数工业化国家发展的经验，这一阶段企业对高技能人才和对普通工人的需求都将出现急剧增长，因此技工荒、用工荒还将持续②。所以，职业技术人才的培养还是很必要的。

从图 5－4 可以看出技校生的工资报酬要低于大学教育，所以很多人挤着进大学。但是大学教育在早期的投入成本也要高于技校生，高职、技校也成为很多人高中毕业后的选择。

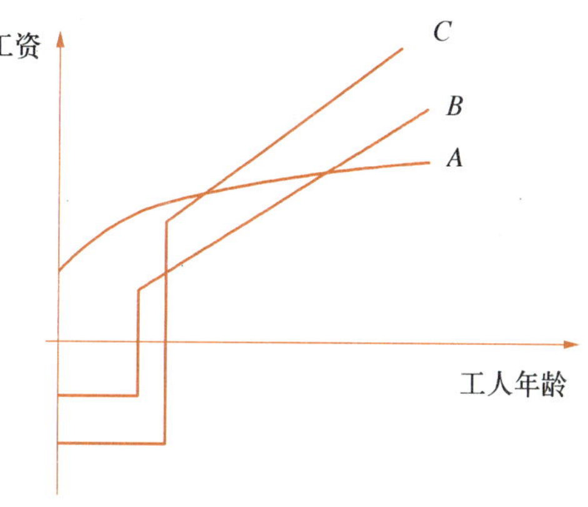

图 5－4 不同教育程度的人的工资流

注：A 高中生的工资报酬流，B 技校生的工资报酬流，C 大学生的工资报酬流。

资料来源：许嘉平. 高级技工短缺的经济学分析. 人才资源开发，2007(9)。

当前对于高职和技校教育还存在着很大的误区，主要是重高轻职、技术教育被过于的贬低③。重高轻职就是目前一些高职院校在学校定位、学校管理、人才培养目标及培养模式、专业设置、课程开设、教学方法与手段等诸多方面，套用普通高校的做法，照搬普通大学的模式，过于强调知识本位。即使一些优秀高职院校，也不专注于高职教育，或者想转型为普通高校；或是不满足于高职的办学层次和职业教育性质，极力追求升格为本科。同时，目前许多高职院校推行的企业订单式人才培养模式，虽然在宏观上符合"以服务为宗旨、以就业为导向"的职业教育办学方针，符合国家对高职院校人才培养模式的要求，在微观上也能够紧密结合企业用人需求，取得了显著的成绩。但是，在具体实施过程中，企业订单式人才培养模式也容易产生仅仅为特定企业、特定岗位训练"操作工""机器人"的弊端，导致学生对理论知识所学甚少，这既不利于自身水平的提高，也与社会和企业不断发展的需求相脱节。这些问题直接导致了高职人才培养质量的欠缺，高职生走出校门，往往是"高不成、低不就"，导致高职生就业成为大学生就业问题中的难点所在，如果不妥善解决，既不利于人才培养质量的提高和高职院校的健康发展，又不利于提高高职教育的社会吸引力。

---

① 数据来源：http://news.sina.com.cn/c/2004－06－29/08592936259s.shtml。

② 腰明亮. 高级技工短缺的深层次分析. 现代商贸工业，2008(1).

③ 葳蔓. 中国技工短缺对职业教育提出新课题. 职业技术，2007(5).

技校、高职教育在国内不受欢迎也有多方面的原因。此处主要介绍以下四个方面：

(1) 薪酬和福利方面，缺乏相应的物质激励。整体工资水平过低是导致高级技工短缺的重要原因。尽管技工短缺已经是一个普遍的现象，但是没有从根本上采取措施来改善目前的状况，一般工人的实际工作环境和待遇并没有很大改善。在我国，技术工人工资起薪点较低。工资虽与工龄和技术等级挂钩，却因其技术等级提升缓慢而长时间见不到变化。高技能人才和一般技术工人相比收入差距较小无法体现以技能为基础的内部薪酬的公平性①。

(2) 地位和认可方面，缺乏相应的地位激励和尊重认同。在许多场合下，人们看重的往往是学历，在各种公开的招聘中劳动报酬和福利待遇总是按学历由高到低来确定。而高级技工却很难与这些人站在一起，这样的社会地位导致了严重的后果。

(3) 学习与发展方面，缺乏相应的培训和学习激励 。通常一个普通技工成长为高级技工要花费 20—30 年的时间②。当前劳动力市场化，人员流动自由化。企业花费较长时间和较大费用培养的高级技工跳槽会给自己带来巨大损失。所以，多数企业不愿在高级技工的培养上花太多的成本，更倾向于需要时再到劳动力市场上去招聘。其次，技工类、高职类学校大部分没有把培训条件纳入综合投资，学校缺乏资金来源，从设备、场地到师资都力不从心，多数学校能培养出合格的初级技工就不错了。

(4) 工作环境方面，缺乏安全和卫生方面的保护。一般来说，技工的工作大都是直接跟一线生产相连接的，所以经常会面临脏和累的活。而且安全性和保护措施做得不够。工作环境影响人的工作情绪，而且其社会地位也受这方面的影响。所以，对于技工的保护和环境条件的改善是有必要的。

5.2 在职培训

西方培训理论最早源自美国古典管理学家、科学管理之父泰勒在 1911 年出版的《科学管理原理》。自泰勒后各种培训理论相继产生并运用于实践。泰勒指出，健全的人事管理的基本原则是使工人的能力同工作相适应，企业管理的责任在于为雇员找到最合适的工作，培训他们成为第一流的员工，激励他们尽最大的力量来工作。之后，从最早的改变行为方式培训理论，到需求培训理论、资本培训理论、集体培训理论、终身教育培训理论等，学者们从各个不同的角度阐述并丰富了现代培训理论体系。他们普

---

① 张凤林．中国企业的技工短缺：原因分析及对策．经济研究参考，2004(27)．

② 路继业．我国企业高级技术工人短缺的经济分析．经济与社会发展，2008(3)．

遍认为培训增加了个人的人力资本，使得个体在社会和企业中更有竞争力，并给社会带来更加积极的影响。拉齐尔(Edward P. Lazear)分析斯坦福大学商学院的校友数据也发现，那些能升到领导岗位的都是经过培训的具有综合管理能力的人才①。美国联邦政府几十年来一直致力于通过各种努力提高就业和培训方案中低收入者的收入，并通过了一系列的培训就业方案(加引用)。最初在20世纪30年代，一些就业培训计划就旨在通过改善工作的举措来提高弱势者的收入。20世纪60年代，联邦政府设立新的培训方案来帮助弱势群体和失业者。这些方案提供了一系列的措施包括补救和教育相结合、职业培训、在职培训、给予工作经验、基本的生活技能培训和求职协助等。1962年实施了《人力发展培训方案》(MDTA, manpower development and training act)，并最终转化为政府给弱势群体提供就业技能培训计划。1998年，政府出台了《劳动力投资法案》(WIA, Workforce Investment Act)，提供的各种培训项目和JTPA基本相同，但是增强了灵活性并改变了给予的方式②。

5.2.1 在职培训：个人收入曲线

前面我们看到了明塞尔对学校教育的研究。在最初模型的基础上，明塞尔根据现实观察，考虑到多数人毕业后仍会继续接受培训，提高收入能力，因而之前模型中的 Y_s 不易观察，故而调整了假设条件，对个人进入工作阶段后的收入曲线作出解释。

在忽略人力资本贬值的情况下，假设 C_j 为第 j 年进行人力资本投资的成本，包括了资金投入和时间机会成本；E_j 为总收入或收入能力，即不进行人力资本投资可获得的收入；Y_j 为净收入，也即可观察的工资率。当工作的第一年，$j=0$ 时，有 $Y_0=Y_s-C_0$，其中 $Y_s=E_s$ 是接受 s 年教育后获得的收入能力。下一年的收入为 $Y_1=Y_s+r_0C_0-C_1$。因而，第 j 年的净收入表达式为③：

$$Y_j=Y_s+\sum_{t=0}^{j-1}r_tC_t-C_j=E_j-C_j$$

上式中 Y_s 不易观察，而个人年收入的差异易于观察④：

$$\Delta Y_j=Y_{j+1}-Y_j=r_jC_j-(C_{j+1}-C_j)$$

由上式可知，只要净投资 C_j 为正，每年投资递减 $\{C_{j+1}-C_j<0\}$ 或投资增长率低

---

① Edward P. Lazear (2012). "Leadership: A Personnel Economics Approach." *Labour Economics*, 19, pp. 92-101.

② 寿钰婷. 美国人力发展培训计划及其对我国农民工教育培训的启示. 外国教育研究, 2007(8).

③④ Mincer, J. (1974), *Schooling, Experience, and Earnings*. New York: Columbia University Press for the National Bureau of Economic Research, pp. 7-22.

于收益率$\{(C_{j+1}-C_j)/C_j<r_j\}$，则个人年收入呈上升趋势，$\Delta Y_j>0$。

当投资增长率高于收益率时，净收入可能下降，但总收入$\Delta E_j=r_jC_j$，只要投资为正，总收入就持续增长，且当收益率和投资恒定时，净收入和总收入就线性增长。

但根据人力资本投资的最优分配理论，尽管在某些时期会出现类似的收入线性增长，但不可能连续。理性的投资分配要求大部分在投资在年轻时完成，也就是全日制的教育在非全日制的在职培训之前完成，而在职培训也会随年龄增大而减少，在退休前结束。

贝克尔(1964，1967)认为这样的投资分配是为了尽快实现从学习到工作的转换，因为：(1) 在有限的生命中，投资越晚则产生回报的时间越短，会导致总收益减少；(2) 投资时间的推迟会减少收入的现值；(3) 投资越晚，时间机会成本越高①。但在某些特殊时期，当教育的收益等同或超过工资收益时，贝克尔的解释就不成立了。

尽管存在上述特例，但不影响年轻时多投资的结论，人力资本理论对此的解释是：人力资本投资的边际成本曲线斜率为正，且随着时间推移，边际收益递减，边际成本上升，因而投资收益会随时间推移而减少。具体来说，可将个体的人力资本增量Q看作生产函数，投入的生产要素包括：人力资本存量H，时间投入T和其他市场资源R，即$Q=f(H, T, R)$ ②。

如图5-5所示，随人力资本增量越多，边际成本越高，因而MC曲线斜率为正；边际收益指增加一单位人力资本存量可获得的收入能力增加的折现值，由于之前假设人力资本投资的边际收益不随人力资本存量而变化，因而MR曲线水平。

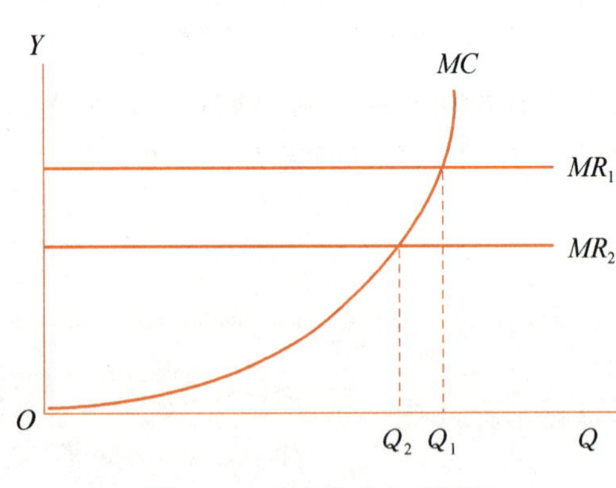

图5-5 人力资本生产函数

资料来源：Mincer, J. (1974), *Schooling, Experience, and Earnings*. New York: Columbia University Press for the National Bureau of Economic Research, pp. 7-22。

根据贝克尔的解释，投资越晚，边际收益越低，因此随年龄的增长，MR曲线存在由MR_1向MR_2移动的趋势；同时，实证研究表明(本-波拉斯，1970)，实际的人力资本增量递减比MR曲线下移带来的递减更多，证明边际成本曲线存在左移的趋势，即随年龄的增长，人力资本投资的边际成本总体上升。

尽管人力资本理论证明了随着年龄的增大，单位时间内的人力资本增量应该是递减的，但本-波拉斯(1967)认为这并不意味着从人力资本投资伊始就要逐年

① Becker, G. (1993), *Human Capital*, 3rd ed. Chicago: University of Chicago Press, pp. 1-66.

② Mincer, J. (1974), *Schooling, Experience, and Earnings*. New York: Columbia University Press for the National Bureau of Economic Research, pp. 7-22.

减少投资，最优的投资模式是早年进行大量的投资[1]。因为初期的人力资本存量 H_0 可能过小，导致按照上述理论投入所有的时间和资源都无法达到人力资本存量的最优点。而随着人力资本存量的增加，投资收益就会增大，保证在退休之前达到人力资本存量的最优点。初期的全日制学校教育阶段没有收入，就是为了完成提升人力资本初期存量的任务。

从本-波拉斯的分析中可以得到两点结论：(1) 边际收益曲线越高，边际成本曲线越低，则人力资本投资越大；折现率、人力资本贬值率越低，工作时间越长，则边际收益越高；学习能力越强则边际成本越低；由于这些条件对个人而言不易改变，因此某一时期的投资量可能预示了一生的投资量，例如学校教育时间较长的人可能参与的在职培训也较多，这种纵向的投资决策一般呈正相关。(2) 学校教育结束后，投资成本会下降，因而工作阶段，只要净投资为正，总收入和净收入的斜率就向上，又由于边际收益递减，两个曲线都是凹曲线。

由函数可知，净收入的斜率大于总收入，当净投资为0时，净收入和总收入曲线同时达到极大值。图5-6为总收入 E_j 和净收入 Y_j 的曲线，同一横坐标上的两条曲线差值即为当期的投资成本 C_j。时期0的 Y_s 即为学校教育结束时获得的收入能力 E_0，但由于继续进行人力资本投资，实际获得的净收入只有 Y_0。之后，随着人力资本投资，总收入和净收入增加，到某年时，净收入达到 Y_s，即此时的工资收入可用于估计 Y_s。因此只需估计达到所用的时间。

$$Y_{\hat{j}} = Y_s + r\sum_{t=0}^{\hat{j}-1} C_t - C_{\hat{j}} = Y_s$$

$$\hat{j} \leqslant \frac{1}{r}$$

也就是说，若 r 超过10%，则十年之内个人的收入就能超过刚毕业时的收入能力。

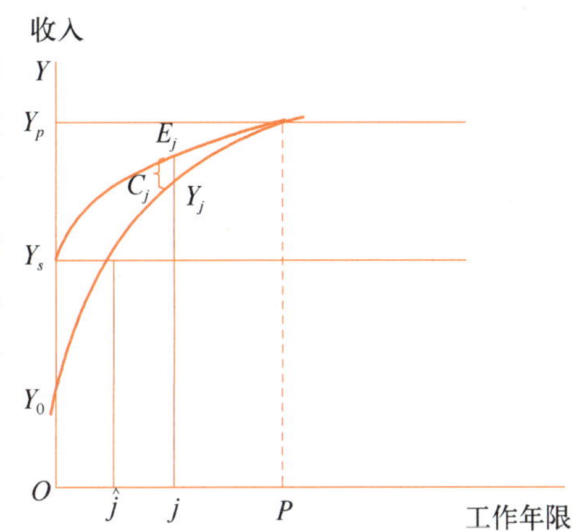

图5-6 收入曲线剖面

资料来源：Mincer, J. (1974), *Schooling, Experience, and Earnings*. New York: Columbia University Press for the National Bureau of Economic Research, pp. 7-22。

另外，用 Y_s 表示 Y_p，可以得到对在职培训的总成本的估计[2]

$$\sum_{t=0}^{p} C_t = \frac{Y_p - Y_s}{r_p} \tag{5.5}$$

同样，学校教育年限从 s_1 上升到 s_2，增加的成本为

---

① Ben-Porath, Y. (1967), "The Production of Human Capital and the Life Cycle of Earnings." *Journal of Political Economy*, University of Chicago Press, Vol. 75, p. 352.

② Mincer, J. (1974), *Schooling, Experience, and Earnings*. New York: Columbia University Press for the National Bureau of Economic Research, pp. 7-22.

$$\sum_{S_1}^{S_2} Cs = \frac{Ys_2 - Ys_1}{r_s} \tag{5.6}$$ ①

考虑到收入不平等的研究中更关注收入的相对差异，且实证研究需要将在职培训和学校教育统一在一个时间框架中，因而需要将以上以货币为单位的曲线转化为对数形式的曲线，最后得到教育的最简化模型②：

$$\ln E_j = \ln E_0 + rh_j \tag{5.7}$$

上文的分析假设净投资非负，也即不考虑人力资本贬值，但现实中，人的生命是有限的，年龄增大会导致疾病增多，积累的教育和技能也会老化，这些引起的人力资本贬值可能最终超过总投资③。

$$\begin{aligned} \ln Y_t = \ln Y_{t-1} + \ln(1 + rK^*_{t-1} - \delta_{t-1}) \\ + \ln(1 - K^*_t) - \ln(1 - K^*_{t-1}) = 0 \end{aligned} \tag{5.8}$$

也就是说，在实际观察到的工资收入达到极大值之前的若干年，个人收入能力已经达到极大值，此时人力资本净投资为 0。

5.2.2 一般培训投资成本分摊设计

贝克尔将在职培训分为"一般培训"和"特殊培训"④。在"一般培训"中员工所获得的知识和技能对其他企业同样有用，企业对这种培训一般不承担费用。因为这种员工经过培训，知识技能增加后，可能流动到工资率更高的企业去，一旦经过培训的员工离开该企业，就会给企业带来损失。在"特殊培训"中员工获得的知识和技能具有针对性，对其他企业没什么作用，所以这类培训费用应该由受培训的员工和企业共同支付。

在什么情况下企业才会提供一般培训呢？只有在不付出任何费用的前提下，企业才会愿意提供一般培训。通常情况下，企业就会采用让工人领取低于他们在不接受培训时能得到的工资的方法来支付一般培训的费用⑤。一般培训对收入与年龄之间的关系有重要的影响。贝克尔指出，接受培训的人在培训期间将得到较低的收入，因为在这期间要为培训付出代价。而在以后的年龄中可得较高的收入。此外，一般培训带来的收入增加率对青年劳动者影响要远远大于老年劳动者⑥。

---

①②③ Mincer, J. (1974), *Schooling, Experience, and Earnings*. New York: Columbia University Press for the National Bureau of Economic Research, pp. 7 - 22.

④ Becker, G. (1993), *Human Capital*, 3rd ed. Chicago: University of Chicago Press, pp. 1 - 66.

⑤ 曾湘泉. 劳动经济学. 北京：中国劳动社会保障出版社，2005.

⑥ Becker, G. (1993), *Human Capital*, 3rd ed. Chicago: University of Chicago Press, pp. 1 - 66.

企业不愿支付一般培训投资费用，可以由员工自己承担相应的培训费用成本。培训费用表面上由企业支付，体现为提供所需培训基础设施、设备等各种培训物质和经费，以及给接受培训的员工发放的工资，但企业却可以通过向员工支付低于其边际产品的工资率的方式把这笔费用转嫁给员工。

图5-7中纵轴代表员工的工资，横轴代表时间。员工在T时间接受一般培训，假定在T点完成培训。W_0代表员工原来的工资水平，W_s代表员工在接受一般培训后（形成通用性人力资本）预期的工资水平，W_u表示员工在培训期间的工资率（劳动力工资等于其边际生产率）。员工在完成培训后要获得一个较高的工资率W_s，如果员工不能得到相应的报酬W_s，就有可能离开，流动到其他地方。因此，一般培训形成的通用性人力资本的工资效应显示，作为个人的人力资本投资的成本是个人在受训期间牺牲的收入，个人所获得的收益则应该是员工受训后的工资与原有工资的差额①。

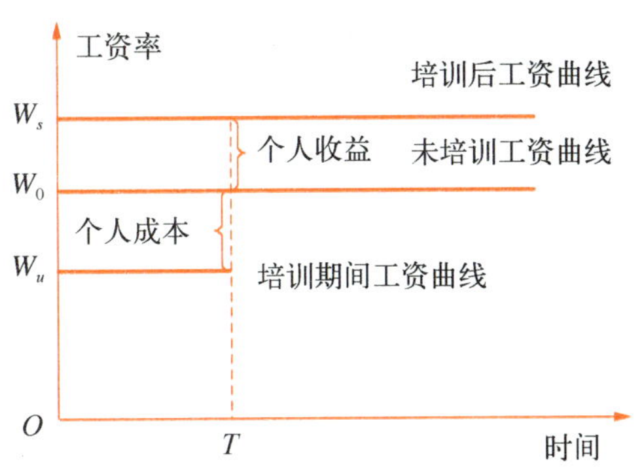

图5-7 一般培训投资成本分摊

资料来源：曾湘泉. 劳动经济学. 中国劳动社会保障出版社，2005

5.2.3 特殊培训投资成本分摊设计

特殊培训形成的是专用性人力资本。专用性人力资本投资个人风险大，特殊培训投资应由公司承担，投资的成本和收益都应该归于公司。但如果忽视特殊培训投资的个人收益回报，则可能产生双方受损情况。在专用性人力资本形成的过程中，员工也是投资主体之一。接受培训后，其边际产品收益显著增加，企业效益也提高。企业通过培训期间支付高于生产率的工资，在培训后支付低于生产率的工资，用收益补偿成本。W_0是员工培训期间及培训后的工资率，W_0-W_u为企业培训成本，W_s-W_0为企业培训收益（图5-8）。

如果接受特殊培训的员工工资率在培训前和培训后保持不变，工资变化曲线为一条直线，即他们不能得到相应的较高的工资回报时，员工最有可能选择“闹情绪”，怠工，不出力，培训形成的专用性人力资本投资收益低下，使得企业受到影响；严重的情况是，一些员工甚至离开，不仅使企业进行的特殊培训投资不能得到任何收益，而且员工个人自身投入的资本也造成损失。为此，企业进行特殊培训时，必须按照投资收益进行合理分配，体现人力资本价值。企业可以用培训后的一部分收益，来提高员工的

① 曾湘泉. 劳动经济学. 北京：中国劳动社会保障出版社，2005.

工资，形成企业与员工共同分享成本和收益，两者都可以从特殊培训中获得一个合理的收益率。

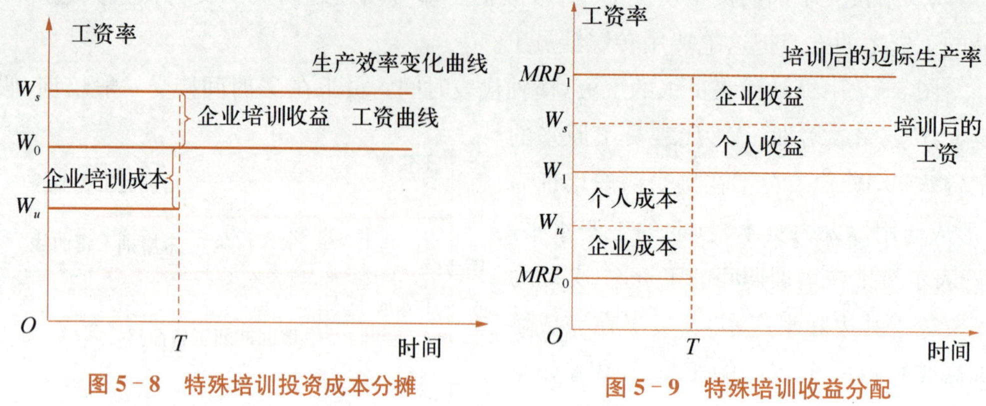

图 5－8　特殊培训投资成本分摊

资料来源：曾湘泉. 劳动经济学. 中国劳动社会保障出版社，2005

图 5－9　特殊培训收益分配

资料来源：曾湘泉. 劳动经济学. 中国劳动社会保障出版社，2005

如图 5－9 所示，W_1 表示没有受过特殊培训的工资水平；W_u 是培训期间的工资；W_s 是培训后的工资；工资变化曲线（W_u—W_s）是一条阶梯虚线；MRP_0 是员工参加培训期间的边际生产率；MRP_1 是员工培训后的边际生产率，员工的边际生产率（MRP_0—MRP_1）是一条阶梯实线。在培训期间，员工承担的培训成本是 W_1-W_u，企业承担的培训成本是 W_u 高于边际生产率变化曲线部分（MRP_0）。培训结束后，企业收益是边际生产率变化曲线（MRP_1）与 W_s 之差，员工的收益是 W_s-W_1。在这种情况下，员工个人负担了一定的成本，也得到了更多的收益，所以，员工不会轻易离职①。

5.3　终身学习

终身学习是在社会经济环境出现巨大变化，特别是信息技术创新与知识激增的背景下，个体为了职业发展前景而进行的整个职业生涯的职业投资。终身学习是将人力资本生命周期与职业发展环境要求紧密结合起来，确保个人职业发展的顺畅。

5.3.1　人力资本生命周期

生命周期的概念应用很广泛，特别是在政治、经济、环境、技术、社会等诸多领域经

① 牛惊雷. 消防部队在职培训投资机制分析——基于人力资本视角. 继续教育研究，2010(8).

常出现，其基本含义可以通俗地理解为“从摇篮到坟墓”的整个过程，小到一个产品大到一个组织都有其生命周期。人力资本也是有生命周期的，其生命周期可分存量生命周期和质量生命周期①。

人力资本存量生命周期表现为：随着年龄增长，人力资本存量由少到多，逐步增加，到一定年龄后达到顶峰，然后再逐渐减少，最后耗竭殆尽。一般来说，不同个体人力资本存量都体现出这样类似的规律来，所不同的只是达到顶峰的值以及达到顶峰的年龄会因个体自身素质不同及环境不同而不同。

人力资本存量生命周期可分为四个时期：快速增长期、缓慢增长期、缓慢衰减期以及快速衰减期(图5－10)。其中快速增长期为接受正规教育进行积累时期，这一时期因正处于快速发育中，体力、精力处于上升阶段；并且时间及精力全都投在人力资本积累形成中，因此，人力资本快速增长。缓慢增长期为参与就业一直到人力资本存量顶峰时期，这一时期人力资本存量增长变得缓慢，因为离开学校后，人力资本形成主要是通过“干中学”经验的积累；在经历缓慢增长期后人力资本存量便进入缓慢减少期，这一时期因人力资本折旧率提高，使得人力资本存量开始缓慢减少；当个人退休离岗后便进入到了快速减少期，这一时期快速衰减是因为人力资本的生产流量几乎等于0，但折旧量却在不断增大②。

在不同经济状况下，人力资本存量生命周期不同。如图5－11所示：

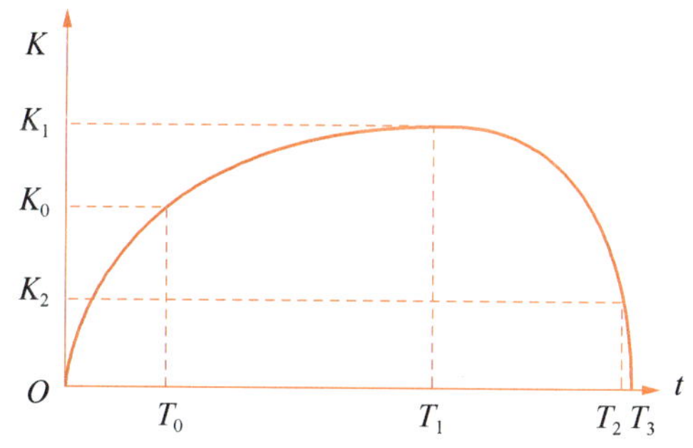

图5－10 人力资本存量生命周期

资料来源：向志强.人力资本生命周期与教育需求.经济评论，2003(2)

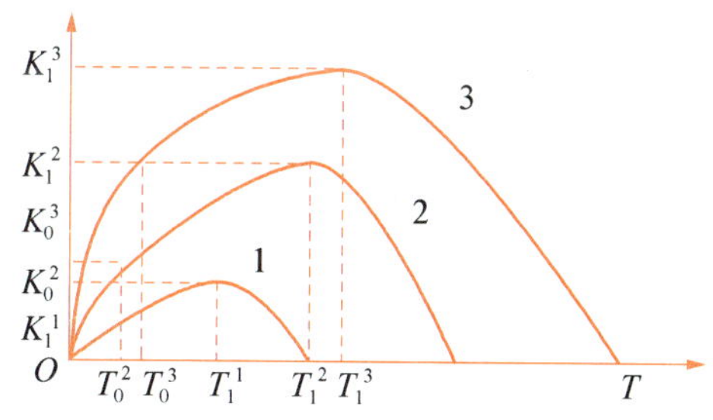

图5－11 三种经济形态下人力资本存量生命周期

注：曲线1,2,3分别代表农业经济、工业经济及知识经济下人力资本存量生命周期；$0—T_0^2$，$0—T_0^3$，T_1^1，T_1^2，T_1^3分别表示这三种经济形态下的快速增长期以及人力资本存量达到峰值的龄级；K_0^2，K_0^3，K_1^1，K_1^2，K_1^3分别表示三种经济下快速增长期及缓慢增长期即峰值时最大存量的人力资本。

资料来源：向志强.人力资本生命周期与教育需求.经济评论，2003(2)

①② 向志强.人力资本生命周期与教育需求.经济评论，2003(2).

目前人们工作前一般要接受15至20年的学校教育。随着经济形态更替，缓慢增长期在逐渐延长，并且同一龄级下人力资本存量在不断增加，人力资本存量所能达到的最大峰值在不断提高。另外，人力资本存量缓慢衰减期及快速衰减期都在往后延伸，其衰减速度逐渐变缓。这是因为随着社会经济不断发展，营养水准逐步升高，人们的健康资本日益增加，精力、体力及记忆力逐步旺盛，同一龄级的个体所能接受的知识技能日益增多，而知识技能的折旧量又在不断减少。另外，随着社会经济不断发展，知识技术创新速度日益加快，人们所能捕捉到的知识、技术以及信息在增多。这些都造成人力资本存量衰减期的速度变缓。

与衡量人力资本存量相比，人力资本质量则更难以度量，因为人力资本质量所具有的是一种抽象的内涵，同时人力资本价值还受多种外界因素影响，其效能的发挥受多种因素制约，比如受人力资本所有者主观能动性制约，因为人力资本不可能与其"承载者"分离，人力资本投入生产，实际上是人力资本所有者参与生产。作为存在于人体内的知识、技术和健康，人力资本价值大小实际上就是知识、技术和健康等要素价值的大小，而知识、技术价值大小呈现出一定变动规律，这种变动规律简单地讲就是价值首先缓慢提升，然后经过一定时期再缓慢下降，因为知识技能在出现早期并不一定能引起人们的关注和重视，只有在早期采用者不断反复使用下，它们才慢慢被采用，并逐步推广，从而其价值被不断认识并逐步提升，然而一段时期后更新的知识和技术又将产生，这样原有的知识和技术被取代，于是其价值转而缓慢下降，并最终淘汰。知识、技术价值变化规律在人力资本上反映为人力资本质量生命周期。

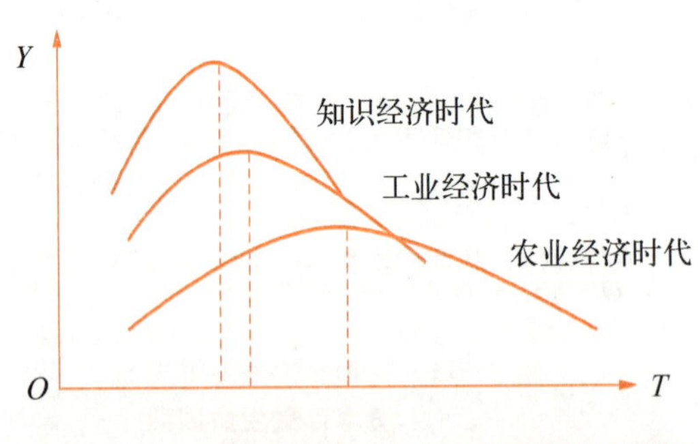

图5-12　三种经济形态下人力资本质量生命周期

资料来源：向志强. 人力资本生命周期与教育需求. 经济评论. 2003(2)

人力资本质量生命周期大致可以分为两个时期：上升期及下降期。在上升过程中，开始速度较缓，一段时期后上升加快；而在下降过程中，开始速度较快，尔后逐渐变缓。因此，与人力资本存量生命周期相对应，质量生命周期也可分为四个时期：缓慢上升期、快速上升期、快速下降期以及缓慢下降期①。

与存量生命周期一样，人力资本质量生命周期在三种经济形态下也发生着相应的变化，主要表现为人力资本质量生命周期越来越短。尽管随经济形态的逐步更替，质量生命周期不断缩短，但人力资本质量却在逐渐提高，人力资本的拥有者所创造的收入在不断增加(图5-12)。

① 向志强. 人力资本生命周期与教育需求. 经济评论，2003(2).

5.3.2 终身教育

终身教育是指对于一个人从出生到离开这个世界的整个一生中所进行的教育。教育是一个终身的过程，不仅限于成人教育，也包括学前、小学、中学各阶段的教育，既指有组织的学习，又指偶发性的学习。终身教育的最终目的是“维持和改善个人社会生活的质量”，以适应社会急剧变化和科学技术不断革新的需要①。

自法国成人教育专家保罗·郎格朗(P·Lengrand)1965年首次正式提出终身教育理论以来，终身教育的理论研究和具体实践就一直为国际社会密切关注②。以日本为例，1988年日本在文部省设立了终身教育局，作为推动终身教育体系建设的组织机构，是世界上第一个以推动终身教育和终身学习为目的的国家级行政管理机构；1990年，日本又推出了《终身学习振兴法》，并提出了一系列的政策，形成了较完备的体系。目前，国际上终身教育的发展呈现投资社会化、手段多样化、内容高级化、跨国合作普及化和管理法制化的倾向③。

终身教育的发展与知识经济时代的到来是密不可分的，在知识结构不断进行调整状况下，原有的人力资本必然会在不同程度上贬值，只有通过终身教育和终身学习，才能使人上科学技术发展的节奏。

从人力资本上看则表现为人力资本价值的提升以及人力资本生命周期的缩短。总的来说，随着三种经济形态的更替，人力资本生命周期表现出一定的变化规律，这些变化规律反映在教育上表现为教育需求量的不断增加。具体体现在④：

第一，人力资本存量生命周期的不断延长说明了人们就业之前所必须接受的教育年限不断增加，从而使得教育需求总量增加。现在人们一般要高中毕业甚至很大一部分人大学毕业才参加工作，因此很明显地看到人们工作前所受教育年限在不断延长。

第二，人力资本存量生命周期的延长，意味着人们能够接受教育的年限往后延伸，之所以能如此，是因为人的精力体力以及记忆力不断旺盛的结果。换言之，是人们健康不断改善的结果。

第三，就业之后人力资本存量增加缓慢，产生形成上述规律的原因是人们就业之后，人力资本的增长主要通过经验积累来进行，因此为了能使人力资本存量在就业后仍以一个较大速度增加，就必须要求人们在工作中不断学习，不断接受学校教育，而不能再仅仅靠“干中学”所积累的经验。

第四，人力资本质量生命周期的不断缩短客观上要求人们在就业之后必须不断进行人力资本的更新。

---

①② 来自百度百科“终身教育”，http://baike.baidu.com/view/58186.htm。

③ 孙慧佳，顾岩峰.日本终身教育的特征.中国成人教育，2011(13).

④ 向志强、张婧.人力资本生命周期与终身教育研究.求索，2010(4).

5.3.3 终身学习的实践

在美国，人们十分关注终身学习的发展。1976 年美国正式颁布了《终身学习法》(Mondale Act)，该法对终身学习的范畴做出了定义，指出终身学习大约包括 19 种课程类型，同时对如何实施终身学习做出了一系列规定；《终身学习法》从法律上确立了终身学习在美国的地位，并从各个方面对终身学习的实施进行了规定与计划，从而为美国终身学习的发展奠定了坚实的基础①。这个法案的颁布表明了美国联邦政府对学习终身化政策的高度重视，以及推动终身学习的决心，标志着终身学习实践的进一步深化。1993 年美国成立了“终身学习者之国委员会”，其主要职责是确定终身学习的问题，制定相关的政策和计划，发挥终身学习在美国社会中的作用；委员会于 1997 年发表了题为《国家学习：展望 21 世纪》的报告，认为美国社会将越来越多地与终身学习的需要结合在一起，社会各界、各个群体都应重视终身学习的发展并为其提供有力的支持②。除立法保证之外，美国政府还进一步加大对成人教育的投入。据统计，从 1991 年到 1998 年，政府对成人教育的资助从 1991 年的 2.01 亿美元增长到 1998 年的 3.6 亿美元。1997 年 8 月开始实施的“终身学习税收信贷计划”，主要是为成人的中等后教育与学习提供财政支持。另外，为促进终身学习的推广，美国在财政资助上还设有各种奖学金③。

英国的终身学习主要是通过以下方式实践的。一是建立个人学习账户。2000 年 9 月，个人学习账户在全国范围内推行，2001 年 10 月有 250 万人在学习账户中心注册学习，大约有 9 000 个组织成为提供学习机会的机构。二是成立产业大学。英国教育与就业部专门制定了一份有关产业大学的计划书《英国的产业大学——使人人都参与终身学习》，对产业大学作了全面而具体的规划。英国政府为启动产业大学运作，从 1999 年起，投入 5 000 多万英镑；2000 年秋，产业大学正式开始业务运营。三是开展直接学习。直接学习是由产业大学学习中介机构提供的高质量在线学习资源和服务，产业大学的教学是通过直接学习实现的。这种学习为学生提供大量创造性的、高质量课程，其中 80% 以上课程是在线学习课程。直接学习使人们可以根据自己的需要选择适当的学习方式，无论在家中、工作场所和学习指导中心，只要通过互联网就可以进行学习。2000 年，大约有 1 500 个学习指导中心。它的主要目的是帮助学习者克服学习障碍，获取可以利用的各种信息，为学习者进行学习以及选择适合个人需要的课程提供方便。④

人力资本价值的提升使教育成为人们生存的必要手段，而人力资本生命周期的缩短则使教育愈来愈终身化。终身教育不仅要求教育贯穿人的一生，而且也要求教育形式多样化。除了学校教育之外，家庭教育、社会教育都是终身教育所不可缺少的教育

---

① 王小兵. 美国终身教育立法及其对我国的启示. 科教新报(教育科研)，2010(14).

②③ 华敏. 美国终身学习的实施策略及对我国的启示. 河北大学成人教育学院学报，2008，10(1).

④ 吴雪萍，金岳祥. 英国的终身学习政策述评. 比较教育研究，2004(2).

模式，特别是在职培训，更是终身教育必需的基本教育模式。目前不仅需要有“学习型企业”的企业理念，而且也应该有“学习型社会”的社会理念；学校教育不仅不再为某些社会强势集团所独享，而且也不再是某些年龄段下的专利，它应该是大众化以及终身化。目前很多大型企业都建立了自己的培养体系及基地。它们通常至少每年培训一次，有些甚至每月轮训一次。这些制度上安排实际上是终身教育理念在企业中的具体实施。

本章小结

教育和在职培训是人力资本投资的最主要途径。在劳动力市场中，个人通过这些人力资本投资活动提高个人未来的职业收益。对于雇主而言，由于市场的信息不对称，难以获取个人的生产力信息。此时，教育，具体而言可以说是文凭，就会发挥出“信号”的功能，使得雇员得以展示自身的生产力水平，也使得雇主更好地判断雇员的人力资本状况。

随着社会生产力的飞速进步，终身教育已经越来越成为人们促进人力资本积累，完善人力资本质量的重要手段，通过形式多样的终身学习使得自身在日益激烈的社会竞争中保持人力资本优势。

复习思考题

1. 有人说“教育投资越早越好”，请谈一下你的看法，并给予论证。
2. 请结合明塞尔模型谈谈人力资本投资(如教育)对个人收入曲线的影响。
3. 请运用斯宾斯信号模型解释为什么很多人选择读研究生。
4. 在职培训对个人的收入影响是如何实现的?
5. 一般培训与特殊培训在成本分摊设计上有何区别?
6. 请谈一下终身学习的必要性以及如何实施。

案例分析

在职深造五大途径对比

无论是刚步入职场的大学生，还是职场打拼的白领，或是谋求更大发展的职场精英，为了能在激烈的竞争中突围，为了能成为游刃有余的职场高手，均希望通过深造增加竞争砝码。

职场充电途径多多，考证、考研、留学、培训等，不同途径有不同的特点，有时在选择时难以取舍。那么，目前职场深造途径有哪些？都有哪些优势与不足？各自适合什么样的职场人士？为此，记者采访了身兼上海奋发进修学院校长、上海教科留学韩国部经理二职的资深专家孔洁，对目前在职深造五大途径进行对比分析。

深造途径之一：参加考证

"考证"是当今职场的热词之一。证书是职场新人求职的专业"身份证"，更是众多职场人士提高身价的捷径。用权威、名牌的证书为自己"镀金"，是时下年轻求职者偏爱的方式。企业对求职者能力的判断，很大一部分也以证书为依据。不同级别的资格证书代表着所属领域的专业知识水平，像国际项目管理资格认证、国际注册会计师资格认证、注册建筑师资格认证等都是行业里的"金牌"证书。

收益分析：不同级别、不同性质的证书，其资金投入也不同。一般国际类资格证书，如ACCA，CFA，CIA等，起码要万元以上，而英语四、六级证书，计算机等级证书，导游证书等本土证书最多不过千余元。考专业证书的费用投入与留学相比虽然较少，但报考顶级证书的成本并不小。以ACCA证书为例，所有的考试费用约2万元人民币内；如果参加培训，共14科，每科的培训费用为1 200元至1 400元。当然，投入大，回报也相当可观。据统计，39%的ACCA中国会员担任中高层职位，平均年薪约10万至60万元，最高的逾百万元。

深造途径之二：攻读硕士

虽然如今用人单位的唯学历观念有所改变，但不可否认的是，高学历求职者的就业机会和竞争力仍相对较大，薪酬待遇也相对较高。一份对2004年毕业生的薪酬调查报告显示，在北京、上海、广州和深圳，本科生平均月薪约2 300元，硕士生则约为3 900元，博士生约为4 500元。职场竞争日益激烈，攻读硕士课程，提高学历层次，成为本科生获得职业发展动力的捷径。特别是MBA、工程硕士等专业硕士教育，是在职人士深造的热门方向。

收益分析：目前硕士研究生教育的学费仍由国家财政拨款，在职人士只需支付考试费用、考前辅导班费用等，投入成本并不高。但研究生教育收费是大势所趋，因此，今后这一途径的深造成本将有所增加。专业硕士学费按不同类别差别较大，MBA的学费要十几甚至几十万元，而工程硕士的学费一般为3万—4万元。从回报率上看，与本科相比，拥有硕士文凭的确具有很强的竞争力，在就业机会、薪资待遇等方面，都要略高一筹。尤其是金融、法律类热门专业，回报率更高。

深造途径之三：短期培训

短期培训以外语能力培训、IT技能培训、管理能力培训为主。近十年来，随着外企的大量涌入，以及电脑在工作中的普遍应用，外语能力与IT能力已成为职场人士必须掌握的技能，于是各类培训项目层出不穷。此外，最近几年，随着用人企业日益关注求职者的社交能力、团队合作能力等“软件”，相关的短期培训行情也逐年看涨。

收益分析：短期培训课程根据培训时间、级别的不同，学习费用差别很大。高端外语培训课程，特别是小班制外教口语班的收费一般都在万元以上，而新概念英语等传统课程的费用则在千元以下。IT类培训也是如此，学费从几百元到几千元不等。相比之下，管理类课程的收费普遍较高，MBA精华班的学费都超过万余元，短期培训也要几千元。从回报率上看，短期培训的最难估算。如果通过培训强化了能力，增长了见识，丰富了阅历，那么，这些都将是宝贵的无形资产，将在职业发展中受益匪浅；反之，数千元甚至几万元换来的也可能只是一纸证书而已。

深造途径之四：免单培训

免单培训有两种，企业内训和政府补贴培训。企业内训是指企业为提升员工岗位胜任能力而出资的一种培训，在外资企业中较为普遍。企业内训形式多种多样，有的企业提供员工培训津贴，有的企业把培训项目引入内部等。政府补贴培训是指国家或地方政府为提高就业者的专业技能而提供的补贴培训项目，目前以灰领培训为主。符合一定条件者参加培训，可享受培训费用全免或部分减免的优惠政策。

收益分析：对在职人员来说，这两种培训都是“天上掉馅饼”的美事，因为个人几乎不用投入资金。但这也不是“免费午餐”，企业对接受培训的员工的服务期限大多有规定，如果在期限内另攀高枝，需要赔偿一定的违约金。而享受政府培训补贴也有规定，培训者必须符合一定的条件，或达到规定的培训效果。

深造途径之五：出国留学

出国留学并非在校生的专用通道，随着就业竞争日趋激烈，以及市场对国际化人才需求的不断看涨，在职人士也可选择留学镀金。从目前的情况看，硕士学位课程和短期语言培训课程，是在职人士出国留学的主要选择。

收益分析：不同国家的留学成本各不相同。热门的英语国家，如美国、英国、澳大利亚等，留学费用较高，每年约需15万—30万元；日本、韩国、新加坡等亚洲国家，以及俄罗斯等新兴留学国家，留学费用相对较低，每年约需约7万—15万元。综合来看，出国留学的投资是最大的。而从收益上分析，随着海归人数的不断激增和企业用人观念的日趋理性，洋文凭的含金量有所降低。当然，留学投资不能单纯用金钱来衡量，在留学过程中培养的国际化思维模式，以及积累的人际关系等，都是一笔宝贵的财富。

（资料来源：中国教育在线，http://zaizhi.eol.cn/qt_xin_wen_5397/20110519/t20110519_618128.shtml，有删减，2011年5月19日。）

思考：通过上述分析介绍，结合自身各方面情况，为自己未来职业生涯设计一种合适的投资方案。

推荐阅读资料

1. 加里·贝克尔. 人力资本. 梁小民译. 北京：北京大学出版社，1989.
2. 雅各布·明塞尔. 人力资本研究. 张凤林，译. 北京：中国经济出版社，2001.
3. 舒尔茨. 人力资本投资——教育和研究的作用. 蒋斌，张蘅译. 北京：北京商务印书馆，1990.

网 上 资 料

1. The Human Capital Blog：http://hcroi.wordpress.com/.
2. *The Global Human Capital Journal*：http://globalhumancapital.org/.
3. 中国人力资源学习网 HRLearner：http://www.hrlearner.cn/.

第 6 章

职业投入

学习目标

职业投入关心工作场所的实际劳动力供给问题。职业投入包括工作时间与加班、出勤与缺勤、团队合作以及工作创新等。通过本章的学习，掌握决定加班的三个基本理论模型；了解加班的影响因素；掌握缺勤的理论框架，了解影响缺勤的个人和群体因素；理解团队如何影响个体的职业投入水平；掌握激励工作创新行为的因素。

引　例

80 后的工作时间观念

美国工作生活政策中心(Center for Work-Life Policy)的一项名为 Bookend Generations 的研究显示，80 后年轻人中，有 89%表示在选择工作单位时，灵活的工作时间是一项重要的考虑因素。另一项针对 80 后员工的研究指出，只要他们能够选择自己的工作时间，他们并不在意长时间工作。正如一位受访的女士所说的：“如果我在部门里业绩最好，他们何必要在意我上班迟到 4 分钟?”他们“希望能根据自己的自然生活节奏以新的不同方式工作，而不是每天 8 个小时、10 个小时或 12 个小时困在办公室里”。而为了吸引 80 后的雇主们，也开始推出新的工作策略，其中花旗集团(Citi)的工作策略项目就是灵活工作时间的一个成功范例。这个项目起初是为了给未来环保、符合成本效益、员工友好的工作场所设计一个模板，不过很快发现它可以给许多对灵活工作安排感兴趣的员工带来好处。在有些情况下，花旗把资源浪费在了无人使用的办公空间上，于是，项目团队建议，在提供新的工作空间安排的同时，通过共享办公室，在卫星办公室临时安排办公，以及安排在家办公等减少公司的办公物业。后来，该项目还包括了兼职时间安排、远程工作、灵活的工作起始结束时间、紧凑时间安排、工作共享等。员工需要提出正式申请，要填写工作计划，描述在新的灵活模式下如何完成工作、对客户和团队队员可能造成什么影响，以及需要应用什么技术来支持新的工作模式，如网络摄像头、即时信息、电话会议等。同时，管理者要接受培训，学习如何领导和监督远程团队。花旗的年度员工调查显示，参加灵活工作安排的员工不仅工作更投入，更愿意留在公司，也更有可能向其他人宣传花旗是一个适宜工作的地方。

（资料来源：根据哈佛商业评论. 80 后的工作梦想. 整理，http://www. ebusinessreview. cn/articledetail - 91783. html，2011 年 10 月 21 日下载。）

案例中所提及的 80 后对工作时间的期望是一个职业投入的问题，他们认为灵活的工作时间能够给他们带来更多收益，如果能够实现工作绩效，那么工作时间的长短和一些考勤方面的问题都可以做灵活的处理。而案例中花旗集团项目的成功就在于，第一，集团采取的灵活工作时间安排迎合了 80 后新一代的劳动者群体的需求；第二，相应的公司制度的安排、管理者管理灵活、员工技能的培训使得该制度能够良好推行；第三，通过制度的安排，实质上能够提高员工的工作满意度，从而使得员工在工作投入中有更出色的表现。而本章职业投入，就是从劳动者入手，探讨影响他们工作时间、加班时间、工作团队中表现以及工作创新行为的发生的因素，使得劳动者能够选择最优的职业投入水平，在职业生涯中获得最大的收益。

6.1 工作时间

工作时间是职业投入中重要的组成部分。这里我们讨论的工作时间不仅包括标准工作时间还包括加班时间。标准工作时间是国家法律所设定的，我国的《劳动法》规定：国家实行劳动者每日工作时间不超过八小时、平均每周工作时间不超过四十四小时的工作制度。加班是在标准工作时间外继续工作的时间，劳动者在加班后获得加班工资作为补偿。这一节我们主要探讨标准工作时间和加班时间的决策模型和影响因素。

6.1.1 工作时间长度

从经济角度来看，我们一直很关注工资率的变化对工作时间的影响，这可以追溯到20世纪30年代。罗宾斯(Robins)指出个体劳动供给行为是替代效应和收入效应联合作用的结果。收入效应是指工资增加后使劳动者感到更加富有,从而减少劳动供给的一种反应行为。当劳动者工资增加时,劳动者除了购买商品消费,还可能想要更多的闲暇时间来享用增加的财富。但是,闲暇时间是一种特殊的商品,只有在减少工作时间时才可能实现。所以,收入效应往往导致工作时间的减少。而替代效应是指工资增加后使劳动者感到闲暇时间比以前更加昂贵,因此增加工资时间的一种反应行为。当工资率上升时,闲暇时间的成本,即工资收入也会上升,这使得闲暇时间的代价更加昂贵,最终导致劳动者反而减少闲暇时间而增加工作时间。而劳动者最终的选择会通过工资率变化所产生的收入效应和替代效应集中反映出来。如果替代效应大于收入效应,工作时间将增加;如果收入效应大于替代效应,工作时间将较少①。

在工资水平较低的环境中,替代效应起主要作用。随着小时工资的上升,劳动者倾向于增加工作时间。在工资水平较高的环境中,收入效应起主要作用,此时,工资的提高使劳动者较为富足,更看重闲暇时间。因而随着小时工资的上升,劳动者倾向于减少工作时间。经济学者将这种个体劳动供给行为随小时工资上升而变动的规律称为向后弯曲的倒C形劳动供给曲线②。

21世纪初,针对低工资水平环境下工作时间工资弹性为负值的经济现象,德斯恩(Dessing)提出了倒S形劳动供给曲线理论③。德斯恩认为,在较低的工资水平下,劳动者必须供给全部的时间用于劳动,因为只有这样才能保证其能够获得维持基本生活需要的收入。可以说,当收入无法维持基本生活时,只存在着收入效应,闲暇成为一种奢侈品;当收入能够维持基本生活水平时,劳动者略微减少市场工作时间以换取闲暇,即随着小时工资的提高,个体市场工作时间将会减少,则会产生斜率为负值的劳动供给曲线;当收入超过维持基本生活的水平后,替代效应将会大于收入效应,即随着工资水平的提高,闲暇的机会成本增加,

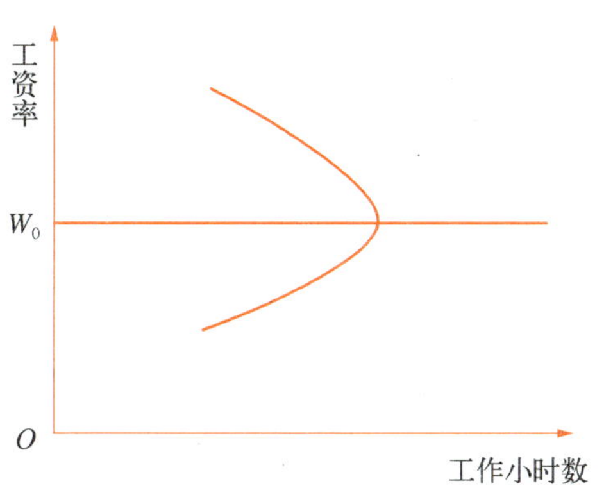

图6-1 倒C形劳动供给曲线

资料来源:Ehrenberg, Ronald G., 2003. *Modern Labor Economics: Theory and Public Policy*, 8th *ed.* Boston: Pearson Education Inc. p. 172。

---

① Robins L., "On the Elasticity of Demand for Income in Terms of Effort." *Economica*, Vol. 29, (Jan., 1930), pp. 123-129.

② Ehrenberg R. Smith, *Modern Labor Economics: Theory and Public Policy*. Pearson Education Company, 2003.

③ M. Dessing, "Labor Supply, the Family and Poverty: the S-shaped Labor Supply Curve." *Journal of Economic Behavior and Organization*, Dec. 2002, pp. 433-458.

劳动供给曲线的斜率为正；当小时工资超过一定水平后，收入效应再次大于替代效应，闲暇的效用大于市场活动带来的效用，劳动供给曲线斜率为负。因此，随着小时工资由低到高，劳动供给曲线呈现出倒S的形态。倒S形劳动供给曲线是发展中国家的普遍规律，而中国学者张世伟利用中国城镇居民的劳动力市场数据也验证了这种S形劳动供给曲线理论在中国是成立的①。

以上我们讨论的是工资率变化的影响，而经济形势对工作时间同样也有重要的影响。经济形势欣欣向荣的时候，对劳动的需求增加，从而导致工作时间的增加。当经济危机来临，劳动需求减少，市场调整的结果使得工作时间也可能减少。2008年金融危机爆发后，中国部分企业就采取了减少工作时间的方法来应对市场变化，减少用工成本。

从制度角度来看，一般每个国家的法律法规中都对工作时间、休假期限做出了规定。在中国，劳动者每日工作时间不超过8小时、平均每周工作时间不超过44小时。当用人单位由于生产经营需要，经与工会和劳动者协商后可以延长工作时间，一般每日不得超过一小时；因特殊原因需要延长工作时间的，在保证劳动者身体健康的条件下延长工作时间每日不得超过三小时，但是每月不得超过三十六小时。另外，用人单位在法定假日期间应当依法安排劳动者休假。这些制度上硬性的规定使得劳动者的工作时间只能在一定范围内波动。

6.1.2 加班

从历史数据来看，工作时间的总趋势是不断减少的，尤其在欧洲国家。但不可否认的是加班仍然是工作时间的重要组成部分。就美国而言，在20世纪70—80年代，大约1/4的雇员每周工作超过40个小时②。2010年美国当前人口调查(CPS)数据表明全美全职工作者每周平均工作时间为42.2小时，已经超过标准工作时间。从表6-1的具体数据来看，每周加班(工作时间超过40小时)的人数达到32 734，所占比例高达24.5%。

在欧洲人的眼中，美国人相比于闲暇更倾向于工作。有人将此归咎于文化的差异，但也有人给出了纯经济的解释：美国的工资分化相对较大，这与美国的激励体制是紧密联系的，即收入与加班的意愿是相关的。到底什么因素能让员工决定加班，什么因素能影响员工的加班决策呢？接下来，我们就从经济学的角度详细地讨论一下加班的问题。

---

① 张世伟，周闯．中国城镇居民劳动供给行为——倒S形劳动供给曲线在中国城镇劳动力市场上的实证检验．财经科学，2009(11)．

② Lee Ohanian, Andrea Raffo, and Richard Rogerson, "Long-Term Changes in Labor Supply and Taxes: Evidence from OECD Countries, 1956-2004." NBER Working Paper, 2006.

表 6－1　2010 年美国工作时间分布表

工作时间(小时/周)	人数(千)	所占比例(%)
1—39	44 792	33.4
40	56 478	42.1
41—48	11 370	8.5
49—59	12 530	9.4
60 及以上	8 834	6.6

资料来源：2010 年美国当前人口调查(CPS)数据，http://www.bls.gov/cps/cpsaat19.pdf，2011 年 12 月 1 日下载。

加班通常被定义为在一段时间内实际工作时间超过必需的最低工作时数。最低工作时数的长短通常是经过法律规定或者工会的集体谈判而达成①。经济学家哈特(Hart)从三种不同角度对加班这个问题进行了探索，主要建立了三个模型：个体加班供给决策模型、企业追求成本最小化模型和企业追求利润最大化模型。

6.1.2.1　个体加班供给的决策模型

我们从劳动供给的角度详细地讨论一个劳动者在一份工作中加班时间的问题。首先，我们假设劳动者面临标准的工作日限制。由于强制的工作时间可能与劳动者个体偏好的时间不能对应，这种潜在地引入了一种时间分配的形式。

在个体加班供给的古典经济学模型中，个体追求效用最大化，但受到预算约束线的限制。效用是消费和闲暇的组合，而预算约束线包括正式工资收入和实际非工资性收入。假设，初始条件下，没有标准的工作时间，也没有加班的现象存在。那么模型中存在单一的小时工资率，此时的预算约束线呈现为图 6－2 中的 $o-a-b$ 曲线，其中，$o-a$ 段表示不工作时的消费，$a-b$ 段的斜率与实际工资相等。图 6－2 中无差异曲线 U_0 表示，在该曲线上的每一点，消费和闲暇的组合能提供给个体的效用是相同的。最佳的消费与闲暇的组合存在于无差异曲线与预算约束线相切的那个点。在图 2 中，p 代表那样一个切点，此时理想的工作时间为 h^*，相对应的效用为 U_2。工作时间能够等价地转化为闲暇时间。

现在，假设行业内的协议导致标准工作时间的建立和实施，要求雇员至少每周工作 h_s 个小时。个体被迫从 p 移动到 c 点，工作 h_s 个小时，$h_s > h^*$。雇员能够接受新的条件是因为与 c 点相对应的效用比完全不工作时的效用 U_0 更大。事实上，接受新条件意味着雇员变成“过度雇佣”(overemployed)，因为他们的最低工作时间超过了效用最大化时的工作时间。

① Robert A. Hart, *The Economics of Overtime*. Cambridge: Cambridge University Press, 2004.

第一步，雇员可能会试图修正自己在模型中所处的位置，希望移动到 p 点，途径便是缺勤。事实上，在闲暇的边际效用不断递减的情况下，$(h_s - h^*)$ 的差值越大，缺勤的倾向就越大。这表明标准工作时间与缺勤之间存在正向相关的关系。

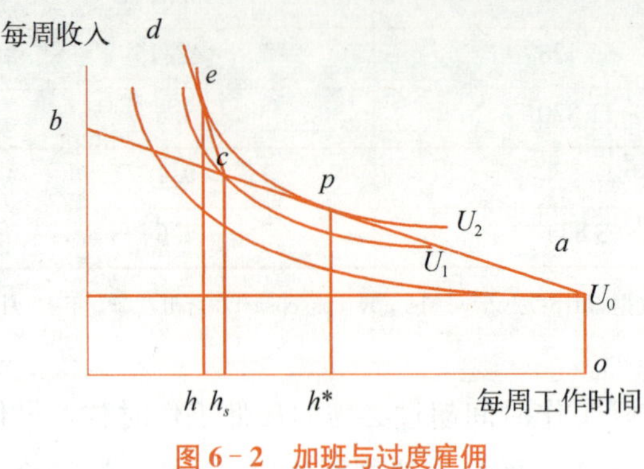

图 6-2　加班与过度雇佣

资料来源：Hart, Robert A., 2004. *The Economics of Overtime*. Cambridge: Cambridge University Press, p. 47。

第二步，假设企业能够扮演好买方垄断的角色，企业为了抵消潜在的缺勤会提供加班工资。这使得预算约束线的斜率增大，如图 6-2 中所示的 $c-d$ 段。此时的斜率代表加班工资，切点 e 表示对均衡工作时间的回报，效用值重新回到 U_2。

当然，这种分析有些片面。即使企业希望扩大劳动投入，它仍然会思考支付加班工资给过度雇用员工与雇用新员工的相对成本。但是，至少，如果其他条件不变，引入加班时间可能仍然是处理过度雇员的最具利润的方式。给付加班工资会导致更大的替代效用而不是收入效用，因为它仅仅局限于边际工作时间。

另一种劳动供给的情形是如图 6-3 所描述的那样。最初，没有加班时，在给定的工资率下，雇员不受约束在 p 点达到均衡并提供 h^* 小时的工作。假设，政府制定了标准工作时间为 h_s 的规定，也规定了最低加班工资。如果企业顺应雇员的偏好，图 6-3 中的雇员将会受益于政府的规定，因为 $h > h_s$，平均小时工资将会上涨。根据上述假设，雇员将会从 p 点移动到 q 点，$(h - h_s)$ 个小时的加班将会以加班工资的形式得到补偿。但企业可能并不愿意支付高额的补偿。事实上，在更高的平均小时工资率时劳动供给会减少。如果企业不遵从外生的强制规定而拒绝支付加班工资，它就必须在 c 点为雇员提供 h_s 个小时的工作。此时，雇员将会变为“非充分雇用”，即实际工作时间比理想工作时间要少。与这种约束相联系的代价可能是低沉的员工士气和搜寻其他工作的强度。政府对这样的效应并不完全持否定态度。如果图 6-3 描述了标准工作时间实施后雇员的典型反应，那么提供给企业的劳动时间就会减少。政府可能认为，就总福利而言，雇员非充分雇员的内部成本可能会被创造出的新工作的外部福利所抵消。

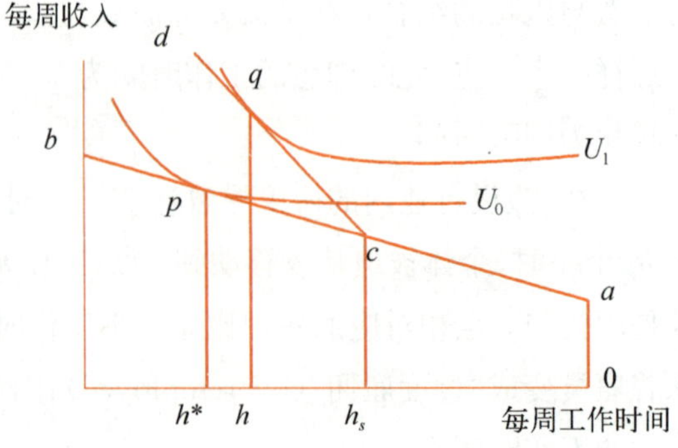

图 6-3　加班与非充分雇佣

资料来源：Hart, Robert A., 2004. *The Economics of Overtime*. Cambridge: Cambridge University Press, p. 49。

在图 6－3 中，既定标准工资率下，雇员最大的效用在 p 点达到，但是由于外生的规定使企业面临的劳动投入边际成本更高，雇员无法获得最佳效用。假设，企业也偏好与 p 点的工资和时间的组合。换言之，当事人双方都对 p 点对应的 h^* 工作小时和工资收入感到满意。双方能否通过协商达成一致来有效地解决“次最佳”的问题呢？答案是，他们能够做到，前提是他们愿意并且能够对标准工资达成一致。

正如图 6－4 所示，他们能协商一致，降低工资使工作时间上升到 h_s。标准预算约束线的 $a-c$ 段和 $a-b$ 段斜率的比值恰好能充分地抵消加班预算约束线更陡峭的斜率，因此 h^* 小时能以相同成本获得。而在 p 点，雇员又一次处于非充分雇员的状态，因为 q 将会变成偏好的效用最大化点，这样看来，这种解决方法并不完善。

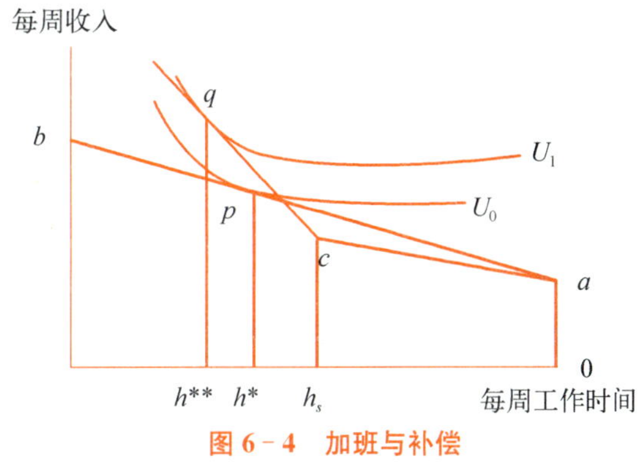

图 6－4 加班与补偿

资料来源：Hart，Robert A.，2004，*The Economics of Overtime*. Cambridge：Cambridge University Press，p. 49。

当然，这种分析并不仅仅与政府强制的加班规定有关。由于生产和组织方面的约束，企业自身可能需要雇员的加班时间比效应最大化时的加班时间更长。然后企业可能会通过标准工资的适当增长来补偿雇员①。

6.1.2.2 企业追求成本最小化模型

对于加班问题，忽略需求约束对加班决策的影响是脱离现实的。经济学家已经从劳动需求的角度出发，在理论、实证和政策方面建立了一系列重要的基本思想和见解。本小节旨在抓住核心的需求问题，并尽可能以最简单的模型框架呈现给大家。而有一点必须强调，以下所有的分析都建立在一个简化的假设上，即在均衡点时，企业需要员工加班。

假设企业面临既定的技术产出水平和资本流动水平。产出函数能会转化成由劳动投入表达的函数。以 N 表示同质员工的数目；h 表示每个雇员在每时间段内平均工作时间，则

$$L = F(N, h) \tag{6.1}$$

伊兰伯格(Ehrenberg)认为均衡工作时间可以不随规模而变化。伊兰伯格设计了一类可分离的劳动投入函数去满足规模不变性的性质②。这可以被表达为：

$$L = AN^{\alpha}g(h) \tag{6.2}$$

式中：$0 \leqslant \alpha \leqslant 1$；$g(0)=0$；$g'(h)>0$ 且 $g''(h)<0$。

① Robert A. Hart，*The Economics of Overtime*. Cambridge：Cambridge University Press，2004.

② Ehrenberg，Ronald G.，*Fringe Benefits and Overtime Behavior*. Lexington，MA：D.C. Health，1971.

t 是标准工作时间，如果 h 小于 t，则 $g(0)=0$，如果 h 大于 t，则

$$g(h)=(h-t)^{\beta} \tag{6.3}$$

当 h 增加时，L 会以递减的速度增加，L 和 N 是正向相关的。尽管上式在描述 N 和 h 对劳动投入的效应时做了简化，但它在呈现产出过程上仍具有可信度。

标准工作时间 hs 被视为外生变量。为了简便，同质的雇员每周的加班时间相同。企业的总成本 C 如下

$$C=cN=\{w[h_s+k(h-h_s)]+z\}N \quad h>h_s \tag{6.4}$$

c 是每个员工的成本之和；w 是标准工资；k 是加班工资；z 是固定成本。产出是既定的，则劳动投入 $L=\bar{L}$。企业的成本最小化目标可以被表达为

$$\min_{h,\ N} C=cN \tag{6.5}$$

受制于 $F(h,\ N)=\bar{L}$

借助黑森矩阵等数学工具最终得到

$$h=\frac{\beta z+atwk-\beta wh_s(k-1)}{wk(\alpha-\beta)} \tag{6.6}$$

现在我们能检验在加班决策分析中占重要地位的两种结果了。

第一，由黑森矩阵的二阶条件可以得到

$$\frac{\alpha}{\beta}=-\frac{\beta(z+wh_s)}{wk^2(\alpha-\beta)}<0 \tag{6.7}$$

或者说是加班工资的上升会减少平均工作时间。结合生产约束，得出 $\partial N/\partial k>0$。加班工资 K 的上升对使得加班和雇用新员工的边际成本都增大。

第二，

$$\frac{\partial h}{\partial h_s}=-\frac{\beta(k-1)}{k(\alpha-\beta)}<0 \tag{6.8}$$

即下降的标准工作时间与总工作时间的上升有关。自然 $\partial N/\partial h_s>0$ 。当单一加班工资应用于所有加班时间时，标准工作时间的减少对集约边际成本没有影响，但是会增加广延边际成本，这是因为虽然新员工投入时间比例低，他们得到的标准工资率也低。值得一提的是，

$$\frac{\partial h}{\partial z}=-\frac{\beta}{wk(\alpha-\beta)}>0 \tag{6.9}$$

这表明 $\partial N/\partial z<0$ 。劳动力的固定成本增加会导致企业用新员工替代加班①。

---

① Robert A. Hart, *The Economics of Overtime*, Cambridge: Cambridge University Press, 2004.

6.1.2.3 企业追求利润最大化模型

加班时间为多少才是最优的呢？对于员工来说，自然是闲暇的边际效用等于工资的边际效用时达到最优。但每个员工的效用函数并非一样，公司不可能对每个员工都计算出这样的最佳点。而对公司来说，最重要的目的之一就是达到自己的利润最大化，找到利润最大化的点是关键。

为了研究方便，我们将员工每个月内每天的工作时间加总起来，使公司的成本函数和收益函数是关于连续变量 t 的函数，t 为工作时间。同时我们也假设除 t 外的因素，其他影响成本和收益的因素在我们的一个研究周期内（一个月内）都保持不变。这样进一步假设公司的成本函数为 $g(t)$，收益函数为 $f(t)$。

$f(t)$在一段时间后（即 t 大于某一值后）边际递减。这一点很容易理解。如果我们在一个月内取 $t=720$ 时，即整个月都在工作，那么员工的效率一定非常低，抵触情绪渐涨，进而公司的边际效益肯定递减。

同时，我们认为 $g(t)$ 在一段时间后（即 t 大于某一值后）边际递增。可以想象，如果公司要求员工加班时间越长，支付的加班工资就越多，员工的福利要求也必然越高，最终都会转化为成本增加。

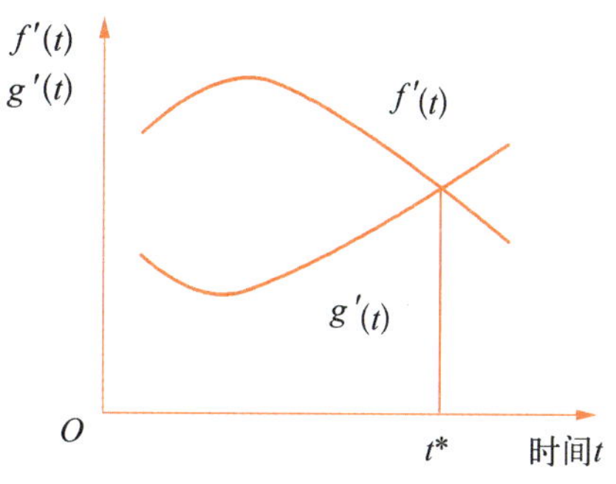

图 6-5 公司成本函数

资料来源：武晓玲，王海东. 关于企业员工加班现象的模型分析. 山西财经大学学报. 2004(8)：88

由图 6-5 可知，在 t^* 处，$f(t)=\dfrac{\partial f(t)}{t}=g'(t)=\dfrac{\partial g(t)}{t}$ 企业达到利润最优点。当 $t<t^*$ 时，企业还可以通过增加 t 来增加收益，但是当 $t>t^*$ 时，单位时间 t 带来的收益小于单位时间内的成本，此时加班是不经济的。若每月按 4 周计算，每周标准工作时间为 40 小时，则每月工作时间为 160 小时。下面对几种具体情况进行具体分析。

当 $t^*<160$ 时，由于企业一般不可能每天安排小于 8 小时的工作，因此应该改变其他的参数（如扩大生产，充分利用现有的资源等），这样，就可以使 $f'(t)$递减的速度放慢，同时 $g'(t)$递增的速度也放慢。这样，就增大了 t^* 的值，使公司在每月工作时间达到 160 小时的时候也是经济的。

当 $t^*=160$ 时，恰好达到利润最大化，则无须做任何变动。但这种情况的可能性非常小，但在实践中条件接近时，我们可以近似地这么认为。

当 $t^*>160$ 时，企业需要将每个月内的加班时间控制在（t^*-160）的范围内，否则就是不经济的。

当然，随着企业的发展、经济周期及季节的变化，无论是成本函数还是收益函数本身都不是一成不变的，我们需要对其进行调整。而且不同企业的不同部门有不同的加班性质和目的，比如销售人员在下班后常常需要和客户沟通，而研发人员往往在项目赶进度时需要加班，因此成本函数和收益函数的具体形式都会有所不同①。

6.1.2.4 影响加班的因素

在关于加班的实证研究中，工会一直是颇受关注的焦点。从20世纪70年代开始，学者开始研究工会对于工作时间的影响。伊兰伯格(Ehrenberg)发现有工会组织的企业比没有工会的企业加班时间要少②。史蒂夫(Stephen J. Trejo)利用当前人口调查数据表明工会化增加了加班工资的普遍性，并减少了加班时间的频率和长度。对于一个典型的员工来说，工会减少了4%的加班可能性。即使加班，工会成员的加班时间也相对较短③。

在工会的影响之外，处于不同行业和职业的劳动者所承受的加班时间也有所差异(见表6-2)。加班情况普遍的行业和职业一般都是竞争激烈、迅速变化的，劳动者需要用更多的时间去处理不可预测的事情和面对不断变化的工作环境。艾米等(Amy S. Wharton *et al.*)指出，近年来管理者和专业人士(尤其是在金融行业)工作时间不断增加，其中一小部分劳动者每周工作超过50小时。这部分是由于工作本身的特征，例如生产率难以测量，因而工作时间成为衡量工作产出的一种代理变量④。金融行业面临着全球化带来的巨大竞争压力，工作保障性不断下降，相比过于以年资作为报酬和晋升的基础，如今更强调个人的绩效。这些压力迫使劳动者选择加班⑤。

表6-2 2010年各行业加班时间表

行 业	每日平均工作时间(小时)	每日平均加班时间(小时)
管理，商业和金融	8.41	0.41
服务业	7.1	/
销售及相关	7.44	/
行政	7.44	/
农、林、渔业	6.1	/
建筑业	8.16	0.61

---

① 武晓玲，王海东. 关于企业员工加班现象的模型分析. 山西财经大学学报. 2004，8：86—89.

② Ehrenberg, Ronald G., *Fringe Benefits and Overtime Behavior*. Lexington, MA: D. C. Health, 1971.

③ Trejo, Stephen J., "Pay, Overtime Hours, and Labor Unions." *Journal of Labor Economics*, Vol. 11, No. 2 (Apr., 1993), pp. 253-278.

④ Amy S. Wharton, Mary Blare-Loy, "The 'Overtime Culture' in a Global Corporation." *Work and Occupation*, Vol. 29, No. 1 (Feb., 2002), pp. 32-63.

⑤ Frenkel, S. J., Korczynski, M., Shire, K. A., Tam, M., *On the Front Line: Organization of Work in the Information Economy*. Ithaca, NY: ILR Press, 1999.

（续表）

行　　业	每日平均工作时间(小时)	每日平均加班时间(小时)
安装、维修	8.13	0.13
制造业	8.44	0.44
运输业	8.51	0.51

资料来源：美国劳动统计局，http://www.bls.gov/news.release/atus.t05.htm，2011年12月1日下载。

6.2　缺勤

2006年美国全国性调查表明33%的组织认为缺勤是个严重的问题①。近年来，学者还对缺勤的成本进行测算，其中安德森(Arthur Anderson)估计缺勤对英国工业的损失在每年60亿左右②。从以上这些数据，我们可以发现缺勤带来的负面影响有多大，这也是缺勤为什么受到极大关注的原因。根据柴维克-琼斯(Chadwick-Jones)提出的观点，我们对缺勤的类型作出了区分：一种被称为非自愿缺勤，即个体由于病假等非主观因素不能出勤；另一种被称为自愿缺勤，即个体缺乏足够的动力出勤。通过我们观察到的缺勤是能力和动力交互作用的结果③。

6.2.1　缺勤模型

对于缺勤，早期的研究基本集中于应用心理学的领域。自20世纪70年代以来，经济学家开始对缺勤产生兴趣，大量的研究从经济学的视角分析缺勤的决定因素和缺勤在劳动力市场中的影响。前面我们提到，缺勤分为两种类型：一是非自愿缺勤；二是自愿缺勤。由于非自愿缺勤的背后存在各种不能抗拒的因素，因而，我们的讨论主要集中在自愿缺勤。本小节将为大家介绍两种解释自愿缺勤行为的理论模型。

第一种理论解释建立在传统的工作—闲暇模型的框架下。事实上，从工作-闲暇的视角出发，该理论作出了潜在假设，即劳动力市场不完全。如果市场是完全的，即时合同(spot-contract)将会被采用，此时将会达到最佳的工作-闲暇均衡：雇员希望在任何一天享受闲暇，就可以不与雇主在那一天签订合同。但在现实中，不管是为了防止

---

① Trevor, C. O. "Unscheduled Absences Rising at U. S. Workplaces." CCH Human Resources Management Ideas & Trends, http://hr.cch.com/news/hrm/102506a.asp, 2006.

② Sarah Brown and John G. Sessions, "the Economics of Absence: Theory and Evidence." *Journal of Economic Surveys*, Vol. 10, No. 1(Jan., 1996), pp. 23-31.

③ Chadwick-Jones, J. K., Brown, C. A., Nicholson, N. and Sheppard, C. "Absence Measures: Their Reliability and Stability in an Industrial Setting." *Personnel Psychology*. Vol. 24, No. 3 (Sep., 1971), pp. 463-470.

生产瓶颈，有效率地利用资本还是仅仅为了在一定时间内完成产品需求，成本最小化可能会使雇主倾向于让雇员在特定时间里在工作场所完成工作。由于这些原因，典型的雇用合同明确了一系列标准工作时间，这规定的时间内员工应当出现在工作场所。如果这些标准工作时间超过了员工偏好的时间，从缺勤中获得的潜在效用就会存在。当然，缺勤也会产生成本，比如放弃一部分工资。

模型作出了下列推论：(1) 工资的上涨对缺勤率的影响是不明确的。如果缺勤与闲暇类似，是正常商品，那么随着工资提高，缺勤会因为收入效应增多而不是因为替代效应减少。(2) 考虑到闲暇的边际效用不断减小，标准工作时间的增多将会导致缺勤增多。(3) 非劳动性收入的增加也会使缺勤增加，这是因为非劳动性收入仅仅产生收入效应。(4) 缺勤的货币性惩罚增加会减少缺勤，这些惩罚中包括带薪病假的减少等①。

第二种理论解释源于工作纪律模型。通常由于数据的限制，很多关于缺勤的研究都只能测量综合的非计划性缺勤，而不能区分自愿和非自愿缺勤。而工作纪律模型能够面对这种不可分离性，并且对自愿缺勤作出另一种解释。

工作纪律模型假设，生产性行为对雇员来说是需要付出成本的(例如雇员的努力)，但是另一方面，雇主也需要付出成本去监管。所以，企业通常采用不完全监管，同时以解雇为威胁来处理不合标准的员工行为。只有当监管是与失业的正向成本相结合时，雇员才会作出积极的反应。这种模型非常适用于缺勤问题，尤其是作出以下两个假设时：假定大多数雇员更倾向于闲暇而不是工作，并且不愿意每天都出勤；假设雇主很难区分自愿缺勤和非自愿缺勤。工作纪律模型表明雇主对过分的缺勤行为作出解雇的威胁，而雇员会在解雇的可能性与闲暇时间的收益之间衡量，然后作出决策发生多少资源缺勤。更确切地说，雇员计算了预期中解雇带来的效用损失，这种损失会随着工资的增加而增加，随着非劳动性收入的增加而减少，随着工作条件的恶化而减少，随着企业特殊人力资本投资的增加而增加，随着预期失业周期的增长而增加。但对于雇主而言，严格的解雇政策虽然会减少缺勤，但是也会增加培训和填补岗位的成本。

工作纪律模型对于缺勤作出了以下推论：(1) 当工作上升或者工作条件改进时，缺勤会减少。(2) 当非劳动收入上升时，缺勤会增加。(3) 当其他可选择的雇用机会变好时，缺勤将会增加。因为企业特殊人力资本投资使得解雇成本对雇主和雇员都有所增加，我们不能推论终生职位对缺勤的影响。

从工作-闲暇框架和从工作纪律模型中得出的推论在某些方面是较为相似的。但是，有一点不同的是工作纪律模型对于工资效应作出了强有力的推论，而工作闲暇模型却做不到这一点。同时，工作纪律模型推测出可预期的失业周期的效应，但劳动闲

---

① Robert Drago and Mark Wooden, "The Determinants of Labor Absence: Economic Factors and Workgroup Norms across Countries." *Industrial and Labor Relations Review*, Vol. 45, No. 4 (Jul., 1992), pp. 764 - 778.

暇模型没有。另外,按照工作纪律模型推断,晋升的前景会有利于减少缺勤,但是以劳动-闲暇模型的逻辑就会得出相反的结论,这是因为晋升前景提升了可预测的资产,这样就创造了纯粹的收入效应。

如果我们结合劳动-闲暇模型考虑雇员的搜寻行为,这些明显的分歧就会消失。假设一些缺勤是搜寻活动的副产品,雇员从工作中挤出时间去寻找可替代的新工作。这样一来就可以推出以下两点:可预期的失业周期会对雇员对搜寻成功的预期产生负面影响;更高的工资将会减少雇员在其他地方找到同等或更好工作的可能性。这样的关系使我们不用求助于工作纪律模型就能解释为什么工资和预期失业周期会负向影响缺勤。更重要的是,劳动-闲暇模型和工作纪律模型之间就不会存在根本的理论矛盾,因为前者强调缺勤在当前的收入效应,而后者强调缺勤在未来的收入效应①。

6.2.2 缺勤的影响因素

缺勤的影响因素可以从个体层面和群体层面这两个角度去分析。个体层面的因素包括年龄、性别和职业类型;群体层面主要包括公平感和满意度。

早期的大量研究发现不同的人口学变量会使得缺勤率可以被预测。首先我们来看年龄对缺勤的影响。实证研究中,年龄一般与缺勤呈负向相关。伊然(Ian R. Gellatly)曾用加拿大医院雇员的样本数据研究了年龄和缺勤之间的关系,结果表明年龄与缺勤的频率反向相关②。史蒂文(Steven G. Allen)用美国雇佣质量调查(QEMP)数据作为样本,得出55岁以上的雇员缺勤率比较低的结论③。

年龄之所以与缺勤负向相关,一方面是因为年轻雇员放弃闲暇的机会成本更大;另一方面也是因为年轻雇员流动性较大,所以他们相比于年老的雇员对企业和工作团队的忠诚度更小。但年龄与缺勤的关系并不是线性的,而是呈现为二次方程式。因为虽然缺勤总体上是随着年龄增长而减少,但是年纪过大的雇员更容易受到身体欠佳的侵扰,所以我们会看到在年龄分布的末端缺勤水平呈上升趋势。

性别也是个体层面的关键影响因素之一。有大量研究也表明女性的缺勤行为要高于男性。女性缺勤更多可能是因为他们对家庭的需求更为敏感。我们很容易理解,女性雇员有不能独立的子女就更容易缺勤,因为子女的身体状况将限制母亲出勤的可能性。

---

① Robert Drago and Mark Wooden, "The Determinants of Labor Absence: Economic Factors and Workgroup Norms across Countries." *Industrial and Labor Relations Review*, Vol. 45, No. 4 (Jul., 1992), pp. 764-778.

② Ian R. Gellatly, "Individual and Group Determinants of Employee Absenteeism: Test of a Causal Model." *Journal of Organizational Behavior*, Vol. 16, No. 5 (Sep., 1995), pp. 469-485.

③ Steven G. Allen, "An Empirical Model of Work Attendance." *The Review of Economics and Statistics*, Vol. 63, No. 1 (Feb., 1981), pp. 77-87.

同时,男性与女性的生理差别也导致在大多数国家女性因病缺勤的频率要高于男性。伊池诺等人(Andrea Ichino *et al.*)用意大利大型银行的员工数据表明:相比于男性,女性由于身体原因导致的缺勤在上一次因病缺勤后的28天时会增加,而这种差别在45岁以上的员工中消失①。他们认为这正是生理周期增加女性缺勤的证据,28天的周期恰好解释了男女缺勤的显著差异。

除了年龄和性别,个体从事的职业类型以及在会带来缺勤行为的差异。白领工作者比蓝领工作者更少缺勤。对此,我们可以给出两种解释:白领工作者更少在工作中出现严重的伤害;他们可以更灵活地参与非工作的活动而无须缺勤。

除了个体特征会对缺勤率有所影响外,员工在群体中工作,也会受到群体性因素的影响。在其中,受到普遍认可的是员工的公平感。在伊然看来,当雇员认为他们的上司是公平、可信任时,缺勤的频率较少;如果雇员认为他们的上司有所偏袒时,缺勤的频率较高②。亚当斯(Adams)认为当员工感到自己受到不公平待遇时,常见的反应之一便是减少劳动投入,包括减少出勤,降低努力水平③。而公平感一般与两点有关,分配公平和程序公平。前者体现为雇员的收入或奖励与他们对企业的贡献相一致,后者体现为分配的形式和程序是公平的。在实证研究中,公平感和缺勤率是负向相关的,即当雇员感到企业在安排加班日程、支付加班工资等方面是公平的,他们的缺勤行为就会减少。在对家族企业中属家庭成员的雇员进行研究也发现,较之私营部门的雇员,其缺勤行为以及缺勤时间都有所降低,这是因为他们的个人收入与公司的盈利息息相关④。

另外,需要强调的是,虽然满意度一直是众多实证研究中学者们青睐的解释因素,但几乎没有强有力的研究能够证明满意度对于缺勤有所影响。大量学者的研究都表明满意度对缺勤充其量只有极其微弱的负向关系⑤。例如,学者对马来西亚一个电信公司的员工划分为两组:一组是参加健康项目,另一组是不参加健康项目,进行调查,发现参加健康项目的员工其工作满意度高于不参加健康项目的员工,而且前者的缺勤率低于后者⑥。

---

① Andrea Ichino and Enrico Moretti, "Biological Gender Differences, Absenteeism and the Earning Gap." NBER working paper, 2006.

② Ian R. Gellatly, "Individual and Group Determinants of Employee Absenteeism: Test of a Causal Model." *Journal of Organizational Behavior*, Vol. 16, No. 5 (Sep., 1995), pp. 469 - 485.

③ Adams, J. S., "Inequity in social exchange." In: Berkowitz, L. (Ed.) *Advances in Experimental Psychology*, Vol. 2, Academic Press, San Diego, CA, pp. 267 - 299, 1965.

④ Jörn Block, Laszlo Goerke, José María Millán and Concepción Román, "Family Employees and Absenteeism." *Economics Letter*, 2014, 123, pp. 94 - 99.

⑤ Ian R. Gellatly, "Individual and Group Determinants of Employee Absenteeism: Test of a Causal Model." *Journal of Organizational Behavior*, Vol. 16, No. 5 (Sep., 1995), pp. 469 - 485.

⑥ Dayang Nailul Munna Abg Abdullah and Oon Yin Lee, "Effects of Wellness Programs on Job Satisfaction, Stress and Absenteeism between Two Groups of Employees (Attended and Not Attended)." *Procedia — Social and Behavioral Sciences*, 2012, 65, pp. 479 - 484.

6.3 工作团队

20 世纪 80 年代，当丰田、通用等公司将工作团队引入到它们的生产过程中时，曾引起轰动和许多争议，而发展到今天，不使用工作团队的公司已经少之又少。工作团队是由一些为了实现一个目标而相互依赖的个体组合成为的正式群体，根据这一概念，工作团队的要素常常被概括为 5P，即目标（purpose）、人（people）、定位（place）、权限（power）和计划（plan）。现代公司里面存在形形色色的工作团队，例如招聘团队、营销团队。工作团队的使用提高了个体的专业化分工程度，并在工作中形成优势互补，提高了生产效率。本节重点介绍影响个体在团队中投入水平的影响因素，包括团队激励机制、团队规范，并探讨了我们所熟知的搭便车效应。此外，本节还介绍了个体选择工作团队能够获得的收益。

6.3.1 团队激励机制

现代组织通常都会在个体激励的基础上，增加团队激励，从而激发个体的合作倾向，使个体在工作中与团队的其他成员形成良好互动，为团队整体目标的实现贡献自己的力量。爱德华·拉齐尔（Lazear, Edward P.）教授在他的人事管理经济学中指出，主要的团队激励方式有三种：团队奖金；利润分享；股票及股票期权①。不同的团队激励方式，对团队中个体的投入水平也会产生不同的影响。

团队激励方式的选择与工作团队完成的任务性质有关，拉齐尔教授指出，对于团队产量能够准确衡量且项目是短期的工作团队，适合选择团队奖金的激励机制。团队奖金即在团队完成某一特定工作时，会获得组织奖励的一笔奖金，这笔奖金根据一定的规则在团队成员间进行分配。根据通行的公司实践，奖金在团队成员间的分配通常依据个体的职位评分和绩效考核成绩。因此，个体的报酬可以表示为以下方程：

$$W = b(\text{基本薪酬}) + r(\text{团队绩效、职位评分、绩效考核})$$

（r 是团队绩效、职位评分和绩效考核的增函数）

式中：b 表示个体在组织中的基本薪酬，一般依据个体职位和技能水平的不同而有所不同；r 表示团队奖金中个体能够获得的部分，它一方面取决于整个团队产出的大小，另一方面取决于特定个体的职位评分和绩效考核结果。个体在团队中的投入水平会影响团队的整体绩效水平，团队中每个个体的边际投入总和带来团队总体绩效的边际

① ［美］爱德华·拉齐尔．人事管理经济学．第 1 版．刘昕，译．北京：生活·读书·新知三联书店，北京大学出版社，2000：310—318.

产出，这一产出转化成为团队奖金的边际增量，使得个体报酬的 r 函数部分增大，与此同时，个体投入越多，个体绩效水平也会倾向于更高。但因为个体获得的团队奖金与职位评分挂钩，职位评分较低的个体的边际投入带来的边际回报小于职位评分高的个体，因此，这部分个体相比职位评分高的个体会有降低投入水平的激励。

利润分享也是团队激励的一种重要形式，即公司取年度利润的一定比例来与员工分享。典型的利润分享计划是公司将待分享的利润根据员工基本薪酬的相对比例进行分配，即 r(个体所得利润) $= p$(待分配的总利润) $\times g$(员工基本薪酬／员工总薪酬)，因此根据这一团队激励机制，员工所得的个体报酬可以表示为以下方程：

$$W = b(\text{基本薪酬}) + r(\text{个体所得利润})(r\ \text{是基本薪酬的增函数})$$

通常，基本薪酬比较高的员工，更能够从利润分享计划中获利，因此在工作团队中倾向于有更多的投入。但大部分实证研究表明，这种利润分享计划由于多在整个公司层面开展，进行利润分享的群体通常很大，搭便车效应就会出现，因此员工能够感受到的激励作用是有限的。路易斯·戈麦斯希亚(Luis R. Gomez-mejia)和戴维·巴尔金(David B. Balkin)在其对研发(R&D)团队激励调查所做的研究中发现，研发人员很难感知到利润分享计划的激励作用①。因此，利润分享计划更多地被看作风险分担的一种方式，公司经营状况良好，股东与员工分享收益，而经营状况不佳，股东与员工都会受到损失，从而能够平滑经济周期给公司带来的冲击。此外，利润分享计划也会给员工带来更多的同伴压力和互相监督，影响员工对团队的信任感和工作满意度，从而减少员工在团队中的投入程度。约翰·海伍德(John S. Heywood)、乌韦(Uwe Jirjahn)和格奥尔基(Georgi Tsertsvadze)在其研究中指出，在一个存在监督者的团队中，利润分享计划将会增加这种同伴压力和监督，降低合作性，降低员工对团队工作的投入程度②。

前两种团队激励机制更多地面向组织内的普通员工，而股票及股票期权的激励机制则多应用于公司团队中的高级管理人员，他们对企业利润的贡献往往难以观察到，因此会将股票及股票期权作为团队报酬激励的一部分，发给高级管理人员。管理者拥有公司股票及股票期权后，就不仅会关心自己的行为如何影响自身的绩效，而且会关心整个公司的总产出，并考虑企业的长期营利性问题，从而在团队和企业经营上面投入更多。这种团队激励措施在上市公司中非常普遍，一种是给予高级管理者一定的股份，使其拥有对团队剩余的索取权；另一种是给予管理者期权。期权的激励又进一步分为两种方式，买进期权和抛出期权，前者促使管理者提高企业盈利能力，从而增大期

① Luis R. Gomez-mejia and David B. Balkin, "Effectiveness of Individual and Aggregate Compensation Strategies." [J], *Industrial Relations*, Vol. 28, No. 3, 1989.

② John S. Heywood, Uwe Jirjahn and Georgi Tsertsvadze, "Getting along with Colleagues — Does Profit Sharing Help or Hurt?" *KYKLOS*, Vol. 58 - 2005 - No. 4, pp. 557 - 573.

权价值，后者则是将管理者的基本薪酬提到高于市场水平之上，交换条件是管理者处于抛出期权的空头方，这时，管理者就要防止企业股票下跌，避免遭受损失。股票期权的激励方式，能够提高管理人员的有效投入，激励其更多地采取与股东价值一致的行为。

6.3.2 团队规范

除了团队的报酬机制会直接影响个体在工作团队中的投入水平外，团队规范作为个体工作环境的重要方面，也会影响团队成员的行为，进而影响个体在团队工作中的投入程度和个体绩效①。西蒙·泰格（Simon Taggar）和罗伯特·埃利斯（Robert Ellis）提出，团队规范是团队的习惯做法或者被团体内绝大多数人所坚持的价值观，团队领导者和团队成员对工作团队的期望对团队规范的形成都有显著影响②。团队规范的存在有利于扫除团队成员之间的交流与合作障碍，构建团队成员彼此间的信任，增强凝聚力，从而创造出高团队绩效。

恰尔蒂尼等（Cialdini *et al.*）在研究中指出，团队规范可分为两种，一种为描述性规范，人们往往通过观察团队中他人的行为了解到描述性规范；另一种为命令性规范，是关于什么行为在道义上被支持或不支持的准则或信仰，并且通过奖惩来影响成员行为③。其中，描述性规范更多的是依靠企业文化去塑造，是一种软性的规范，而命令性规范则通过强制性的奖罚制度来实施，是一种显性的团队规范。例如，团队希望每名成员都能够在团队讨论中保持平等的地位，并且畅所欲言，这就是一种描述性规范，而团队规定周五下班前需要预留1个小时做每周的工作总结，如果有人违反就要提出批评或者扣一部分奖金，则属于命令性规范的范畴。个体受到团队规范的影响，会在工作团队上有更多的投入，因为个体打破团队规范需要付出成本。拉齐尔教授指出，个体在团队中的投入水平，取决于打破团队规范所受到的惩罚的力度，通常打破团队规范所需要付出的成本越高，个体就会倾向于在工作团队中有更高的投入水平。对于描述性规范的打破，个体会感受到与其他成员的不融洽，从而承受一定的心理成本；而对于命令性规范的打破，个体在承受心理成本的同时，还可能需要承担货币性损失。总之，团队规范对个体在工作团队中投入水平的影响可以用以下函数来表示：

$$F(\text{个体投入水平}) = g(\text{打破团队规范的成本})\quad(F\text{ 是 }g\text{ 的增函数})$$

---

① Gibbons D. E., Weingart L. R. "Can I do it? Will I try? Personal Efficacy, Assigned Goals, and Performance Norms as Motivators of Individual Performance". *Journal of Applied Social Psychology*, 2001, 31(3): pp. 624 - 648.

② Simon Taggar, Robert Ellis, "The role of leaders in shaping formal team norms." *The Leadership Quarterly* 18 (2007). pp. 105 - 120.

③ Cialdini *et al.*, Reno R. R., Kallgren C. A., "A Focus Theory of Normative Conduct: Recycling the Concept of Norms to Reduce Littering in Public Places". *Management and Organization Review*, 2005, 1(2).

6.3.3 搭便车效应

搭便车效应一直是工作团队研究中被高度关注的话题。阿尔钦(Alchian)和德姆塞茨(Demsetz)在其1972年的研究中第一次深刻总结了团队生产的特征，即一个成员的行为依赖并影响其他成员的生产力，团队总产出易于观测而单个成员的工作绩效却难以度量，正是基于这点而存在不付出努力就能够享受团队成果的机会①。尤金·坎德尔(Eugene Kandel)和爱德华·拉齐尔(Edward P. Lazear)则进一步建立模型，从经济学的视角阐述了搭便车效应是如何降低了团队成员对工作的投入水平②。他们假设由N个相似个体组成的团队总产出为$f(e)$，e取决于每名成员的努力水平，而团队成员因为付出努力会承担$c(e_i)$的成本(e_i为某一个体的努力水平)，因此个体从工作团队中获得的效用为$\frac{f(e)}{n}-c(e_i)$，从该方程中可以看出团队中每一名成员的边际产出都会由整个团队来分享，而边际成本则完全由个体承担，正是因为这种外部性(externality)的存在，团队成员缺乏投入有效努力的激励，即成员存在机会主义倾向，成为搭便车者。

搭便车机会的存在，会大大降低个体在工作团队中的投入水平。因此，团队会采取措施来抑制搭便车效应，提高团队运作效率。通常的做法包括两种：一种是引入绩效监督；另一种是通过同事压力来削弱搭便车效应。绩效监督的引入使得个体的绩效在一定程度上能够得到测量或观察，在出现个体由于投入水平不足而导致的绩效下滑现象时，个体的报酬就会受损，这种情况下，个体虽然可能享有搭便车的收益，但也承担着被发现可能带来的成本，从而抑制个体采取搭便车行为，提高其在工作团队中的投入水平。例如绩效监督的一种方式是对团队中最高绩效者进行奖励，结果发现，这一制度的引入使得团队整体的努力水平高于没有这一制度的团队努力程度(Bernd Irlenbusch, Gabriele K. Ruchala, 2006)③。但这种绩效监督需要企业付出成本，而且监督者可能渎职或被贿赂，因此，还有一种方法被广泛应用，即利用同事压力来削弱搭便车效应。尤金·坎德尔和爱德华·拉齐尔的研究指出，当满足团队中个体的收入受到其他成员努力水平的影响，并且个体的努力程度决策能够被他人影响的情况下，团队中就会形成同事压力，同事压力是个体为了提高个人的收入水平，而传递给其他成员，让其努力工作的一种压力，同事压力的存在会提高个体在团队中的投入水平。

---

① Alchian, A. A. & Demsetz, H. (1972), "Production, Information Costs, and Economic Organization." *American Economic Association*, 62(5): pp. 777 - 795.

② Eugene Kandel and Edward P. Lazear, "Peer Pressure and Partnerships." *The Journal of Political Economy*, Vol. 100, No. 4, Aug., 1992.

③ Bernd Irlenbusch, Gabriele K. Ruchala, "Relative Rewards within Team-Based Compensation." IZA discussion paper, Nov. 2006, http://eprints.ucl.ac.uk/14458/1/14458.pdf.

6.3.4 个体选择工作团队的收益

在工作团队中，个体除了会获得一定的团队报酬收益外，还能够获得其他额外收益，这也是个体选择投入团队工作及企业采取团队工作方式的重要原因，这些收益包括互补优势、专业化和知识传授。

团队作为一个群体存在，最明显的优势莫过于成员间的互补优势。当团队中成员的技能存在很大互补性时，工作团队的组合就能够产生很大的正效应。这种互补优势常常可以使得在单独个体情况下无法完成的工作任务能够完成，而即使单独个体能够完成的，在工作团队的工作模式下，问题也会因为团队成员技能的互补而寻找到更好的解决方案。比如，当一个只会养蜜蜂的人和一个只会种花的人组成一个团队就能够实现生产蜂蜜的任务。在现代组织中，这种类似的团队互补优势无处不在，比如人力资源管理领域的一个薪酬设计团队，它的组成既需要人力资源领域的专家，提供激励方法方面的理论指导，也需要一线业务部门的专家提供具体业务操作方面的资料来配合薪酬体系的具体设计，这样的团队才能够设计出具有良好激励作用和可操作性的薪酬体系。

除了互补优势，专业化也是工作团队方式的重要收益，这方面的论述始于亚当·斯密时代。亚当·斯密在他的《国富论》中对劳动分工做了详细的论述，他认为工人技能的专业化和劳动分工对于生产率的提升有着重要意义。他举了一个经典例子，即别针工厂工人生产的例子，一个别针由一个流水生产线的工人来生产的效率要远远大于一个别针只由一个工人来生产的效率。这个专业化的过程即道出了团队工作的效益，即工作团队往往意味着更高的专业化分工程度，带来更高的生产效率。在现代社会，我们的教育体系正试图将我们训练成为有专业技能的人才，从而适应高度分工化的社会生产。工作团队的存在让每名成员能够发挥自己的长处，使问题的解决和任务的完成能够以效率更高的方式来进行。

最后，知识传授是个体能够从工作团队中获得的重要收益，工作团队的运作过程也是信息传递和知识传授的过程。拉齐尔教授认为，团队工作要实现有价值的知识传授，必须同时符合以下两个条件：其一，团队成员掌握自己独特的信息，组成团队后，可以使新的信息在成员之间流动；其二，每个成员掌握的独有的信息对团队中的其他一些成员有价值①。比如图6－6的例子，就能够对知识传授做一个简单的解释。在一个解决电子商务平台的

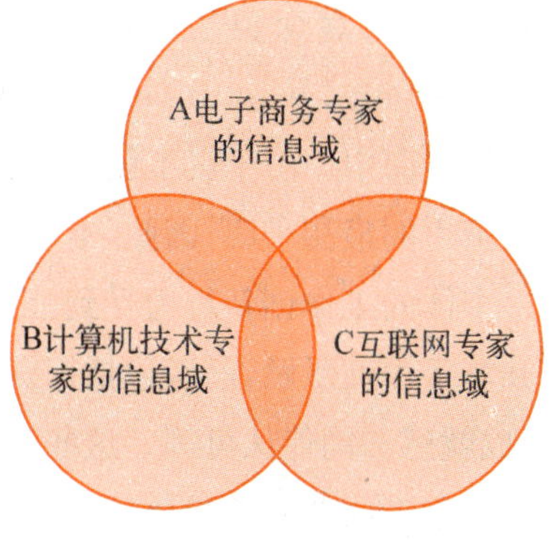

图6－6 电子商务平台团队的知识传授示意

① ［美］爱德华·拉齐尔. 人事管理经济学. 第1版. 刘昕，译. 北京：生活·读书·新知三联书店，北京大学出版社，2000：306.

团队中，需要三位专家的团队合作，他们在各自领域掌握大量专业知识，除电子商务专家之外，计算机技术专家的知识和互联网技术对于电子商务平台的构架都非常有价值，因此，三位专家之间就可以形成一个知识传授的过程，从而使得这个团队成员在工作中都能够享受到知识增量。

6.4 工作创新

随着全球化步伐的迈进，科学技术的日新月异，市场不断被细分，而企业之间的竞争也日渐激烈。企业想要在新的全球竞争背景下存活，必须不断增强企业的灵活性，减少企业对变化作出反应的时间，并不断的增强自身在市场浪潮中的竞争力，因此可持续的创新成为企业生存的必要条件。目前，企业对创新的要求已经从依赖少数专家和精英员工的工作创新能力转移到依靠整个员工群体来获得持续创新力，员工工作创新已经成为企业具备竞争力不可或缺的因素。因此，本节将探讨个体工作创新行为的决定模型以及影响工作创新行为的各个层面的因素，在本节的最后部分，还将对企业目前常见的“建议项目”模式做一个简单的介绍。

6.4.1 工作创新行为的决定模型

工作创新是指员工在工作过程中，在产品上、观念想法上或者流程方面产生有利于组织的创新行为[①]。根据这一定义，工作创新必须满足两个条件：第一，它产生的结果是新颖而首创的；第二，它是有利于组织，能够给企业带来收益的行为。目前，国际对工作创新的研究主要来自两个层面：一方面是指员工创新(employee creativity)，主要是指产品、观念想法或者流程在个人层面产生的创新；另一方面是指组织创新(organizational innovation)，主要是指将员工在个体层面产生的创新成果执行和落实到组织层面中。由于员工创新是组织创新的基础，员工的工作创新行为是企业获得持续竞争力的最初来源，因此，本模型对工作创新的讨论主要是指员工的工作创新。

个体的工作创新行为受到公司报酬的激励，这种激励在经济学上划分为货币性激励和非货币性激励，前者包括工资的增长、奖金、津贴等形式，后者包括自我实现的快感、成就感和同伴认可等。这些激励即为个体工作创新行为的收益，而个体会对不同的工作创新收益有差异化的偏好，从而获得不同的效用。在收益的同时，工作创新行为也需要付出成本，因此，个体通过总效用最大化来进行投入水平的选择。如下将详

---

① Greg R. Oldham and Anne Cummings, “Employee Creativity: Personal And Contextual Factors at Work.” *The Academy of Management Journal*, Vol. 39, No. 3 (Jun., 1996), pp. 607 - 634.

细介绍亨利·索尔曼(Henry Sauermann)和韦斯利·科恩(Wesley M. Cohen)提出的工作创新行为的决定模型①。

假设有 m 种收益,第 k 种收益为 $B^k = B^k(E, Q)$,收益取决于个体工作创新的产出 Q 和在这个行为中所附带的一个创新努力水平 E,其中 Q 又会受到个体努力水平及有关工作特征的影响,我们假设有关工作特征的变量为 T,因此 $Q = Q(E, T)$。个体对第 k 种收益的偏好水平为 I^k 则个体对第 k 收益获得的效用水平为 $U^k = U^k(I^k, B^k)$,个体在工作创新中需要付出的成本,我们表示为 $C = C(E)$,因此个体从工作创新行为中获得的总效用水平为 $U = \sum_{k=1}^{m} U^k[B^k(E, Q(E, T), I^k] - C(E)$,个体为了获得效用的最大化,会根据 $\frac{\partial U}{\partial E} = 0$ 来选择自己最优的创新努力水平。

亨利·索尔曼和韦斯利·科恩教授利用以上模型,将两类因素对员工创新行为的激励水平做了进一步的实证研究,结果显示非货币性因素对创新激励产生了更强的效果②。国内研究者也在这方面做过类似的实证研究,结果显示货币性报酬与创新行为之间存在"倒 U"形的影响关系,非货币性报酬激励对创新行为具有显著的正向影响,且两者之间存在显著的交互影响效应③。

6.4.2 工作创新行为的影响因素

影响个体工作创新的因素有很多,一个具备创新精神的个体,自由宽松的组织环境,或者个体所从事的工作复杂程度很高,这些都可能成为影响个体工作创新行为的重要因素。本部分将介绍影响工作创新行为的四个主要方面的因素,即个人素质、工作特征、组织环境和领导者。

6.4.2.1 个人素质

阿玛比尔(Amabile)④,伍德曼(Woodman)等人⑤以及福特(Ford C. M.)⑥在他们的研究中,将个人素质方面的因素进一步概念化为四个主要的方面,即个性(personality)、专业技能(expertise)、内部动机(intrinsic motivation)、和认知风格(cognitive style)。以下将对这四个方面的特征做进一步的介绍。

---

①② Henry Sauermann and Wesley M. Cohen, "What Makes Them Tick? Employee Motives And Firm Innovation." NBER WORKING PAPER, 2008. http://www.nber.org/papers/w14443.

③ 曾湘泉,周禹.薪酬激励与创新行为关系的实证研究.中国人民大学学报.2008(5).

④ Amabile T. M, "The Social Psychology of Creativity: A Componential Conceptualization". *Journal of Personality and Social Psychology*, 1983, Vol. 45, No. 2, pp. 357-376.

⑤ Woodman. R. W., Sawyer, J. E., & Griffin, R. W. (1993), "Toward a Theory of Organizational Creativity." *Academy of Management Review*, 18, pp. 293-321.

⑥ Ford, C. M. (1996), "A Theory of Individual Creative Action in Multiple Social Domains." *Academy of Management Review*, 21, pp. 1112-1142.

个性主要是指个体所特有的一些气质、性格特点。研究发现，积极的个性更具有创新的动机和可能性[①]。一般认为个性是与生俱来的特点，因此在研究中很少作为实证变量进行分析。

内部动机则是当个体在工作中能够获得愉悦，满足兴趣、好奇心、自我表达和自我挑战这些需求的时候，我们就说个体在工作中具备了较高的内部动机[②]。内部动机更高的个体，会在工作创性方面有更高的投入水平，而且较高的内部动机甚至能够弥补创新能力的不足。内部动机既与个体特征有关，也受到工作特征以及组织环境等方面的影响。

专业技能是个体具备的与工作有关的知识、技术，从心理学的研究层面来看，专业技能也可以理解为个体在解决问题和完成工作时所遵循的一系列认知路径。专业技能是进行工作创新的基础和先决条件，只有具备了完成工作任务所需要的一些可行的方法，才能在这些方法的基础上组合和创造出新的方法。西蒙顿(Simonton)在其研究中就说过，工作创新不可能来自真空，它一定是来自具备了成熟技能和丰富知识的个体[③]。韦斯伯格(Weisberg)的研究得出结论，从最初进入一个工作领域到第一次工作创新行为的产生，这中间会经历知识和技能积累的过程[④]，从而证明了专业技能对工作创新的重要程度。较高程度的专业技能往往会与更多的工作创新行为相联系。

认知风格是一个心理学的概念，它是指人们如何看待问题，解决问题，以及将现有想法整合，产生新的想法的能力，认知风格会影响个体解决问题时的思维灵活性和想象力空间，进而影响个体的工作创新行为。福特(Ford)在1996年的研究中指出，一个具有灵活创新的认知风格人的，能够在解决问题时，寻求新的认知路径，从而达成工作创新行为[⑤]。此外，多样化思考、敢于打破传统的认知风格有利于创新过程中突破旧有的模式，从而与工作创新行为有着积极的联系，实证研究也证明了这一点[⑥]。

目前，对个体工作创新的个人素质的测量有很多方法，应用最广泛的是CPS个人

---

① Tae-Yeol Kim, Alice H. Y. Hon, J. Michael Crant, "Proactive Personality, Employee Creativity, and Newcomer Outcomes: A Longitudinal Study". *Business Psychology* (2009) 24: pp. 93 - 103.

② Amabile, T. M. (1993), "Motivational Synergy: Toward New Conceptualizations of Intrinsic and Extrinsic Motivation in the Workplace." *Human Resource Management Review*, 3, pp. 185 - 201.

③ Simonton, D. K.. "Generational Time-series Analysis: A Paradigm for Studying Sociocultural Influences." In: K. Gergen & M. Gergen (Eds.), *Historical social psychology*, (pp. 141 - 155). 1984.

④ Weisberg, R. W. (1999), "Creativity and Knowledge: A Challenge to Theories." In: R. J. Sternberg (Ed.), *Handbook of creativity* (pp. 226 - 250). Cambridge, UK: Cambridge University Press.

⑤ Ford, C. M. (1996), "A Theory of Individual Creative Action in Multiple Social Domains." *Academy of Management Review*, 21, pp. 1112 - 1142.

⑥ Simon Taggar, "Individual Creativity and Group Ability to Utilize Individual Creative Resources: A Multilevel Model." *The Academy of Management Journal*, Vol. 45, No. 2 (Apr., 2002), pp. 315 - 330.

创新能力问卷①。CPS问卷包括实证经验验证过的30个有关创新能力的特征，一个在CPS中获得高分的人，通常被认为是在个体素质方面具备了较高工作创新能力的人②。CPS问卷在对个体的工作创新的实证研究中有着重要应用，是对个体素质层面具备的工作创新能力的较为准确的测量标准。

6.4.2.2 工作特点

个体的工作特点也会影响其工作创新能力，同一个体，在面对一份简单日常的工作和一份复杂具有挑战性的工作的时候，他所受到的激发是不一样的，个体更有可能从类似后者的工作中获得工作创新的动力。通常，个体所从事的工作越复杂，工作就使他更加兴奋和更有挑战的欲望，从而能够从工作中获得更多的内部激励，产生更多的工作创新行为。学者海切尔（Hatcher）、罗斯（Ross）和科林斯（Collins）在其1989年的研究中，基于企业中员工的经验描述，将工作复杂度解构为以下三个工作特点指标：自主性、多样性和反馈性③。三位学者通过实证研究，证明了这三个维度的特征都与个体的工作创新行为有着显著的联系，结果显示，一份自主性强、内容丰富多样并且在工作中能够获得较高反馈的工作，更能够激发个体的工作创新动机。后续研究又将工作特征进一步细分为五个维度，即技能的多样性、任务的可识别性、任务的意义、自主性和反馈性，通过工作特征调查（the job diagnostic survey）来获得对工作特征的测量，实证结果指出工作特征是影响工作创新行为的重要因素之一④。

6.4.2.3 组织环境特点

组织环境对个体工作创新的影响主要集中于两个方面，首先是体现在组织文化层面。研究指出多样化的组织文化环境有利于工作创新行为的发生（Leigh Thompson & Leo F. Brajkovich，2003年）⑤，而工作中如果能够得到主管支持性的指导、能够参与相关决策以及能够开放地发表意见，这些都对工作创新有着积极影响（Daniel Stokols，Chip Clitheroe & Mary Zmuidzinas，2002）⑥。此外，一家公司组织环境的公

---

① Gough, H. G. 1979. "A creative personality scale for the Adjective Check List." *Journal of Personality and Social Psychology*, 37: pp. 1398 - 1405.

② María F., Nuria Gonzalez-A'lvarez, and Mariano Nieto, "An Examination of Individual Factors and Employees' Creativity: The Case of Spain." *Creativity Research Journal*, 20(1), pp. 21 - 33, 2008.

③ Hatcher, L., Ross, T. L., & Collins, D. 1989. "Prosocial Behavior, Job Complexity, and Suggestion Contribution under Gainsharing Plans." *Journal of Applied Behavioral Science*, 25: pp. 231 - 248.

④ Kristina Jaskyte • Audrone Kisieliene, "Determinants of Employee Creativity: A Survey of Lithuanian Nonprofit Organizations." *International Society for Third-Sector Research and The Johns Hopkins University* 2006, Voluntas (2006) 17, pp. 133 - 141.

⑤ Leigh Thompson and Leo F. Brajkovich, "Improving the Creativity of Organizational Work Groups [and Executive Commentary]." *The Academy of Management Executive* (1993 - 2005), Vol. 17, No. 1 (Feb., 2003), pp. 96 - 111.

⑥ Daniel Stokols, Chip Clitheroe, and Mary Zmuidzinas, "Qualities of Work Environments That Promote Perceived Support for Creativity." *Creativity Research Journal*, 2002, Vol. 14, No. 2, pp. 137 - 147.

平性和对新观点的客观评价度也会影响到个体的工作创新行为，在一个能够对个体的创新行为作出公平决断的组织中，个体更能够从自身的创新行为中获得物质和精神层面的奖励，从而会乐于进行工作创新。其次，组织环境对个体工作创新的影响还体现在组织为个体创新行为提供的资源量。国外许多对研发项目的研究中指出，一个项目获得的组织给予的资源量越大，该项目的创新水平就会越高，因为资源量越大，可以施展的空间就会越多（Nora Madjar，2008）①。还有研究表明，当个体感受到组织丰富的资源支持的时候，就会感受到自己所从事的工作有着高价值，从而产生创新的动机。

6.4.2.4 领导者

领导者对员工工作创新的影响主要来自两个方面：一个是领导者行为，如果领导者鼓励员工勇于表达自己观点、关心员工的感受、对员工的创意给予支持，那么就会促进员工的工作创新行为（Amabile *et al*. 2004）②；另一方面，个体与领导者之间的关系也会影响到个体的工作创新行为。乔治·格瑞恩（George Graen）和乌赫尔边（Uhl-Bien）在 1976 年首先提出了领导-成员交换理论（leader-member exchange，LMX 理论）③，该理论认为组织成员关系的集合中往往会包括一小部分高质量的交换关系（圈内成员之间），和大部分低质量的交换关系（圈外成员与圈内成员之间）。对于圈内成员来说，这部分个体与领导者保持高质量的交换关系，使得个体感受到更多的支持，获得更多的资源，从而产生更强的创新动机。此外，领导者对个体工作创新这两个方面的影响之间也表现出了一定的交互关系。研究者玛利亚·克拉彭（Maria M. Clapham）曾在其研究中指出，领导者的行为对个体工作创新的激励效应在一定程度上也取决于领导者与个体之间的关系，通常领导者与个体之间保持密切交往的，个体的工作创新行为受到领导者行为激励的可能性越大④。

6.4.3 工作创新的建议项目模式

员工的工作创新能够有效地提高组织的效率和竞争力，帮助组织改善已有的运作方式和流程。因此，企业都在探索通过一种怎样的方式，来激发和利用员工的工作创

① Nora Madjar, "Emotional and Informational Support from Different Sources and Employee Creativity." *Journal of Occupational and Organizational Psychology* (2008), 81, pp. 83 - 100.

② Amabile, T. M., Schatzel, E. A., Moneta, G. B., & Kramer, S. J. (2004), "Leader Behaviors and the Work Environment for Creativity: Perceived Leader Support." *The Leadership Quarterly*, 15, pp. 5 - 32.

③ Graen, G. B. (1976), "Role Making Processes within Complex Organizations." In: M. D. Dunnette (Ed.), *Handbook of Industrial and Organizational Psychology* (pp. 1201 - 1245). Chicago: Rand-McNally 及 Graen, G. B., & Uhl-Bien, M. (1991). "The Transformation of Professionals into Self-managing and Partially Self-designing Contributions: Toward a Theory of Leader-making." *Journal of Management Systems*, 3(3), pp. 33 - 48.

④ Maria M. Clapham, "Employee Creativity: The Role of Leadership." *The Academy of Management Executive* (1993 - 2005), Vol. 14, No. 3, Themes: Structureand Decision Making (Aug., 2000), pp. 138 - 139.

新潜能。目前，被越来越多的企业所广泛关注的一种工作创新策略是建议项目(suggestion program)，该项目的实施有利于激活企业员工的工作创新智力。正如学者在1992年的研究中指出的那样，通过建议项目来促进工作创新行为的历史可以追溯到19世纪①，事实上，柯达(Kodak)公司早在1896年就开展有类似的项目，成为该项目在公司实践层面的先锋。目前，各类企业都开始基于企业自身的特点运行自己的建议项目，因此有必要对这种工作创新促进策略做一些了解，以下基于学者卡米尔·科瑞尔(Camille Carrier)研究中概括的建议项目做一个简单的介绍②。

建议项目的倡导通常源于公司的拥有者或者生产或人力资源部门的领导者。通常来讲，公司的管理层期望能够建立一种正式而固定的制度，来识别并且回报为公司生产和运作效率的提升作出贡献，提供了有价值的建议的员工，从而鼓励他们的工作创新，不断提升企业的竞争力。而根据公司规模的不同，建议项目存在的意义也有所差别。对于大公司来说，该项目主要基于两个主要的目的：在公司层面上，是为了节约资金，通过降低成本来提高生产效率，通常体现为改进生产方法和工作流程，降低浪费，削减能源成本等；在员工层面上，主要体现为改善办公室工作环境，尤其是指员工健康和工作安全方面。而对于中小规模的公司来说，该项目的运作目标体现为促进员工的问责制和员工的组织忠诚度，帮助员工进行自我实现。

该项目的实施过程包括宣传、员工创新成果展示和成果评估。宣传包括在办公室的合适场所悬挂建议箱，在全公司范围内发放建议项目的宣传手册，并通过公司的内部沟通平台通知到每一名员工，公司还会通过定期发布建议项目进展的通讯来督促员工进行工作创新。学者通过对西方公司建议项目的案例研究发现，促进员工参与到建议项目中来的最好的宣传督促方法就是形成“口碑”，即当一名员工参与该项目，有了工作创新点后，公司就对其进行宣传和奖励，从而使得对其他员工来说，形成一种“社会模仿”的效应，形成一种良性的循环，有利于该项目对工作创新的促进，使更多的员工参与到该项目中来，为公司成长贡献力量。对于成果的展示和评估，对于不同规模和管理制度的公司，方法也存在差异。在大公司和管理较为规范的公司里面，员工的建议和创新点需要以书面的形式正式提交，这份书面报告需要写明建议或创新点的来源、该建议或创新点的局限性和可行性，及其使用的条件和情况，然后经过初步筛选，汇总到评估中心。在小公司和相对管理松散的公司里面，则只需要提交一份简单的文件来对想法简单阐述皆可，不需要形成系统性的报告。公司为了使员工获得持续性的动力去进行创新，就需要及时地收集和评估员工的建议和创新点，从而避免使员工感

---

① Sekiou L, Blondin L, Fabi B, Chevalier F, & Besseyre des Hors, (1992), *Gestion des Ressources Humaines*. Les Editions 4L Inc, Montreal.

② Camille Carrier, “Employee Creativity and Suggestion Programs: An empirical Study.” *Creativity and Innovation Management*, Vol. 7, 1998.

受到被忽视。在评估阶段，公司通常会筹建一个委员会来对员工的建议和创新点进行评估，该委员会包括提出建议或创新点的员工的直接上级。对于评估需要回答两个主要的问题：(1) 这个想法能够使公司节约资金吗？(2) 这个想法能够使公司提高生产效率或员工的工作条件改善或降低工作出错率吗？

任何一个项目的实施如果不在评估结果出现之后进行一定的奖励，那么项目的效果将可能微乎其微。因此，一个完整的建议项目还包括对员工工作创新行为的奖励机制。奖励的种类主要分为经济性报酬报和象征性(symbolic)报酬。前者又进一步划分为货币性报酬和福利性报酬。货币性报酬的多少与公司的规模有密切关系，通常大公司对建议或创新点的奖励占到该建议或创新点带来的一年净价值的 15%。如果是小组产生的建议或创新点，则将报酬在小组内平均分配。在小公司，对员工建议或创新点的货币性报酬奖励则相对较少，通常是根据建议对生产率提升和成本减少的影响大小，领导主观决定提出者的奖励额。福利性报酬则根据员工自己提出的福利奖励方案，形成一张福利表，然后提出者可以从中选择给自己带来效用最大的福利。而对于象征性报酬，其激励方式主要是建立光荣榜，上面包括相关员工的姓名和照片，此外，还可以通过在公司的通讯中书写相应的文章，或者以公共表彰大会的形式，让员工获得公司高层的赞许。奖励方式的选择要给予公司的文化制度和员工的特点，通过经济性报酬和象征性报酬一定比例的结合，可以对员工产生最优的激励效果，也就能够使得建议项目能够在最大程度上发掘员工的工作创新潜力。

本章小结

劳动者职业投入最常见的形式就是工作时间。从经济学的角度来说，工作时间受到工资率的影响。工资率的变化给劳动者带来收入效应和替代效应，两者的综合作用最终决定劳动者的工作时间。加班一直都是工作时间中的重要组成部分，近年来越来越受到学者的关注。本章从个人效用、企业成本最小化和企业利润最大化的角度给出了三个加班的决定模型。当劳动者减少职业投入时，他们往往会选择自愿缺勤的形式。我们在劳动-闲暇框架和工作纪律模型中分析了缺勤的决定因素。当然，职业投入不仅仅包括劳动者投入到工作中的时间，也包括他们在工作中的团队合作行为和创新行为。这在以往的教材中很少涉及，是本书中的一个亮点。在团队这样特定的情境中，劳动者的职业投入会受到特定的团队激励制度、团队规范等因素的影响。而如何激励劳动者开展工作创新也是我们关注的重点。

复习思考题

1. 简述影响工作时间的经济因素和制度因素。
2. 从效用的角度分析个体加班的决策。
3. 在工作闲暇框架下分析缺勤行为。
4. 分析影响个体在团队中投入水平的因素。
5. 简述工作创新的含义。
6. 分析影响工作创新的因素。

案例分析

万科的第三轮股权激励计划

接近万科的观察人士坦言，万科高管频频离职，与万科高管的团队薪酬体系不无关系。万科现在遇到两个人才困境，万科本身薪金并不高，其他房产公司只需加高薪酬挖人就可以；随着万科高速扩张，原有人员已无法满足企业发展的需求。他认为，万科只有加大股权激励，才能留住核心管理团队。

此外，万科20世纪90年代以来的第一轮股权激励和第二轮股权激励(2006—2008年)均告失败，除每年年薪，高管团队未获额外报酬，在最困难的2008年，高管团队均未拿年度奖金。万科公司对此表示，2010年，万科已对整体薪酬体系进行了调整，减少短期激励力度，引入长期激励机制，形成了固定薪酬、短期激励和长期激励相结合的薪酬结构体系。

2010年10月23日，万科第三轮股权激励出台，徐洪舸、肖楠今年2月离职后，《股权激励草案(修订稿)》出炉，扩大了激励对象的范围，万科核心管理团队总共取得期权比重占本次拟授予期权比例的33.82%，而其他核心业务人员期权比例为66.18%。

(资料来源：根据《21世纪经济报道》,《三大战略区域频波动 万科股权激励受制调控》一文整理，http://www.21cbh.com/HTML/2011-6-23/5OMDAwMDI0NjE5OA_2.html，2011年10月26日下载。)

通过阅读上述案例，分析万科的高管团队激励方式的选择，并思考对于高管团队，为了增进他们的工作投入，是否有其他更好的方式？

推荐阅读资料

1. [美] 爱德华·拉齐尔. 人事管理经济学. 第1版. 刘昕,译. 北京: 生活·读书·新知三联书店,北京大学出版社,2000.
2. 杨伟国. 劳动经济学. 大连: 东北财经大学出版社,2010.
3. Amabile, T. M., "The Social Psychology of Creativity: A Componential Conceptualization." *Journal of Personality and Social Psychology*, 1983, Vol. 45, No. 2, pp. 357 - 376.
4. Amabile, Teresa M., Regina Conti, Heather Coon, Jeffrey Lazenby, Michael Herron, "Assessing the Work Environment for Creativity." *The Academy of Management Journal*, Vol. 39, No. 5 (Oct., 1996), pp. 1154 - 1184.
5. Maria M. Clapham, "Employee Creativity: The Role of Leadership." *The Academy of Management Executive* (1993 - 2005), Vol. 14, No. 3, Themes: Structureand Decision Making (Aug., 2000), pp. 138 - 139.
6. Robert Drago and Mark Wooden, "The Determinants of Labor Absence: Economic Factors and Workgroup Norms across Countries." *Industrial and Labor Relations Review*, Vol. 45, No. 4(Jul., 1992), pp. 764 - 778.
7. Robert A. Hart, *The Economics of Overtime*. Cambridge: Cambridge University Press, 2004.
8. Sarah Brown and John G. Sessions, "The Economics of Absence: Theory and Evidence." *Journal of Economic Surveys*, Vol. 10, No. 1 (Jan., 1996), pp. 23 - 31.
9. Jörn Block, Laszlo Goerke, José María Millán and Concepción Román., "Family Employees and Absenteeism." *Economics Letter*, 2014, No. 123, pp. 94 - 99.

网 上 资 料

1. 中国职业发展网: http://www.careerbeyond.com.
2. 美国职业发展协会(NCDA): http://associationdatabase.com/aws/NCDA/pt/sp/Home_Page.
3. 澳洲事业发展行业委员会(CICA): http://www.cica.org.au/.

第 7 章 职业流动

学习目标

职业流动是个人为寻求更好的职业发展而进行的工作转换、职业变动、地区流动以及代际调整行为。通过本章的学习，重点掌握职业流动决策模型；掌握职业流动的主要类型及划分标准类型；重点掌握工作转换的影响因素；掌握影响地区间职业流动的关键因素；了解代际职业流动的影响因素。

引 例

我国职业流动“两高一低”

最近有调查报告披露：我国人才流动速度不断加快，在职青年的职业流动率达到23.8%。抽样调查表明：北京、深圳两地45%的人有过职业变动。我国人才市场中的职业流动状况到底怎样呢？

近日，笔者在北京市先后走访了面向中低级人才的丰台人才招聘会、面向大中专等一般文职人员的中关村人才市场和定位于中高级人才的北京浩竹猎头公司。通过对低、中、高档人才中心的调查咨询，笔者发现，目前，我国人才市场上有两大人群的职业流动率最高：

一类是文化程度较低、缺乏劳动技能的一般劳务人员。据丰台人才招聘会一位工作多年的负责人介绍，有很多外地劳工多次前来寻职，他们一般一年换一次工作甚至有时一年内更换数次工作，这些人大概占整个招聘会的30%。这一类人当中的大多数是被动跳槽，他们本身文化素质低、岗位不稳定，在人力资源市场上供

大于求,外界推力使他们经常更换工作;

另一类就是文化程度高、业务能力强的中高级人才。这些人具有一定的人际关系网和客户资源,在人才市场上供不应求,他们为了更好地发展,往往是主动跳槽。不过,浩竹猎头公司王总经理强调,中高级人才的职业流动并非盲目的,他们一般都是综合各种可考虑因素,抱着谨慎的态度来选择更好的发展空间。他们的跳槽都是经过深思熟虑的。他说,虽然浩竹公司没有统计过高级人才的职业流动率,但是凭其所接触的业务委托来看,中高级人才的职业流动是快而不频。因为,越是文化程度高的人越是了解这一点,即盲目的、频繁的跳槽会消耗很多社会资本,对人对己都不利。

此外,笔者在中关村人才市场上观察到,一般文职人员的职业流动率较低。据该人才市场负责人统计:在职文员(文秘、公务员等)前来寻职的人数大概只占求职总人数的10%。负责人说,现在我国就业形势比较严峻,面对巨大的就业压力,一般文职人员常常抱着"比上不足,比下有余"的想法,不轻易变动自己的职业。

这种两端最高,中间偏低的三层职业流动状况到底合不合理呢?

笔者为此访问了中国人民大学劳动人事学院副院长刘尔铎教授。他说,这种人力资源的流动与国外的情况相似,它符合人才市场的发展要求,基本上是正常的流动。同时,刘教授指出,社会和政府更应该同情和帮助那些被动跳槽的一般劳务人员,他们处于弹性就业状态,工作待遇不高,缺乏劳动保障。虽然他们是因为推力而被动跳槽但同样对国家有贡献,是有助于整个人才市场的人力资源优化配置的。

北京大学社会学系教授夏学銮说,社会流动一般分为水平流动和垂直流动。水平流动是指在职人员的职业变动没有改变他们原有的社会地位,职业本身没有质的飞跃。垂直流动则是指在职人员的职业变动导致了他们社会地位的改变。

夏教授指出,当前我国的一般劳工的跳槽多数是水平流动。事实的确如此,笔者在人才招聘会上看了一些劳务人员的简历表,他们的情况大多数是前一年在某家饭店做杂工,过一年被辞之后又去某建筑工地盖楼,工程结束了他们紧接着又来招聘会应征做餐厅服务员之类,但是不管怎么变,其社会地位都没多大改变,仍是劳务人员。

另外,夏教授说,中高级人才的职业流动往往是水平流动和垂直流动兼而有之。浩竹猎头公司负责人也承认这一点,他说,一些有较高学历和真才实学并且从事先进科技产业的管理人才往往能被猎头公司相中,把他们从原单位挖到另一家急需这方面人才的单位。一般情况下,这些被挖的人才到了新单位后,他们的社会地位和待遇各方面都比原来的高,这就是垂直向上流动。不过,还有一些中高级人才跳槽不是为了提高个人地位而是想改变自己的工作环境，寻找新的人生体验，这也就是夏教授所说的水平流动了。

夏教授强调，“流水不腐，户枢不蠹”，水平流动和垂直流动都促进了市场经济的发展，我国人才市场的职业流动是必要的。

调查后发现，社会上绝大多数人都赞成和支持现今的职业流动。刘教授也认为，我国的职业流动总体来说是合理的。职业流动可以使人力资源的利用达到最大化，同时也为人才发展提供了更广阔的空间。

（资料来源：《中经专网》，2003 年 4 月 23 日，转自 http://www.topjobway.com/mtgz/mtgz030423.htm。）

从上述引例中可以看出，目前我国劳动力市场职业流动现象较为普遍。在实际工作中，我们也很少能够看到一个人在整个生命周期内仅仅从事一个职业，人们往往会通过变换职业来获得与自己能力和兴趣更匹配的工作。职业流动在劳动者的职业生涯中占有重要的地位，为什么进行职业流动以及进行什么形式的职业流动也是劳动者为寻求更好的职业发展而最为关心的问题。这些问题也引发了对职业流动的探讨和研究，学者们从不同理论视角建立理论和实证模型，测度职业流动规模和结构，进而分析影响劳动者职业流动的关键因素。

7.1 职业流动模型

职业流动(occupational mobility)，指劳动者在不同职业之间进行转换的行为，劳动者通过在不同职业群体之间的流动，实现职业角色的变换。职业流动是劳动力市场上常见的现象，它不仅仅是简单的工作更换或者迁移，从经济学的角度看来，它其实是一种人力资本的投资行为。劳动者为了在今后相当长的时间段内获得收益而在早些时候承担这种投资的成本。因此，从个人职业生涯发展的角度也能帮助我们更好的理解职业流动。

7.1.1 职业流动决策模型

职业流动既然是一种投资行为，必然就存在劳动者对其成本和收益的考虑。我们用下面这个模型来表示劳动者选择流动的决策的过程，它借鉴了人力资本投资模型的构建思想，利用净现值法来体现劳动者对流动的成本收益的权衡。

$$净收益现值 = \sum_{t=1}^{T} \frac{B_{jt} - B_{ot}}{(1+R)^t} - C \tag{7.1}$$

式中：B_{jt} 表示劳动者更换到新职业后的第 t 年从新职业 j 中所获得的收益；B_{ot} 表示如果劳动者没有更换新职业，在原岗位上工作第 t 年从原职业 o 中获得的收益；R 为贴现率；C 为一旦发生流动将会产生的成本；$\sum$ 为加总符号，表示从第一年到第 T 年这段时间内每一年的净收益贴现值的加总。如果新职业给劳动者带来的收益的净现值大于流动产生的成本，那么流动就会发生；反之，劳动者则不会发生流动。当新职业的收益越大，原职业给劳动者的收益越小，劳动者在新职业上持续的时间越长，流动的净收益现值就越大，流动成本越低时，流动就越有可能发生。

这个模型中主要关注收益和成本两个方面：职业流动的收益是指流动行为产生之后，新的职业给劳动者带来的各方面效用的增长，它主要包括更丰厚的收入、更优质的福利、更满意的工作条件、更高的职业声望和更有前景的发展机会等。正是因为有这些收益吸引着劳动者，拉动他们离开现在的工作岗位，甚至家乡，离开熟悉的职业环境，往更好的地方流动。劳动者对预期职业收益的判断，常常会受到社会发展、经济结构转型、科学技术突破以及政府政策等多方面的影响。例如：

职业流动的成本是指在流动行为的过程中和流动行为产生之后，给劳动者带来的各方面的损失，它包括直接成本和间接成本。直接成本包括离职可能发生的经济赔偿、搬家费用、搜寻新工作的费用和时间成本，以及离开熟悉的工作和生活环境所带来的不愉快或者不舒适的心理成本等。另外，某些职业间存在着天然或人为的流动壁垒，比如行业限制、政府特殊制度政策等。因此，在一些情况下，如果需要实现职业流动，必须先付出相当大的成本来破除这些流动壁垒。

间接成本包括失去了原有工作的收入和福利，变换职业导致的原职业相关的专有人力资本投资的浪费和新职业相关的专有人力成本投资的增加（如职业专有知识技能的学习、职业资格的获取、职业经验的积累等），由于对流向地的不熟悉而可能产生的各种问题的风险成本，以及失去了原来建立起来的社会关系网络。对于劳动者来说社会关系网络是一项非常重要的资源，它往往需要经过较长时间的积累，也常常能够发挥很重要的作用，由于职业流动的发生，劳动者不仅面临原职业领域的人脉关系可利用率的降低，而且需要花费成本在新的职业领域中逐渐建立新的社会关系网络。所以，社会关系网络是劳动者考虑是否流动的一个重要因素。然而，不同的成本对于不同的劳动者进行决策所产生的影响力也是不同的。它在很大程度上受到劳动者的个人特征的影响。

7.1.2 职业流动的分类

根据不同的划分标准，我们可以对职业流动进行分类，从而能更好地把握职业流动的内涵，也有助于劳动者个体能更好地进行职业流动决策，以便通过职业流动来不断优化个人职业生涯发展。

按照流动意愿，职业流动可以划分为自愿职业流动和非自愿职业流动。自愿的职业流动，一般是劳动者个体在终生期望收益最大化的前提下进行的职业决策，主要受劳动者个人的人口学特征（年龄、性别、婚姻等）、工作特征（工作经验等）以及家庭等因素影响。而非自愿的职业流动，主要是受经济环境（技术进步、产业结构调整）等影响，劳动者被迫进行的职业转换，这种职业转换受制于外部环境的变化，而并不符合劳动者本人意愿以及自身的效用最大化假设。一般来讲，自愿的职业流动遵循“工作—工作”（job-to-job）的转换路径，非自愿的职业转换要经历“工作—失业—工作”（job-unemployment-job）的路径①。而自愿与非自愿职业流动的区别两个方面：一是保留工资的差异。主动离职者（自愿职业流动者）的保留工资要远远高于一个下岗失业者（非自愿职业流动者）；二是主动离职者（自愿职业流动者）往往进行了在职搜寻，而下岗失业者是在失业后才寻找工作。此外，由于结构调整而导致的非自愿离职劳动者将会部分或者完全废弃自己的人力资本投资，而自愿离职者的人力投资不会面临毁灭性破坏。

按照流动方向，职业流动可以划分为向上职业流动、向下职业流动以及水平职业流动三种类型。这一划分主要依据职业转换前后是否获得效用（物质或者非物质）的提升。如果职业转换后，劳动者的个人效用（收入、工作自由度、声誉等）能够得到提升，这种职业流动被定义为向上的职业流动。而反之，如果在职业变动后，劳动者的效用下降，则称为向下的职业流动。而如果转变职业后的个人效用没有发生变化，则是水平职业流动。对于按流动方向划分的职业流动形式，主要依赖与职业流动的测量，特别是职业序列的确定，这也成为后来研究职业流动所面临的主要问题。

按照职业流动的范围，职业流动可以划分为组织内部职业流动和跨组织职业流动。组织内部的职业流动，主要取决于雇主决策，其他决定因素包括受教育程度、能力和工作经验等。广义地说，任何组织内部的工作岗位变化均可视为职业流动。但狭义上一般认为，企业内部的晋升或者职务变动并不一定是职业流动行为，因为岗位级别的调整往往不涉及工作性质和工作内容的明显改变，只有改变工作性质和工作内容的企业内部职位变动才是职业流动。与组织内职业流动相类似，广义的跨组织职业流动指的是个人跨组织的工作变动。而狭义上，跨组织职业流动是指劳动者离开原工作单位，去往另一个工作单位并且从事与原来工作性质和工作内容完全不同的职业。由于

① HuiXiong. “The U. S. Occupational Mobility from 1988 to 2003: Evidence from SIPP.” individual. utoronto. ca/h_xiong/Paper1. pdf.

劳动者之间存在一定的能力差异(教育程度等),以职业序列表示的个体最优职业选择路径可能不同,劳动者个人的最优职业路径可能涉及组织内部流动和组织间流动①。从本质上说,由于工作是职业的基本表现形式,因此,在本书中,我们不严格区分工作流动与职业流动的差异,更看重它们之间的内在联系。更重要的是,分析工作流动与职业流动的基本理论基础是一样的。

职业流动有时会伴随着跨区域流动的发生,即劳动者离开原来工作、居住的地方,跨越较大的区域进行远距离迁移,同时更换自身职业的行为。对于劳动者来说,影响他们进行跨区域职业流动和本地职业流动的决策的因素有很大的不同。因此,这两种职业流动的发生的频率差别很大。在经济发展的过程中,农业劳动力需要向工业部门转移,农村人口以各种不同的形式向城市转移,这种城乡流动是跨区域职业流动的重要形式。研究发现,中国劳动力市场存在城乡、地区、技能和性别等各个方面的不公平现象在持续的增长,而这也是导致劳动力大量跨区域职业流动的一个重要原因②。

职业流动还可以分为代际职业流动和代内职业流动。代际职业流动指家庭两代人之间的职业转移,即父辈从事的职业并没有直接延续传承到子辈,前后两代人从事完全不同的两种职业的一种现象。代内职业流动指劳动者本人一生中发生职业转换的行为,不涉及父辈、子辈的情况。代际职业流动主要关注在职业选择中家庭的作用,特别是父母的职业对子女职业选择的影响,一般来讲,父母建立的职业威望对子女影响较大,父母的职业也往往成为子女选择职业的重要参考,这使得职业在代际之间实现传承,而对于职业代际流动问题的研究,也成为职业经济学关注的一个重要问题。

7.2 工作流动

工作是职业的体现,在市场经济体制之下,劳动者进行工作调整,选择作出一些流动行为是十分平常的现象,这种现象在竞争性强的劳动力市场当中更加普遍。工作流动具有自身的一些特征,对经济的发展起到了重要作用,也受到工资、工作特征、人力资本投资、健康保险等很多因素的影响。

7.2.1 影响工作流动的因素

从流动频率的角度看,工作流动是非常重要的一种流动形式。劳动者在考虑是否

---

① Nachum Sicherman and OdedGalor, "A Theory of Career Mobility." *Journal of Political Economy*, 1990, pp. 169 - 192.

② Ravi Kanbur, Yingyi Qian, Xiaobo Zhang, "Symposium on Market Development and Inequality in China." *Economics of Transition*, 16(January 2008), pp. 1 - 5.

调整工作岗位时会本能的根据“职业流动模型”来进行决策。为区别于跨地区的职业流动,我们这里只聚焦于本地的工作流动。与跨区域的流动不同,本地的工作流动一般不会发生居住地的迁移,不会有远距离迁移的交通花费,也不会较大程度地改变劳动者的生活状况,劳动者所面临的成本相对较低。因此,在进行工作流动决策的过程中,主要是一些能够影响工作调整之后的未来净收益的变量决定了劳动者的行为。可以用下面这个示意函数式来表示哪些变量会影响工作流动的决策。

$$M = f(W, JC, HCI, HI, \cdots) \quad (7.2)$$

式中:M 表示工作流动(job mobility);括号内的变量分别表示工资(wage)、工作特征(job character)、人力资本投资(human capital investment)、健康保险(health insurance)以及其他一些会对工作流动产生影响的因素,比如福利、职业生涯规划等。

7.2.2 工资与工作流动

工资对于工作流动的影响不仅包括工资水平,还包括企业实行的工资制度内容,比如工资与绩效的关联度、年资报酬结构、整体报酬等。工资水平是最直接、最明显的收益,也是劳动者通常首先考虑的因素,旧工作的工资水平越低,新工作的工资水平越高,发生工作流动的可能性越大。一般来讲工资越高,流动可能性越低。这一点在实证研究中不断得到证实。如帕拉多(Parrado,2007)认为职业收入较高的男性比职业收入低的男性更偏向于留在原职业①。加布里埃尔(Paul E. Gabriel,2003)的研究也表明,高工资职业的向下职业流动显著减少。这与以前研究的证据相吻合,高收入的劳动者从劳动力市场变动中持续获益②。

其次,企业实行的工资制度中工资与绩效的关联度会对工作流动产生影响。基于绩效考虑的工资结构会在很大程度上影响员工的流动倾向以及最终流动行为的发生。工资与绩效之间的联系不紧密时,生产效率高的员工流动率会很高,他们会流向工资与绩效联系紧密的企业中去;工资与绩效联系紧密时,生产效率低的员工的流动率会很高,他们会流向工资与绩效联系不那么紧密的企业中去,或者他们会被雇主辞退。法玛(Fama,1980)通过理论分析指出当企业的工资制度不再对员工的生产率负责时,生产率最高的员工将会最早离开这个企业。他还预测:在工资不反映生产率的工作环境中,高生产率将与高辞职率结合在一起③。这个预测在彼塞普(Bishop,1991)对美国 2 594 家企业的

① Parrado, Eric Caner, Asena Wolff, Edward N, “Datum, Occupational and Industrial Mobility in the United States, 1969 - 1993.” *Labour Economics*, 2007, pp. 435 - 455.

② Paul E. Gabriel, “An Examination of Occupational Mobility among Full-time Workers.” *Monthly Labor Review*, 2003,(9): 32 - 36.

③ Fama, “Agency Problems and the Theory of the Firm.” *Journal of Political Economy*, 1980, pp. 288 - 307.

3 377名员工的流动率、生产率和工资率的实证研究中证明①。

再次，企业工资制度中的年资报酬结构通过提供一系列的激励将员工与企业绑在一起，延长了平均雇佣期限，降低了流动率。若员工获得的工资水平与其在企业中效力时间的相关度较强，员工流动比较难以发生，企业会处于相对比较稳定的状态。另外，工作流动还与工资差距程度、整体报酬有着显著的相关关系。工资差距程度越大，员工越有可能发生流出行为，流向工资差距相对较小一些的组织中去。拉齐尔(Lazear，1989)对这一问题展开了研究并得出结论：在企业限制其员工的工资差别以促进合作和避免消极怠工的情况下，当员工发现其同事的生产率低于自己时，他们将试图选择辞职并寻找提供更高工资的雇主。同时，当这种情况发生时，雇主会觉得他们必须解雇低生产率水平的员工以维持员工们的忠诚度，从而提高了解雇率，这又提高了非自愿性的工作流动②。在对墨西哥边境的美国保税加工厂工人的流动率的研究中发现了一个类似的很有意思的现象。米勒(Miller，2001)在对 115 个工厂的 29 种职位的工人进行的调查并收集测量各种变量之后进行回归分析发现：绝大多数种类的工资形式都不能降低工人的流动率，而利润分享计划和节约储蓄计划却显著的实现了降低工人流动率的目标。在这里，员工流动与工资这一狭义的理解没有相关关系，而它却与整体报酬这一更加全面的概念有着显著的相关关系③。

此外，工作流动也会对个人工资产生影响，大量的实证研究都表明，跨组织的职业流动有利于提高工资收入④。但西蒙(Simon S. K. Lam，2012)通过搜集中国香港和美国多个行业的数据，基于职业阶段与职业生涯时间表理论提出，不同职业生涯时期的跨组织职业流动对工资的影响效应不同：在职业生涯的早期，跨组织职业流动对工资有非常显著的影响，即跨组织职业流动的员工与稳定不流动的同等员工相比较，他们获得了更高的工资收入；而在职业生涯的中期，跨组织职业流动对工资无任何显著影响；在职业生涯的后期，其影响效应虽小，但是还是呈正相关关系。在职业生涯早期，一般选择跨组织流动的员工大多数都是因为高薪资的吸引。但是，对于职业生涯中期与后期出现的影响效应，我们可以解释为以下两个原因：一是处于职业生涯后期的员工，稳定成为其优先考虑的因素，不太愿意流动，而一些缺乏此类经验丰富员工的企业，要想吸引他们跳槽，只有付出更高的工资报酬，因此其边际收益会比处于职业生涯中期的员工高；二是，企业认为处于职业生涯后期的员工，其工作年限不长了，与职业生涯中期的员工相

---

① John H. Bishop, "Employer Training and Skill Shortages: a Review of the State of Knowledge." Working Paper 91 - 32, CornellUniversity, 1991, Center for Advanced Human Resource Studies, Ithaca, NY.

② Lazear, E., "Pay Equality and Industrial Politics." *Journal of Political Economy*, 1989, pp. 561 - 580.

③ Janice S. Miller and Peter W. Hom and Luis R. Gomez-Mejia, "The High Cost Of Low Wages: Does Maquiladora Compensation ReduceTurnover?" *Journal of International Business Studies*, 2001, pp. 585 - 595.

④ Lam, S. S. K., & Dreher, G. F., "Gender, Extra-firm Mobility, and Compensation Attainment in the United States and Hong Kong." *Journal of Organizational Behavior*, 2004, No. 25, pp. 791 - 805.

比较，其跳槽的可能性也较低了，所以企业也更愿意支付更高的工资①。

7.2.3 人力资本投资与工作流动

从广义上来说，工作流动也是一种人力资本投资，而本节讨论的人力资本投资是指更加狭义的范畴：影响流动决策的人力资本投资要素，如教育、培训、职业经验的积累等。拥有更多人力资本积累的劳动者可以满足企业对技能和学历的要求，可能获得更多的职业选择机会。而且丰富的知识和经验积累也使得劳动者有更多获得就业和职业信息的途径和能力，这也有利用职业流动的进行。

在这些人力资本中，教育程度对职业流动的影响占主导地位。阮(Nguyen，2005)对加纳职业流动的类型和决定因素研究证实，教育程度与职业流动存在较强的相关关系，拥有中学和高等教育程度的劳动者的职业向下流动概率是没有受过正规教育劳动者的2.5倍和2.9倍。但也有研究指出，不同教育背景之间职业流动的差异不大②。如帕拉多(Parrado，2007)的实证结果揭示不同教育背景之间职业流动的差异不大。这可能有三个原因：一是教育对职业流动的影响有上下限效应(ceiling and floor effects)。教育程度高的劳动者(较低教育程度的劳动者)往往处于职业序列的高位(低位)，职业调整的空间极其有限，基本上很难再发生流动(向上或者向下)。二是在学校所学的知识和技能一般都是通用人力本投资，不一定适合实际工作需要，对企业需要的专用技能产生不了很大补充作用，更谈不上替代，这在一定程度上削弱了教育的作用。即使学历再高，也很少有可能通过职业转换来提升职业待遇。三是拥有一定教育程度的劳动者在劳动力市场上的职业搜寻更具理性，他们从事的职业活动，基本上是自我选择的结果，教育程度越高，职业匹配程度可能越高，发生职业转换的概率越低。尽管如此，这仍显示出教育因素在劳动者进行工作流动决策时起到的至关重要的作用。

一般情况下，技能水平越高，在劳动力市场上(内部劳动力市场和外部劳动力市场)的竞争力越强，职业流动的概率越高。这在实证研究中也予以证实。如艾普沃特和怀特(Richard Upward and Peter Wright，2007)③利用美国和英国个体层面的面板数据，检验技能提升与职业流动的关系时发现，高技能组的劳动者得到提升的概率更大。在第三技能等级(75分位)上劳动者技能提高带来的职业向上流动要比在第一技能等级(25分位)劳动者因技能提升来的职业向上流动高出5%。

---

① Simon S. K. Lam, Thomas W. H. Ng and Daniel C. Feldman. "The Relationship between External Job Mobility and Salary Attainment across Career Stages." *Journal of Vocational Behavior*, 2012, No. 80, pp. 129-136.

② LiemNguyen, "Pattern and Determinants of Occupational Mobility of Adult Ghanaian In-migrants in the Central Region". paa2005. princeton. edu/download. aspx? submissionId.

③ Richard Upward, Peter Wright, "Snakes or Ladders? Skill Upgrading and Occupational Mobility in the US and UK during the 1990s." University of Nottingham, GEP Discussion Papers 07/38.

与工资一样，接受培训能够让劳动者得到更多的未来收益，也让他们付出了货币或者时间成本。但是，值得注意的是这里提到的培训需要进行区分，因为一般性培训和特殊性培训对于工作流动的影响是有差别的。乔纳森(Jonathan，1997)对1987年到1992年美国青年劳动者的流动率、培训情况等数据进行了研究分析，仅发现极有限的证据表明企业培训会降低工作流动，但是，却发现由劳动者自己承担费用的培训能够很明显地提高工作流动的可能性①。这主要是因为这种培训往往是只对本企业有价值的特殊性培训，劳动者得到的这种人力资本积累需要在本企业内服务才能够在未来获得更多的收益，所以，员工在付出时间成本接受培训之后，会减少流动以得到更多的收益；同样，培训由雇主提供，但员工需要支付部分培训费用时，员工发生流动的可能性也会降低的更多，因为他们还支付了货币成本。但是，培训完全由员工自己承担费用成本时，这种培训反而会增加工作流动的可能性。因为，往往是对其他企业都具有价值的一般性培训才会让员工愿意自己支付货币成本和时间成本，接受这样的培训提高了他们的人力资本，劳动者能够前往收益更高的企业就业，从而增加了劳动者进行流动的可能性。迪尔德(Dearder，1997)等利用英国劳动力市场的数据检验了员工流动和接受的培训之间的关系。通过事前事后比较(before-and-after)的方法分析得出：培训是由雇主提供并承担培训成本时，培训会降低员工的流动率，但这种作用对男性员工是较大的，而对女性的降低作用却小很多②。

7.2.4 健康保险与工作流动

健康保险也是影响员工流动率的因素之一。企业为了保障员工的身体健康而提供的一种职业福利制度，企业承担大部分或全部的费用，参加了职业健康保险的员工在发生疾病或职业病的情况下可以得到较好的医疗待遇。由雇主提供的职业健康保险对工作流动起到了抑制的作用。劳动者一旦参加了企业内部的职业健康保险，就相当于被企业捆绑住，如果辞职就意味着劳动者会失去职业健康保险待遇，这样就增加了离职所产生的机会成本，相对于没有参加职业健康保险的劳动者来说更大。很多研究把雇主提供的职业健康保险对于工作流动的抑制作用叫做工作锁定(job-lock)。马德瑞(Madrian，1994)③的研究证实了雇主提供的职业健康保险对劳动者具有工作锁定作用，降低了工作流动率，而且这种作用对有健康问题的劳动者的影响尤为突出。当家庭规模较大时，享有雇主提供的职业健康保险的劳动者的流动率比没有享有雇主

---

① Jonathan R. Veum, "Training and Job Mobility among Young Workers in the United States." *Journal of Population Economics*, 1997, pp. 219-233.

② L. Dearder, S. Machin, H. Reed and D. Wilkinson, "Labor Turnover And Work-related Training." London, The Institute of Fiscal Studies, 1997.

③ Brigitte C. Madrian, "Employment-Based Health Insurance and Job Mobility: Is There Evidence of Job-Lock?" *The Quarterly Journal of Economics*, 1994, pp. 27-54.

提供的职业健康保险的劳动者的流动率要低得多。从整体上看，职业健康保险将工作流动率降低了 25%，从 16%减少到 12%。艾伦与菲利普(Alan & Philip，1994)①的结论是根据婚姻状况和性别的不同，职业健康保险将使工作流动率降低 20%—40%。卡普(Kapur，1998)利用美国收入与计划参与调查的数据来进行实证研究的发现，无论是已婚还是单身女性，职业健康保险都将她们锁定在了工作岗位上，即职业健康保险对降低女性劳动者的工作流动率起到了很大的作用，而对男性劳动者的工作流动起到的作用并不十分明显②。

7.2.5 工作特征与工作流动

工作特征包括工作内容、工作条件、工作环境等，它对工作流动也会产生影响。工作特征把职业流动模型中收益这个变量的概念范围进行了扩展。对于劳动者来说，工作收益不仅限于工资、福利，还涵盖了劳动者心理上和生理上的舒适度和满足度。比如，对于发生流动率比较高的青年群体来说，有挑战性的工作内容能够给他们带来心理上的满足感，从而更有吸引力。另外，舒适的工作环境和氛围也是劳动者考虑的重要收益。巴特(Bartel，1982)对美国男性劳动者的研究就发现，与青年男性不同，中年男性的工作流动决策受额外福利(fringe benefits)的影响要比受工资的影响大得多。而工作环境和工作内容对青年男性的流动的影响比较大，比如青年男性比中年男性更容易因为工作的重复性和枯燥而选择流动③。

另外，职业竞争性也会在一定程度上影响工作流动。格罗斯等人(Groes *et al.* 2010)④对丹麦的研究发现职业流动与职业收入呈 U 形关系：高收入和低收入者都有较大的离开所从事职业的可能性，并且低(高)收入者倾向于转换到一个较低(较高)平均工资的新职业。当然，对于生产率稳步提升(下降)的职业，这个职业里的低收入(高收入)者倾向于离开。通过进一步的研究，格罗斯等发现，发生这一现象的根本原因在于职业竞争。初期劳动者依据职业对生产率的要求以及自己的能力情况作出一个职业选择(建立在自己绝对利益最大化基础上)，但这个初期的选择未必适合自己，如职业收入高，但可能面临较大的竞争压力，而且初期对于自己能力的判断可能有偏差(自己产出并没有达到预期)，这使得劳动者有必要通过职业转换来重新决策。而处于职业收入较低位置的劳动者，也会根据自己的实际产出和能力来重新评估自己的职业决

---

① Alan C. Monheit and Philip F. Cooper, "Health Insurance and Job Mobility: Theory and Evidence." *Industrial and Labor Relations Review*, 1994, pp. 68 - 85.

② KanikaKapur, "The Impact of Health on Job Mobility: A Measure of Job Lock." *Industrial and Labor Relations Review*, 1998, pp. 282 - 298.

③ Ann P. Bartel, "Wages, Nonwage Job Characteristics, and Labor Mobility." *Industrial and Labor Relations Review*, 1982, pp. 578 - 589.

④ Fane Groes, PhilippKircher, IouriiManovskii, "The U-Shapes of Occupational Mobility." www.philadelphiafed.org/2010.

策。这些最终致使出于职业收入两端的劳动者出现流动的概率会更高。

7.3 地区间的职业流动

劳动者除了在本地区进行职业调整之外，也将选择范围扩大，可能到更远的别的县、市、省等实现新的就业。这种行为就是地区间的职业流动。地区间的职业流动是职业流动中的一种形式，也是劳动力市场上普遍存在的现象，而且随着交通状况的改善以及信息技术的发展，选择进行地区间的职业流动的劳动者越来越多。劳动者的跨区域职业流动行为会受到一些因素的影响，比如年龄、性别、迁移距离、家庭状况、社会关系网络、失业率、政策制度，等等。

7.3.1 工资与地区间的职业流动

地区流动遵循职业流动模型的原理，劳动者对模型中涉及的各个变量根据自身、迁出地、迁入地的各种具体情况进行决策。因此，地区流动受到很多因素的影响，我们根据劳动力流动的决策模型，将模型中涉及的变量进行分类，讨论地区流动的影响因素。职业流动模型可以分为未来净收益和成本两个主要部分，而未来净收益又可以分为每一年的净收益和这种收益将会持续的时间这两个部分。由于要进行远距离的迁移，地区流动相对于工作流动来说所耗费的成本要多一些，因此，模型中成本这个变量在地区流动的决策中更加重要，受到较多因素的影响。

地区工资水平的差异会显著地影响地区流动的发生。当平均工资水平差异越大时，劳动者在发生流动之后能够获得的净收入越多，发生地区流动的可能性越大。劳动者的教育技能水平也决定了它在不同地区获得的工资收入的差别。在经济越发达的地区，人力资本投资的回报率高，高技能水平的劳动者能够获得更高的工资收入，而低技能工作的收入在经济发展水平差异很大的地区之间的差异却不是很大。因此，学历技能水平高的劳动者发生地区流动的概率更高。以美国加州为例，该州是美国人口数量最多也是经济最发达的州之一，它的人口迁移状况就具有很强的代表性。根据美国人口统计署的 2000 年人口普查数据，可知 1995—2000 年间，从加州迁移出的劳动者，大学本科及以上学历占 20.2%；而从美国国内其他州迁移进入加州的劳动者，大学本科及以上学历占 36.8%。这说明，经济发展水平相对更高的地区可能会吸引更多高学历层次人才①。国务院课题组也发现，在 2004 年中国进城务工的农民工中，初中及

① Marc J. Perry and Jason P. Schachter, "Migration of Natives and the Foreign Born: 1995 to 2000." Census 2000 Special Reports, U. S. Census Bureau.

以上文化程度占81.6%,比全国农村劳动力平均水平高18.3个百分点①。而净收益持续的时间最主要的受到劳动者迁移时年龄的影响,年纪较轻的劳动者进行迁移,其人力资本投资之后可以有很长的时间来实现更高水平的收益。对于年轻人来说,哪怕一次的迁移产生的短期收入的增幅不大,甚至暂时下降,但是较长时间的积累也可以让他们获得足够的收益。

7.3.2 地区间的职业流动成本

在地区间的职业流动的决策中,成本是模型里格外重要的一个变量。流动成本这个变量的值会受到很多因素的影响,比如,年龄、性别、婚姻状况、迁移距离、家庭状况、社会关系网络、失业率、政策制度等。

第一,年龄。其除了影响净收益持续的时间之外,还影响流动成本。当其他条件相同时,劳动者的年龄越小,其进行迁移的可能性越大。一方面年轻人迁移所背负的心理成本要比年长者要小得多,年轻人甚至更加享受新工作和新环境带来的挑战,而年长者会更加思念家乡和亲人朋友,迁移的心理成本很高;另一方面年轻人相对于年长者承受风险的能力更强,一般来说,年轻人往往是风险倾向型而年长者往往是风险规避型,所以,不同年龄的劳动者对风险成本的估计也不同,年长者对于同样一次迁移预期的风险成本要比年轻人高很多。职业流动随着年龄的增加而减弱,年轻人的职业转换率更高。这一点大量实证研究都给予证实。如拉里(Etienne Lalé,2011)对法国1982—2009年间的职业流动趋势研究表明,在不考虑教育背景等情况下,以男性劳动者的职业流动为例,29岁以下的流动率平均为15%,30—39岁的流动率为7%,40—49岁的流动率为4.4%,而40岁以上的流动率仅有2.5%,年龄越大,对应的流动率越低,进一步显示年轻人更偏向于职业流动②。这可能有以下原因:一是年轻人积累的通用或者专用人力资本较少,使得职业转换面临的风险也较小;二是教育和工作培训投资一般都在劳动者年轻时候进行,通过这些获得的通用人力资本投资更有利于年轻人进行职业转换;三是职业转换成本较低,年轻人先前的工作搜寻较少,而职业匹配也不高,这些都大大降低了职业转换的成本。

第二,性别也对劳动者选择地区流动有一定的影响。男性地区流动的比例要高于女性,主要有以下多方面原因。首先,女性自身对于背井离乡的心理成本比男性高,她们对于离开家乡的风险也估计得比较大,这两种成本阻碍了她们进行流动。其次,社会角色对于女性的定义完全区别于男性,它很大程度上影响了女性劳动者的流动。女性一般都会遭遇劳动中断(子女生养),女性间断性的劳动参与可能减少她们在人力资

---

① 国务院研究室课题组.中国农民工调研报告.北京,中国言实出版社,2006:71—72.

② Etienne Lalé's, "Trends in Occupational Mobility in France: 1982 - 2009." Working Paper, March 31, 2011.

本上的投资，这使得女性的工作稳定性比男性差，而且她们获得职业升迁的机会不多，更容易向下职业流动。如分娩对女性职业流动的影响①，有很大比例的女性在分娩时点出现了向下的职业流动。当然，流动程度与分娩前从事的职业有很大关联，专业和教师职业岗位的向下职业流动要明显低于分娩前处在职业层级末端的女性。不过，如果因为生小孩离开雇佣岗位越久，向下流动的概率越大。社会对于女性的期望不同于男性，尽管越来越多的女性也开始加入了劳动力市场，但是离开家乡远距离迁移的人数还是相对少的。再次，雇主在雇用和晋升中的性别偏见也另一个重要因素。研究者也发现女性晋升到更高级别工作上的机会要明显低于男性。这可能是由于：一方面存在玻璃天花板效应(glass ceiling)。由于女性在非市场活动中具有比较优势，因此相对于男性来讲，将会面临较大的家庭-工作冲突。对于部分雇主来言，最优的决策就是对女性晋升设置更苛刻的标准，这使得女性没办法晋升到企业或组织高层并非是因为她们的能力或经验不够，而雇主在升迁方面似乎设下一层障碍，这层障碍甚至有时看不到其存在；另外一个方面，可能存在"尽头论"(dead-end)。这一观点认为女性很少从事高阶职位，因为雇主不情愿雇用女性到能够得到提升的岗位。另外，女性在劳动力方面的就业机会也受到其他制度的约束。由于遭遇性别隔离以及相对于男性要承担更多的家庭责任，女性在私人交往和非正式信息获取方面都比男性差。不少研究表明，男性的在职搜寻行为要明显比女性更积极。同时，在工作搜寻中，男性也有更多的时间投入来联系朋友和亲戚。由于搜寻行为的性别差异，自愿职业流动对男性的职业发展的作用要显著高于女性，男性自愿职业流动的比率也要远高于女性。

1995—2000年间，从加州迁出和从美国国内其他州迁入加州的劳动力人口中男性分别占54.9%和51.7%，而没有发生过地区迁移的劳动者中男性占49.3%②。2004年中国农民工中男性占66.3%，女性仅占33.7%③。拉里(Etienne Lalé，2011)的研究也发现，男女之间大概有1%的职业流动差异，但是在年轻的男女之间的差异更为显著，特别是对于那些教育程度较低的劳动者。如在低教育组(没有学位文凭)，29岁以下男性的职业流动率为16%，而同组的女性仅为11%。而加布里埃尔(Paul E. Gabriel，2003)对美国职业流动的研究也显示，职业流动的性别差异较为显著。比如，女服务员的职业向上流动要低于男性，而男办事员向上的职业流动比女性要显著增加。对于操作工人，在1998年，男性向上的职业流动是女性的两倍多。可以说，低工

---

① Shirley Dex，Kelly Ward，Joanne Lindley. "Vertical Occupational Mobility and Its Measurement." GeNet Working Paper No. 24，February 2007.

② Marc J. Perry and Jason P. Schachter，"Migration of Natives and the Foreign Born：1995 to 2000." Census 2000 Special Reports，U. S. Census Bureau.

③ 国务院研究室课题组. 中国农民工调研报告. 北京，中国言实出版社，2006：71—72.

资岗位的向上职业流动，存在明显的不平等。宋等人（Yueping Song and Xiao-yuan Dong，2011）对中国的研究，也发现改革后职业流动存在一定的性别问题：已婚女性比已婚男性更倾向于横向或者向下的职业流动，但很少出现向上的职业流动，女性在职业流动中处于不利地位①。

第三，迁移距离与发生地区流动的规模呈负向关系，即两个地区的距离越远，发生流动的劳动者数量越少。首先，距离直接决定了搬家费用以及劳动者未来往返家乡的交通费用，这让劳动者承担了更多的经济成本；其次，离家乡越远，生活习惯、文化、语言等方面的差异都会让劳动者承受越高的心理成本；再次，远离家乡使得搜寻新工作信息的难度变得更大，搜寻成本更高；最后，距离越远也就越不了解不熟悉外地的情况，这样也会导致劳动者面临越高的风险成本。

第四，家庭状况包括婚姻状况、配偶就业状况、是否有子女以及子女年龄等。家庭状况对劳动者流动也有很大的影响。一般来说，配偶有工作且需要抚养学龄子女的劳动者面临的货币成本、心理成本更高，他们很难发生流动。他们不仅要考虑流动对自身的影响，还要考虑到对配偶工作生活以及子女学习生活的影响。当流动对配偶的就业或者子女的教育有障碍时，流动发生的可能性就比较低了。婚姻有利于减少职业流动。与未婚者相比，已婚者更是风险规避者，婚姻纽带使他们要承担更多的家庭责任。一般来说，已婚者如果有稳定的工作机会是不会迁移的。因此，已婚者将会表现较低的职业流动，而高的职业流动行为往往发生在结婚前。钱德拉（Chandra Shah，2009）的研究证实了这一观点②。已婚男性更容易选择待在原来的职业，而未婚男性选择先暂时性失业再转换职业的可能性较大。相对而言，未婚女性比已婚女性进行水平和向下职业流动的概率更高，未婚女性更少退出劳动力市场。这可能与已婚女性生育子女有关。不过弗雷德里克森（Frederiksen，2008）也发现另一个有意思的现象，婚姻状态对男女都有显著影响，但是孩子的出现对男性和女性的职业流动影响相反，孩子对男性的职业流动有负影响，而对女性的职业流动则产生积极作用③。这更说明结婚特别是有了子女之后，男性要承担更多的家庭责任，这使得他们的职业发展决策更加谨慎，在没有更好的工作之前，他们是不会选择放弃原来的职业和工作。而对于女性而言，生育子女后重新回归劳动市场，他们需要承担的家庭责任要稍低于男性，对职业本身及职业发展的要求也要比生育前高，这使得她们可能通过频繁更换职业来获得自身效用最大化。

---

① Yueping Song and Xiao-yuan Dong. “Gender and Occupational Mobility in Urban China during the Economic Transition.” Department of Economics Working Paper Number：2011－01.

② Chandra Shah. “Determinants of Job Separation and Occupational Mobility in Australia.” Working Paper No. 66，Centre for the Economics of Education and Training，Monash University，2009.

③ Frederiksen，A. “Gender Differences in Job Separation Rates and Employment Stability：New Evidence from Employer-employee Data.” *Labour Economics*，2008，15：915－937.

第五，社会关系网络能够对地区流动产生影响是因为当劳动者的家人或朋友或老乡已经发生了地区流动，且在流入地能够实现就业并稳定的生活后，帮助流出地的劳动者介绍或寻找工作，提供心理上的扶持和安慰，并为他们解决一些食宿等方面的问题。这种社会关系网络就在很大程度上减少了劳动者发生流动产生的各种成本，如工作搜寻成本、心理成本、风险成本和直接货币成本。莱维等(Mildred B. Levy，1973)利用Greenwood的模型研究了家庭和朋友网络对于地区流动的影响，结果显示，无论是在文化水平相对较高且70%以上的劳动者说同样语言的委内瑞拉，还是文化水平相对较低且地区之间语言差异较大的印度，家庭和朋友网络都对劳动力的地区流动起到了很大的作用①。而类似的，中国江苏省的农民工就业也主要依靠社会关系网络②。

第六，流出和流入地区的失业率。它除了会通过工资水平影响净收益之外，还会影响流动的成本。一方面，流入地区的失业率决定了劳动者实现就业的难度，若失业率高，劳动者就会花费较高的工作搜寻成本并承担较大的风险成本，这种现象类似"难民"的被迫迁移③；另一方面，流出地的失业率决定了流出地的劳动力是否有剩余，劳动者是否在本地很难实现就业，若本地的失业率很低，劳动者实现就业比较容易，那么流动发生的成本相对就较高，劳动者流动的倾向就会低。因此，流出和流入地区的失业率差异越大，越容易发生地区流动。

最后，一个国家的政策制度也会在很大程度上影响了劳动者发生地区间的职业流动，比如劳动力流动政策、就业管理制度、社会保障制度等。有些政策是直接规定了禁止或限制劳动力流动，有些制度的规定导致劳动者在流动之后，工作生活存在很大的困难，以至于他们放弃进行流动的行为，无论具体是哪一种政策都将劳动力地区流动所面临的成本放大了很多倍，影响了地区流动的进行。城乡流动是地区流动中很重要的一种形式，英国是世界上农村人口向城镇流动开始的最早、流动规模最大、农村人口比例下降最快的国家。但是，在工业革命早期的英国，劳动力的跨区域流动是存在很大障碍的。比如，分别于1601年、1662年颁布的《济贫法》和《定居法》的一系列的内容都阻碍了劳动力的自由迁徙，那时候劳动者是不能根据自己的意愿向城市或其他经济发达地区流动的，这些政策制度就将流动成本无限放大。直到英国的工业化快速发展产生了大量的劳动力资源缺口时，才逐步放松了对人口流

---

① Mildred B. Levy and Walter J. Wadycki, "The Influence of Family and Friends on Geographic Labor Mobility: An International Comparison." *The Review of Economics and Statistics*, 1973, pp. 198 - 203.

② 蒋乃华，卞智勇. 社会资本对农村劳动力非农就业的影响——来自江苏的实证. 管理世界，2007(12) 158—159.

③ A. Roy Thurik, Martin A. Carree, Andre van Stel, and David B. Audretsch, "Does Self-employment Reduce unemployment?" *Journal of Business Venturing*, 23 (November 2008). pp. 673 - 686.

动的管制。到 19 世纪中叶，农村人口开始大规模的流动①。在新中国成立初期，由于特殊的历史背景和国际形势，中国政府采取措施限制农民进城，劳动力的城乡流动受到了严格的控制，直到 1984 年，政府才开始逐步出台政策和措施允许和鼓励农村劳动力实现地区流动。

7.4 代际职业流动

代际职业流动所讨论的问题性质有些不同，它是指家庭中两代人从事的职业发生了变化，即子辈并没有承继父辈的职业，而从事了与父辈不同的职业。代际职业流动的发生受到家庭因素、制度因素、社会因素等多方面的影响。

7.4.1 家庭与代际职业流动

经济学角度对于代际职业流动的理论研究由贝克尔等（Becker *et al*. *1979*）②开启，他利用效用函数来分析父母的行为对孩子人力资本投资行为以至于对孩子未来的职业选择的影响。贝克尔假设父母效用是目前消费和孩子效用的函数，而孩子本身是孩子人力资本的函数，因此，父母的效用是在消费和对孩子之间进行最优化选择。父母的行为选择则直接影响了对孩子的人力资本投资。高收入的父母有足够的钱去投资孩子的教育、健康等等，在有意识地投资孩子的人力资本之前，父母（包括其他的亲属和邻居）也通过文化传承影响孩子的职业选择。例如，通过工作努力、学习、个人互动等的榜样，父母对自身职业的热爱和执著也会让孩子耳濡目染，从小培养对此职业的向往。一个家庭的收入、社会地位、父母受教育的程度等等都会在很大程度上影响子女的职业选择。除了这些环境的影响外，父母遗传给孩子基因也有可能影响他们的职业选择。不仅如此，父母在自己从事的职业中获取的职业知识、技能、经验和建立的人际网络，对于下一代职业的选择也起到了至关重要的作用。

关于家庭因素对代际职业流动的影响的研究，一开始只关注于家庭中的男性，即父亲和儿子，因为那时候女性劳动力市场参与率很低，即使参与，也会因为生育、照顾家庭等问题而退出劳动力市场，等孩子足够大时，她们可能重新回到经济活动中来，但是回来的可能性也很低，因此刚开始的文献研究着眼于父亲职业和儿子职业间的一种相关关系。但是后来，女性越来越多的参与劳动力市场，妇女劳动力参与率曲线越来

---

① 程新征. 中国农民工若干问题研究. 北京，中央编译出版社，2007：162.

② Becker, Gary S & Tomes, Nigel, 1979, "An Equilibrium Theory of the Distribution of Income and Intergenerational Mobility." *Journal of Political Economy*, University of Chicago Press, Vol. 87(6), pp. 1153 - 1189, December.

越和男性的相类似，并且也明显地向男性的参与率水平靠近，因此很多研究开始关注女性的职业代际流动。

本杰明(Benjamin，1958)①利用英格兰和威尔士的人口普查数据，统计描述了十三类职业，发现父亲从事较高层次的管理工作，其儿子将近2/3也从事管理工作；父亲是体力劳动者，其儿子相对多数的也从事体力劳动。罗谢等(Jocas and Rocher，1957)在1957年利用加拿大魁北克省统计局的相关数据，引入职业的继承性和流动性指数等指标，对比了魁北克省母语分别为英语和法语的加拿大人职业的代际效应。其研究结果表明，两类魁北克人职业的代际继承性均比较强②。

随着越来越多的女性加入劳动力市场，自从20世纪70年代开始，有一批社会学家开始关注女性的职业代际传承问题。刚开始，很多文献在考虑代际职业传承时往往只考虑父亲，即使研究性别差异，也是从父亲对女儿的影响开始研究的，德琼等(Dejong *et al*. 1971)利用美国研究中心的数据，引入继承性和流动性指数等指标，分析父亲职业对女儿职业的影响，他们的结果证实女性代际职业的流动特点与男性的基本相似③；但是，泰等人(Tyee and Treas，1974)年重新研究了德琼等人(Dejong *et al*. 1971)的研究，调整了一些因素，确实发现了以性别为差异的代际流动类型④。豪泽等人(Hauser *et al*. 1974)运用的样本比德琼等人(Dejong *et al*. 1971)的更合适，发现即使在控制了年龄和种族的影响后，男性和女性代际流动的也存在着差异⑤。

这些文章定义女性的代际流动的方式都和男性的一样，即从父亲的职业传给女儿。在研究代际职业流动时，我们往往考虑社会起源(一般是父亲的职业)和目前的社会地位(应答者的职位)之间的关系。但是，当母亲也外出工作时，父亲的职位不足以代表家庭的社会地位。女性职业流动不能仅仅按照男性的研究进行，尤其是在研究女性的职业代际传承时，母亲的职业可以被视为职业起源。母亲的职业对于女儿成人后的职业选择来讲也是非常重要的。总体上来说，只关注父亲的职业会低估职业的代际传承率。另一个要考虑的因素是职业结构在性别之间是高度不同的；不同的职业类型有不同的回报，因此考虑女性的职业代际传承中，考虑母亲是非常重要的。

---

① Benjamin, B., "Intergenerational Differences in Occupation." *Population Studies*, 1958, Vol. 11: 262-270.

② Yves de Jocas & GuyRocher, "Intergeneration Occupational Mobility in the Province of Quebec." *The Canadian Journal of Eeonomics and PolitiealSeience*, Feb., 1957.

③ Peter Y. Dejong, Milton J. Beawer, Stanley S. Robin. "Patterns of Female Intergenerational Occupational Mobility: A Comparison With Male Patterns Of Intergenerational Occupational Mobility." *American Sociological Review*, 1971, (12): 1033-1042.

④ Tyree, Andrea · Treas, Judith A. "The Occupational and Marital Mobility of Women." *American Sociological Review* 39, 3 (June 1974): 293-302.

⑤ Hauser, Robert M., John N. Koffel, Harry P. Travis, Peter J. Dickinson (1975), "Temporal Change in Occupational Mobility: Evidence for Men in the United States." *American Sociological Review*, 53, 723-741.

罗森菲尔德(Rachel Rosenfeld,1978)指出,母亲的职业对于女儿成人后的职业选择来讲也是非常重要的,作者运用1967年30—44岁女性的国家样本,考察了一个代际流动的矩阵,包括了父亲的、母亲的、女性的职业还有种族和年龄变量,最终发现母亲的职业对于女性的职业代际传承是非常重要的①。吉莉安和博伊德(Gillian Stevens and Monica Boyd,1980)运用了一种方法结合了女性职业经验的两个独特的方面:第一,作者考虑了家庭主妇作为一种职业结果;第二,作者考虑了母亲职业和父亲职业对于女性职业起源的影响。作者运用的数据来自1973年加拿大国家流动调查,采用的Logit回归进行分析,最终发现那些母亲有工作的女性更可能加入劳动力市场上,并且他们的职业和母亲的职业比较相似②。

近些年来,有些研究也开始关注自雇用的代际传承,海耶斯(Bernadette C. Hayes,1990)运用澳大利亚1984—1985年18岁以上人口的国家社会科学调查(NSSS),样本是3 012个,作者发现,和北美、爱尔兰的研究一致,母亲的阶层地位影响女儿的职业活动,不仅受影响,而且各个年龄组的影响都是恒定的③。这些个体在父母经营生意的时候会潜移默化的学习到非正式的经营经历。豪特和罗森(Michael Hout and Harvey S. Rosen,1999)在1999年研究了父母是自雇用者时孩子成为自雇用者的可能性。新的结论包括:父母自雇用的影响随着种族不同;即使独立于父亲的职业,家庭结构也扮演了重要角色;黑人比白人有着更低的自雇用率④。

7.4.2 制度、经济社会与代际职业流动

制度因素如中国的户口制度,经济社会因素如产业结构发展阶段、经济发展速度和社会结构的开放程度等都会在一定程度上影响代际职业流动的发生,有些时候,这些因素对代际流动的发生起到决定性的作用。

李春玲(1997)通过对中国社会科学院"青年职业流动与人力资源开发"的调查数据的分析,发现中国代际流动在改革开放前后存在明显差异。改革开放前,国家出于意识形态的原因特别注重吸纳来自较低社会位置群体的成员,从而导致了一个相对平等化的机会结构,有利于出身较低社会阶层的人向上流动,家庭出身背景对个人社会经济地位实现的影响程度较小⑤。李路路(2002)通过建立代际流动的饱和模型,对其

---

① Rachel A. Rosenfeld, "Women's Intergenerational Occupational Mobility." *American Sociological Review*, Vol. 43, No. 1 (Feb., 1978), pp. 36 - 46.

② Gillian Stevens, Monica Boyd, "The Importance of Mother: Labor Force Participation and Intergenerational Mobility of Women." *The University of North Carolina Press*, 1980, pp. 1 - 24.

③ Bernadette C. Hayes, "Intergenerational Occupational Mobility Among Employed and Non-employed Women: The Australian Case." *Journal of Sociology* 1990, 26: 1 - 24.

④ MichaelHout and Harvey S. Rosen, "Self-Employment, Family Background, and Race." NBER Working Paper No. 7344, September 1999, pp. 1 - 40.

⑤ 李春玲. 中国城镇社会流动. 北京: 社会科学文献出版社, 1997: 124.

1998年在北京、无锡和珠海三地所作的调查数据进行分析，结果表明父代地位与子代地位之间具有显著关系，但代际关系与时间变量和城市变量之间不存在显著性联系[①]。

有一些城乡的职业代际传承对比研究。陈婴婴(1995)利用中国社会科学院组织进行的“百县市国情调查”的数据，建立职业的代际流动交互表，并引入结构流动率和纯流动率等指标分析中国职业的代际流动。她认为，中国农村的代际流动明显低于城市；不同职业的代际流动率之间也存在差异；不同所有制间的流动率也有所不同，全民所有制的继承性相对较高[②]。成原和戴建中(1995)的研究是仅有的一个考虑到中国城乡二元分割对社会流动带来的影响，运用的是1988年的6个省的城乡数据，得出的结论是：中国人的流动率不高，总的流动率随着中国的工业扩张和经济改革而波动，但是政府对城乡移民的控制限制了中国农民的自由进出[③]。吴晓刚(2007)采用1996年“当代中国生活史和社会变迁”全国性抽样调查数据，运用多类别条件Logistic回归模型，发现只允许农村受过很高教育的人获得城市户口，使得仅限于城市人口的社会流动研究产生严重的样本选择性偏误[④]。

本章小结

职业流动(occupational mobility)，指劳动者在不同职业之间的转换，是劳动力市场上的一种重要特征，也是理解个人职业发展、职业成就、阶层流动、代际和代内流动的重要手段；影响职业流动的因素主要有人口学特征(年龄等)、教育特征、工作特征与经济制度环境；代际职业流动是目前职业流动研究的一个重要方向。

复习思考题

1. 职业流动主要有哪些分类？
2. 为什么年龄较大的劳动制职业流动率偏低，而已婚女性的职业流动率也要明显高于未婚女性？
3. 影响代际职业流动的因素有哪些？

---

① 李路路. 制度转型与分层结构的变迁——阶层相对关系模式的“双重再生产”. 中国社会科学，2002(6) 1—16.

② 陈婴婴. 职业结构与流动. 北京：东方出版社，1995：90—102.

③ Cheng, Y. and Dai, J. (1995). “Intergenerational Mobility in Modern China.” *European Sociological Review*, Vol. 11, No. 1, May.

④ 吴晓刚. 中国的户籍制度与代际职业流动. 社会学研究，2007(6)：1—30.

案例分析

调查称超五成人想跳槽

一成职场人已完成春季跳槽

28%的人希望跳槽涨薪 50%

智联招聘在 2010 年招聘跳槽的“金三银四”招聘旺季来临之际，推出了职场人跳槽意愿调查，7 000 余名职场人参与的调查显示，一成职场人已经手脚麻利地完成了春季跳槽，超过 28%的人希望跳槽后涨薪 50%，选择跳槽的人给出的首要原因是对现有的工作发展空间不满，其次是因为对薪酬福利不满。

超五成人想跳槽

调查显示，55.6%的职场人在“金三银四”的招聘旺季动了跳槽心思，更有 10.5%的职场人表示已经完成了春季跳槽。不过，也有近三成职场人表示自己没有跳槽的打算，具体比例为 26.3%，7.6%的人打算辞职创业。

此外，两成职场人跳槽后还是打算从老本行开始干起，另有 45.3%的职场人跳槽时会考虑转变行业或职业，但依然会跟原来的工作有所关联。

智联招聘职场顾问赵立朋介绍，选择跳槽的人首要原因是对现有的工作发展空间不满。赵立朋指出，对于企业而言是否把每一个员工安排在最合适的岗位是非常关键的。做不好人岗匹配，不仅留不住人才，也在日常的运作中流失大量的才能。因此，企业要非常看重人岗匹配这个工作，同时要充分信任自己的员工。

对于跳槽者来说，排在第二位的原因是对现有的薪酬福利不满，一是认为单位工资水平总体来看低于市场水平，另一方面就是同工不同酬带来的不满。赵立朋指出，虽然部分企业严禁员工之间讨论薪酬，但是身处其中的职场人多多少少会了解到同事的薪酬水平。如果同工不同酬现象确实存在而且比较严重的时候，确实会造成人才不断流失。员工在发现自己确实在同样的劳动强度下远远低于同事的时候也要冷静，在总结自身工作的情况下可以找领导沟通了解情况。

三资企业仍是首选

调查显示，在各种类型的企业中，跳槽的职场人还是最倾向于去中外合资经营企业、中外合作经营企业以及外资企业这 3 类，具体的比例是 29.7%，而民营企业是跳槽者最不热衷的，只有 5.7%的人会选择去民营企业。

赵立朋指出，由于三资企业会带来先进的管理模式、良好的工作环境以及国际化的人际交往环境等，因此众多求职者想进入三资企业也是情理之中。但同时也说明，众多求职者忽略了很多民营企业已经成长为知名企业的事实。

希望涨薪比例提高

调查还显示，期望通过跳槽薪酬能够翻番的职场人有14.7%，比2009年春季高了1.1个百分点。其次希望能够涨薪50%的职场人比例为28.4%，比2009年春季的数据高出6.2个百分点。

赵立朋分析认为，从数据可以看出，2010年大家希望通过跳槽得到涨薪增幅的比例在提高，这组数据也表明了职场人对经济环境的好转，对经济复苏的信心。

（资料来源：《京华时报》，2010年3月20日。）

结合案例，试分析，中国为什么存在较高比例的职业转换？员工跳槽后职业转换的主要原因有哪些？

推荐阅读资料

1. Derek Neal, "The Complexity of Job Mobility among Young Men." *Journal of Labor Economics*, 1999, 17(2): 237－261.
2. Katherine Shaw, " Occupational Change, Employer Change, and the Transferability of Skills." *Southern Economic Journal*, 1987, 53(3): 702－719.
3. Nachum Sicherman and OdedGalor, "A Theory of Career Mobility." *Journal of Political Economy*, 1990, 98(1): 169－192.
4. Nickell, S. "The Determinants of Occupational Success in Britain." *Review of Economic Studies*, 1982, 59: 43－53.
5. Shirley Dex, Kelly Ward, Joanne Lindley, "Vertical Occupational Mobility and its Measurement." GeNet Working Paper No. 24, February 2007.
6. Simon S. K. Lam, Thomas W. H. Ng and Daniel C. Feldman. "The Relationship between External Job Mobility and Salary attainment across Career Stages." *Journal of Vocational Behavior*, 2012, 80: 129－136.

网 上 资 料

1. 美国职业标准分类网站(SOC)：http://www.bls.gov/soc/.
2. 北京大学中国职业研究网：http://www.cior.org.cn/Main/Default.aspx.

第 8 章

职业平衡

学习目标

职业只是人生的一部分，而不是全部。工作于生活的平衡不仅有助于职业发展，也使得职业发展更加有意义。通过本章的学习，我们将了解工作生活平衡的影响因素，明确培养工作生活平衡的意识和制定平衡计划的必要性。掌握职业女性工作生活平衡的影响因素和表现特征，探求平衡策略。掌握退休研究的前沿理论，了解影响个体是否作出退休选择的影响因素。

引　例

花 旗 集 团

——员工的职业平衡

在平衡员工的工作生活方面，花旗集团有着众多有效的措施，并以其在员工职业平衡方面的杰出成就而享誉全球。花旗集团的目标是设计与提供有针对性的计划来帮助员工出色地协调他们的职业与个人生活的关系。

“毕生事业计划”

花旗集团的“毕生事业计划”帮助每一名花旗员工及其亲人实现更好的管理每一天生活的要求。该计划面向美国、加拿大等国家的员工、他们的配偶及亲人开放。该计划通过免费的电话号码或网络提供服务，它提供信息查询、资源调查等服务，也有指定的人员帮助有需要的员工完成有实际解决方案的事务，它提供了一系列广泛多样的选择，如养育、儿童看护、收养、教育、老年人照料和法律问题等。

员工与他们的家庭成员还可以进入到“毕生事业”网站参与网上的讨论，收查他们关注的时事通讯。通过其他交互式的特别专题获得援助。这个计划被员工及他们的亲人广泛使用，使用频率最高的是儿童看护、养育与老年人照料等问题。

医疗设施与服务

花旗集团是关注员工健康的典范，在全球建立了庞大的医疗服务体系来为员工提供医疗与健康服务，各种各样的医疗计划为全球员工带来了很大的益处。花旗集团定点的医疗设施位于美国、爱尔兰、伦敦等地。每年，数以万计的员工使用花旗集团的这些服务，并有85%以上的人能够在当天重返工作岗位，而平均每次服务(体检、看病等)少于30分钟。

医疗计划提供的服务包括评估、治疗等。公司对移居国外的员工及其配偶、伴侣进行定期的医疗检查。安排中包括定期的透视检查，为商务旅行的员工进行免疫、流感疫苗注射，血液测验，过敏注射，心电图等众多医疗服务项目。另外，据统计至少40%的花旗女性员工有小孩。根据这些人口统计，支持工作母亲的需求对花旗人力资源成本底线是一个很大的挑战。为了支持工作妈妈们的需要，花旗集团在美国、都柏林、伦敦等国家与地区的医疗设施中专门配备了哺乳设施。

员工俱乐部

花旗在许多国家员工的满意度非常高，通过花旗“员工之声”全球满意度调查，花旗新加坡的员工满意度有时会达到100%。在新加坡，持有花旗员工卡的人，可以在遍布全国的商业网点、酒店等获得很大优惠。而实际上，原先花旗新加坡员工的满意度很低，后来其负责人根据调查结果，为员工成立了俱乐部，并每年拨出专门费用为员工谋福利，结果每一名员工的兴趣与积极性都被调动起来了。

花旗中国设有形形色色的员工俱乐部与协会，开展丰富多彩的员工活动，以减轻员工工作压力，平衡工作与生活。诸如健身、游泳等体育活动，花旗都会为员工出一半费用。并且员工俱乐部的负责人由每个业务部门的负责人轮流担任，必须在做好本职工作的同时为员工谋福利。

(案例来源：《人力资源考试中心》，http://www.hrkscn.com/2007-04/37093/，2007-04-07，已整理。)

上述引例给出了花旗集团在员工职业平衡上的三种人性化管理方式。事实上，每一个在职员工都面临着如何平衡其工作与生活的问题。每个员工的背景不同，所在公司文化不同，因此面临的平衡状况也不同。例如，有些公司在实行弹性工作时间制，可以让员工根据自己的情况合理安排工作和闲暇时间，有些公司则没有建立这方面的制度。本章将详细介绍职业平衡的前沿理论，分享国外的成熟经验，并且会对职业女性和退休人员的工作生活平衡特征及影响因素做进一步了解。

8.1 工作生活平衡

工作生活平衡(work-life balance)是影响雇员职业生涯发展与个人家庭幸福的重要因素,制定良好的工作生活平衡计划是当前职业生涯管理的重要内容。工作和生活是人生的两大支撑点,而生活是精神归宿的核心、幸福与快乐的原点,更是工作的根本动力。正如美国前劳工部部长赫曼(Herman)曾指出:“21世纪制度决策者与研究者所面临的3个中心问题是全球化对策、提高劳动者技能和工作-生活平衡”①。

8.1.1 工作生活平衡的定义

在工作生活关系的学术研究领域,格雷戈里和米尔纳(Gregory and Milner)曾指出,很多学者都从不同角度研究着“角色冲突”、“角色紧张”、“工作家庭冲突”,但近年来研究最多的是“工作生活平衡”②。达克斯伯里和希金斯(Duxbury and Higgins)认为“工作生活平衡”与“工作生活冲突”是一个统一体相对的两端。他们将工作生活平衡定义为“来自一个人的工作和生活的需求是等量的一种均衡状态”;将工作生活冲突定义为“员工在来自工作和生活的不同需求中挣扎的一种不稳定状态”③。另外,克拉克(Clark)将工作生活平衡被定义为“个体对工作和家庭满意、工作家庭职能运行良好,角色冲突最小化”④,这一观点被广泛接受。

达克斯伯里和希金斯在他们的加拿大国家“工作生活平衡”调查报告中,将“工作生活冲突”分为五类类:第一类是“角色超载”(role overload),即有太多的事情,而有太少的时间来做;第二类是“工作对家庭的影响”(work to family interference),即工作需求使家庭责任难以得到满足;第三类是“家庭对工作的影响”(family to work interference),即家庭需求使工作责任难以得到满足;第四类是“护理者负担”(caregiver strain),即与照顾老人、护理有病的亲人等相关的负担,这种负担又可以分为感情负担、体力负担、经济负担和家庭负担;第五类是“工作对家庭的溢出效应”(work to family spillover),即员工应用他

---

① Herman A. M. “Report on the American Workforce. Cornell University ILR School.” Federal Republications. Key Workplace Documents. 1999.

② Abigail Gregory, Susan Milner. “Editorial: Work-life Balance: A Matter if Choice?” *Gender, Work & Organization*, 2009.

③ Duxbury L, Higgins C. “Work-life Conflict in Canada in The New Millennium: A Status Report.” *Health Canada*, 2003.

④ Sue Campbell Clark, “Work-family Border Theory: A new Theory of Work-family Balance.” *Human Relations*, 2000.

们在工作吸取的经验来处理他们非工作的责任和活动的能力。

基于丰富的研究,加拿大政府很早就意识到工作生活平衡的重要性,推出了各项政策来缓解矛盾。例如,加拿大政府推出“时间购买计划。”①。时间购买计划是一种以年为单位进行工作时间分割的工作分享形式。在加拿大,企业员工可以自愿加入政府支持的“四一工作计划”,每工作四年,即可休假一年。在工作的四年中,员工每月只领取工资的80%,另外20%存入银行为其开设的专门账户,这部分延付工资加上利息成为第五年的收入来源。加拿大政府为鼓励员工加入该计划,对其存入银行的20%工资实行免税政策,并通过法律保障参加该计划的员工在休假一年后能够回到原公司的原岗位上工作。加拿大劳工资源服务机构公布的调查显示,加拿大企业正在认识到许多为人父母者难以实现工作与家庭之间的平衡,通过允许远程办公或弹性工作时间等政策来帮助雇员。有65%的加拿大公司已作出政策调整,以更好地适应在职父母的需求。

8.1.2 工作生活冲突的产生

在工业文明之前,工作与家庭生活是紧密结合在一起的。随着市场经济和工业化的发展,家庭之外的工作逐步代替了家庭作坊,工作和家庭环境出现了多样性。在工业革命以后,工作和家庭生活被客观和暂时地分离,工作和家庭活动在不同的地点、不同时间进行。因此,早期研究者把工作和家庭系统分别看待,认为男主外女主内,两个系统各自运转②。然而,到了20世纪70年代,研究人员开始用开放系统的方法进行研究,认为工作和家庭行为相互影响,工作和家庭系统虽不同但互相作用,感情充溢两个系统之间③。例如,一个人在一个系统中经受失望就会在另一个系统中表现作用出来。

“溢出理论”(spillover theory)认为,尽管存在工作和家庭之间空间上的暂时分界,但在一个领域的感情和行为会带到另一个领域。比如,经过一天糟糕工作的雇员,可能在回家时带着坏心情,而迁怒于家人。“补偿理论”是对“溢出理论”的补充,认为假定在工作和家庭之间存在相反的关系,在一个领域中有所丧失的就会在另一领域中投入更多以企图弥补。如家庭生活不满意的人,就会在工作中追求工作上的满足,反之亦然④。这些理论和研究证明了一个重要结论:工作和家庭生活相互影响。社会的变迁,提高了个体在家庭和工作中的责任,继而引发了关于工作和家庭生活相互间依赖

---

① http://www.servicecanada.gc.ca.

② T. Parsons, R. F. Bales, *Family, Socialization and Interaction Process*. The Free Press, 1955.

③ Katz D., Kahn R. L., *The Social Psychology of Organization*. New York: Wiley, 1978.

④ Graham L. Staines, "Spillover versus Compensation: A Review of the Literature on the Relationship Between Work and Non-work." *Human Relations*, 1980.

性的进一步研究。新的研究认为溢出和补偿在个体中同时发生，这就无法解释为什么个体选择其中一种反应而不是另一种①。溢出和补偿理论仅指出情感上的联系（如满意、挫折），但没有给出工作和家庭之间空间性、暂时性、社会的和行为上的联系。另外，这些理论把个体看作反应性的，而不是能动的、可以塑造环境的。因此，溢出和补偿理论对于工作生活平衡的许多关键问题无法解释。

20世纪80年代末到90年代，许多学者进行了附加可变量的研究，加深了对工作和家庭互相影响的理解及其复杂度的认识。比如关于个体在家庭工作中角色确认的研究，有学者提出了个体在工作中的地位会影响家庭生活的重要性②；类似地，有学者通过研究个体在雇员和家庭成员之间投入的价值，可以更好理解工作与家庭之间的冲突③，有学者对工作规则在缓解工作家庭冲突方面的作用进行了研究④。尽管这些附加可变量增加了对工作和家庭相互作用的理解，但还没有一个理论能够全面地解释冲突和平衡出现的过程。克拉克（Clark）在对以往的工作家庭关系理论进行批判的基础上，于2000年提出了工作家庭边界理论（border theory）⑤。该理论认为，人们每天在工作和家庭的边界徘徊。工作与家庭之间的主要联系不是感情，而是人，人们每天在工作和家庭两个范围内转移。人们塑造两个范围和他们之间的边界，并且影响边界跨越者与这个范围及其中成员之间的关系。虽然人们塑造环境，但同时也被环境塑造。工作家庭边界理论试图解释边界跨越者和他们的工作与家庭生活之间复杂的作用，解释冲突出现的原因，给出保持平衡的结构。

由上述理论可以看出，工作生活正是因为存在冲突带来了工作生活不能平衡的现状。如果再进一步考虑工作生活冲突的驱动因素和阻碍因素，比如家庭责任感、组织文化、组织绩效、技术因素等⑥，我们会发现如何平衡工作生活是一个复杂的综合体，其中涉及的问题还有很多。

国内对于工作生活平衡的研究起步较晚，企业实践方面不是很成熟，而很多发达国家早就意识到了工作生活平衡问题的严重性。根据美国人口调查局1987年的统

---

① Champoux J. E. "Perceptions of Work and Non-work: A Reexamination of the Compensatory and Spillover Models." *Sociology of Work and Occupations*, 1978.

② Thompson J. A. & Bunderson J. S. "Not just a Matter of Time? Transcending Temporal Determinants of work/nonwork Conflict." Paper presented at the 57th annual meeting of the Academy of Management, 1997.

③ Carlson D. S. & Kacmar K. M. "Work-nonwork Conflict in the Organization: Do Life Role Values Make a Difference?" *Journal of Management*, 2000.

④ Greenhaus, Jeffrey H. "The Intersection of Work and Family Roles: Individual, Interpersonal, and Organizational Issues." *Journal of Social Behavior & Personality*. 1988; Kline M. & Cowan PA. "Rethinking the Connections Among 'Work' and 'Family' and Well-being." *Journal of Social Behavior and Personality*, 1988.

⑤ Sue Campbell Clark, "Work-family Border Theory: A new Theory of Work-family Balance." *Human Relations*, 2000.

⑥ 刘永强，赵曙明. 工作家庭冲突的影响因素及其组织行为后果的实证研究. 南京社会科学，2006(5).

计，在核心家庭单位中，丈夫在外工作，妻子照料家务和小孩的传统模式现在只有不到4%的家庭中存在；在有小孩的家庭中，25%实际上是由单亲父母照养的。有25%的公司员工还要关照他们的老年家属。1992年，在美国的整个劳动队伍中，70%的女性员工有不到6岁的小孩；孩子小于3岁的妇女中，60%的人有职业。67%的男性员工的妻子是职业妇女，较之1975年，这个比例增长了近50%①。无论男性还是女性的结婚年龄都较晚，男性第一次婚姻的平均年龄是27岁，女性是24岁。墨菲(Murphy)的研究表明，美国公司每年与工作家庭冲突相关的直接成本大约是1 500亿美元②。传统家庭数量的减少和双职工家庭以及单亲家庭的增加使得人们更加关注员工的工作和家庭生活的平衡。

美国政府实施工作家庭平衡计划中最具特色的是实行"家庭福利照顾制度"。美国从国家层面制定了平衡工作与家庭的相关法律规范。其影响最大的是家庭福利计划。美国国会于1993年通过了《家庭与医疗休假法》，规范企业的家庭照顾责任，该法的适用范围成了2008年美国总统竞选议题，民主党候选人希拉里·克林顿等都极力鼓吹扩大该法律的适用范围。美国通过的联邦有关"家庭假期"(Family Care Leave)的法律规定，任何员工可以因产假、照顾产假、照顾家庭成员生病等原因，向雇主请长达3个月的假期，而雇主仍必须保留员工的职位。美国政府还积极推行灵活工作制，即企业对员工实行不固定的灵活工作时间，这样可以使企业增加用工的灵活性，同时扩大就业面。灵活工作制的种类主要有：计时工作制、随叫随到制、压缩工作周制、弹性工作制、机动工作制、远程工作制等。据估计，美国在家里从事远程办公的职业人士将达6 000万。

8.1.3 平衡工作生活的价值

国内外研究表明因为工作与生活产生冲突，所以带来了工作生活的不平衡，那么这样的不平衡对于员工工作和生活有何影响？只有清楚认识到可能产生的影响，我们才能确定和坚定完善职业平衡计划的必要性。

国内学者研究指出工作生活平衡策略同时对个体和组织两个层面起作用，最终将影响组织绩效③。在个体层面，通过组织的工作生活氛围(work-life climate)和上级支持的中介效应，工作生活平衡策略能提升员工组织承诺和工作态度、减少员工工作生活冲突和提高生产力；组织层面的影响包括提高组织招聘效率及组织保持力(organization retention)、降低管理成本和吸引投资。国情、性别和个体差异因素在其中起调节作用(参见图8-1)。

---

① Stephens G. K., Sommer S. M., *Educational and Psychological Measurement*, 1996.

② Lawrence R. Murphy, Steven L. Sauter. "The USA Perspective: Current Issues and Trends in the Management of Work Stress." *Australian Psychologist.*, 2003.

③ 陈彦. 刘耀中. 工作生活平衡策略与组织绩效研究述评. 企业发展，2010(7).

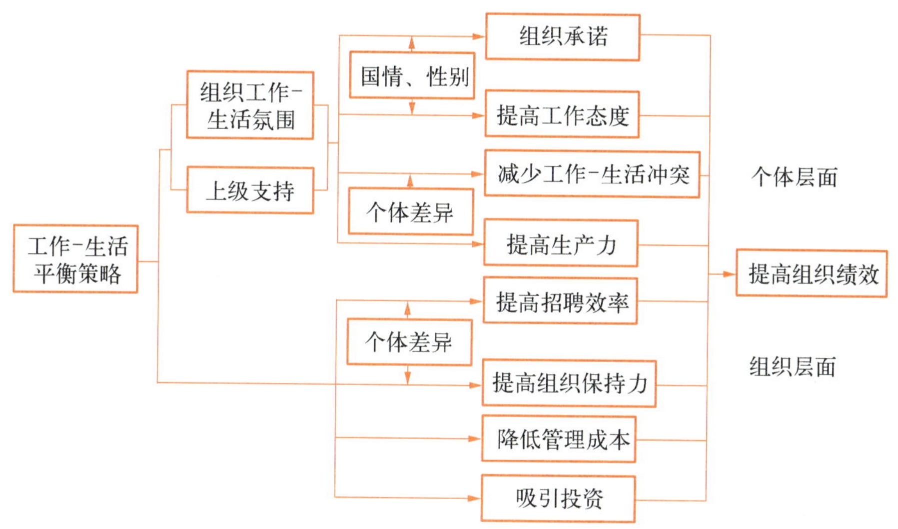

图8-1 工作平衡策略对组织绩效的影响机制

资料来源：陈彦，刘耀中. 工作生活平衡策略与组织绩效研究述评. 企业发展，2010(7)

其中，组织工作生活氛围的中介效应理论是由汤普森(Thompson)等人提出的。他将其分为三类：(1)积极，组织管理层支持工作生活平衡理念；(2)隐形消极，利用工作生活平衡策略会引起消极职业后果；(3)消极，员工必须花大量时间在工作上，家庭生活经常被牺牲①。若无积极的工作-生活氛围，员工就会缺乏工作-生活平衡意识和对组织支持的感知，并由于担心被视为不尽责而不愿使用工作-生活平衡策略。上级支持的中介效应是指一线经理的态度直接影响下属能否知晓并申请平衡策略，以及申请是否能够获准。有学者研究发现，在中国、肯尼亚和泰国，弹性工作制与银行职员的组织承诺正相关，但前提是雇员感知其上级表现出领导交换行为②。经理对平衡策略的态度受其自身情况影响：本身肩负养育责任的主管，会更灵活地帮助员工平衡工作和家庭的责任；较于男性经理，女性经理更可能会批准转换工作的安排③。

大量学者提出了工作家庭冲突和工作满意度之间的相关性显著的结论。贾洛德(Jarrod M. Haar，2014)对马来西亚、中国、新西兰毛利人、西班牙、法国、意大利等国家的1 416位员工进行了研究，发现工作生活平衡策略与个人的生活满意度和工作满

① Thompson C A，Beauvais L L & Lyness K S. "When Work-life Benefits are not Enough：The Influence of Work-life Culture on Benefit Utilization，Organizational Attachment，and Work-life Conflict." *Journal of Vocational Behavior*，1999.

② Wang P. & Walumbwa F. O. "Family-friendly Programs，Organizational Commitment，and Work withdrawal：The Moderating Role of Trans-formational Leadership." *Personnel Psychology*，2007.

③ Parker L B & Allen T D. "Factors Related to Supervisor Work-family Sensitivity and Flexibility." Paper presented at the Annual Conference of the Society for Industrial and Organizational Psychology，2002.

意度存在正向作用①。同时,有学者利用新加坡的数据,研究了新加坡双职工夫妇,发现工作家庭冲突同倦怠有关②。其他学者对新加坡 2 589 名职业人员的调查数据发现,在控制了和工作有关的变量、个性和人口统计特征之后,工作家庭冲突和工作不满意及紧张有关③。2003 年,新加坡全国雇主联合会对 11 家新加坡公司开展了一项调查显示,公司在照顾员工家庭计划中所花费的每 1 新元,所得到的回报高达 1.68 新元。研究表明"工作与生活平衡策略"将提高员工的工作效率、改善员工的参与意识、增加企业的吸引力,并留住员工、减少与健康相关的成本(如:缺勤、病假)、提升客户的体验、形成更具激励性和满足感的工作团队。

工作是把双刃剑,它是美妙的,因为工作能够带给我们各种满足;但是,它也在消耗人的能量,如果长时间过度地工作,人们可能会觉得工作乐趣减退,产生精疲力竭的感觉,甚至可能出现情绪暴躁、精神忧郁等问题;如果不良的情绪得不到化解,会导致无法正常工作,影响人际关系,危及职业生涯甚至生命,这种现象就是"工作倦怠"(job burnout)④。中国市场咨询(CRT)⑤在北京发布了《2010 年中国白领年度调查报告》。本次调研覆盖全国 36 个城市,3 500 余名都市白领对他们的生活和工作状态,健康和人际交往状态品牌消费观进行了深入研究。其中,四成以上白领表示对其工作和生活不满意,并且越年轻的白领对其工作的满意度越低,尤其表现在对薪酬和福利方面,其中 65.7%的 20—29 岁的白领对薪酬不满意,56.1%对福利不满意,与 30—40 岁的白领相比其不满意度分别高出 16.7%和 7.6%,可见通胀压力下白领对薪酬福利的满意度明显偏低,同时生活精神压力更大。

全国人大常委会执法检查组 2005 年对《劳动法》的实施情况进行了检查,共涉及 40 个城市的 2 150 家企业,发放并回收了 3.1 万份调查问卷。结果发现,超时加班现象普遍,相当一部分企业违反《劳动法》规定,要求劳动者超时加班,并且不付加班工资,特别是一些生产季节性强、突击任务多的企业,劳动者每日工作长达十几个小时,很少有正常休息日⑥。2006 年,华为公司的员工胡新宇和广州海珠区女工甘红英死亡事件,使得普通劳动者过度加班、过度劳累甚至导致"过劳死"的问题引起广泛关注。

---

① Jarrod M. Haar, Marcello Russo, Albert Suñe and Ariane Ollier-Malaterre. "Outcomes of work-life balance on job satisfaction, life satisfaction and mental health: A study across seven cultures." *Journal of Vocational Behavior*, 2014, 85: 361 - 373.

② Aryee, Samuel. "Antecedents and Outcomes of Work-family Conflict among Married Professional Women: Evidence from Singapore." 1992. Aryee, Samuel. Dual-earner couples in Singapore: an Examination of Work and Nonwork Sources of their Experienced Burnout, 1993.

③ Bun Chan, K., Lai, G., Chung Ko, Y., & Weng Boey, K. "Work Stress among Six Professional Groups: The Singapore Experience." *Social Sciences and Medicine*, 2000.

④ Beverly Potter. "Overcoming Job Burnout: How to Renew Enthusiasm for Work." Ronin Publishing, 2005.

⑤ CTR 市场研究公司是中国最大的市场资讯及研究分析服务提供商,其研究服务涵盖品牌营销和媒介受众,研究领域跨越媒介与受众研究、品牌与传播策略、产品与消费市场分析、渠道与服务管理。

⑥ 程刚. 我国劳动法实施存在重大问题. 中国青年报,2005 - 12.

中华全国总工会劳动保护部部长张成富指出，“过劳死”不仅仅威胁着在生产线上劳作的普通工人，目前还呈现出向高科技领域、“白领”阶层蔓延之势①。

由上述多组数据不难看出，工作生活的严重失衡导致了诸多社会问题。工作倦怠、工作压超时加班、过劳死等，这些敏感的词眼，总在提醒着我们要给予工作生活平衡更多的关注。不仅个人要树立正确的工作生活平衡观念，从企业角度出发，更要为了组织招聘效率、保持力和绩效的提升，企业应积极配合政府，共同制定和实施相应方案，推动全社会工作生活平衡工作的进展。

例如，新加坡政府设立了“工作家庭平衡发展基金”重塑社会价值②。政府将“幸福家庭”作为新加坡的国家政策，400 万人口的新加坡，全国设有 36 个“家庭服务中心”，由政府提供经费资助，外包给专业的非营利机构运营，中心配有专业社工辅导员，随时提供社区里的家庭咨询服务。政府拨出 1 000 万新元设立“工作-家庭平衡发展基金”，帮助私人机构发展和实施工作与家庭并重的策略。机构在计划开展之初可以获得 30%的批准基金。在此基金下，政府将为所批准的计划资助高达 70%的费用，每个机构的上限为 3 万新元。针对新加坡近年来出现的少子化、不婚等问题，新加坡政府发展出完整的“家庭政策”，从硬件到软件，从预防到补救，编织出完整的支援网，家庭政策成为国家发展中优先被考虑的问题。

从 1998 年开始，新加坡政府主办每两年一次的“亲家庭企业奖”(family friendly employer award)③，鼓励企业提供弹性上班工时、远距离工作等有利于员工平衡工作生活的措施。得奖的企业雇主，必须公开展示、说明其做法及效果，以供其他企业学习仿效。政府也训练了 50 位专业的顾问辅导员，帮助企业规划执行各种“亲家庭”人力资源措施。

8.2 职业女性

职业女性总是受到更多的关注，尤其在中国，社会习惯性地以传统的男性主导文化评价职业女性，把成功的职业女性渲染成不顾家庭、不懂生活甚至没有家庭生活的“女强人”。而同时又期望职业女性是可以胜任职业、跟上社会潮流的事业型，并兼顾能够履行相夫教子，成为贤妻良母的传统型。这就对职业女性的工作生活平衡问题提出了严峻的挑战。

---

① 王娇萍. 总工会称“过劳死”呈现向白领阶层蔓延趋势. 中新网，2006 - 06.
② http://www.business.gov.sg.
③ www.mom.gov.sg.

8.2.1 职业女性工作生活冲突的影响因素

职业女性的工作生活冲突受到多方面因素的影响，如人口特征、社会文化、工作特征、组织特征、家庭责任和自身角色价值观等。

根据 2000 年 11 月底的第五次人口普查的资料，我国 65 岁以上的老年人口已达 8 811万人，占总人口 6.96%，60 岁以上人口达到 1.3 亿，占总人口 10.2%，已进入老龄化社会①。经济的发展和生活水平的提高，使人们的营养水平和卫生状况得到改善，人口预期寿命普遍延长，老年人口死亡率下降带来老年人口比重的增加。人口老龄化②意味着，从事生产的在职人员占总人口的比重会大大减少，而退休人口的比重却将不断上升，社会养老的经济负担和生活照料负担将日益加重，在家庭内部则表现为一对夫妇所需赡养的老人数目增加③。对职业女性来说，家庭成员的责任要求她们投入更多的时间与精力用于工作，通过增加工资和收入分担经济负担；也要求她们强化家庭的赡养功能，承担起照顾和护理老人的责任。

传统文化和现代文化并存的多元文化社会，使中国的职业女性在接受新价值观的同时又无力摆脱旧价值观的束缚，从而面临更多困惑。在传统的中国社会，男性是社会和家庭的轴心，承担着养家糊口的责任，而女性则处于从属地位，担当着贤妻良母的角色。根深蒂固的"男尊女卑"的价值观念，使中国形成"男主外、女主内"的家庭分工。但是，中国的现代职业女性一方面要接受现代文明对女性的价值标准；另一方面又无法摆脱渗透在社会各个角落的传统文化对女性形象的期望④。女性在传统家庭角色负担没有减轻的基础上，还需要满足职业角色的价值标准。在现实生活中，男性只要扮演好事业角色，事业成功就会被认为是成功者，如能关心家庭和分担一些家务负担就可称为模范丈夫，如果为了事业不顾家庭，也会得到理解甚至被认为是理所当然；而女性则须同时扮演好家庭角色和事业角色才值得称颂，家庭生活如果不能幸福和谐，即使事业成功也会受到非议和责备⑤。事业角色和家庭角色之间的互相转换，使职业女性疲于应对工作和家庭的平衡，更有可能陷入渴望成功也害怕成功的矛盾中，工作与家庭之间的冲突在其中被无限的放大。

我们从工作时间标准和工作任务两个方面来分析工作特征。工作时间标准界定了工作和家庭的边界，将何时工作和何时承担家庭责任分开。工作时间越长的职业女性，需要花费更多时间在工作场所中，因此花在家中的时间相对较少，从而可能无法拨出时间分担家务、辅导孩子、照顾生病的家人。不同的职业女性有着不同的家庭需求，

---

① 奉莹.我国人口老龄化趋势对劳动力供给的影响.西北人口，2005(4).

② 人口老龄化指老年人在总人口中的相对比例上升，按国际通行标准，60 岁以上老年人口或 65 岁以上的老年人口在总人口中的比例超过 10%和 7%，即可看作是达到了人口老龄化。

③ 李中流，过琥岗.人口老龄化对我国社会经济发展的影响及对策.沿海企业与科技，2005(9).

④ 杨爱珍.当代职业女性角色冲突的原因和对策.理论建设，1995.4.

⑤ 王杰康，王东莉.青年女教授的角色冲突.当代青年研究，2002.3.

而非弹性的工作时间,使这些家庭需要无法得到满足。如有些需要为家人准备早餐,有些需要在孩子上学放学时接送孩子,而有些则需要探望住院的家人,但这些时间可能都需要在工作时间进行。经常加班,无序轮班的职业女性,可能在家人入睡时才能到家,或者需要牺牲节假日和家人团聚的时间,因此与家人见面的时间可能减少,或者由于加班、轮班消耗体力,而没有足够的精力承担家庭责任。以上的种种情况都会使工作影响家庭的可能性增加。在缺乏挑战性、不重要的、常规的任务上工作的职业女性,她们从工作中较少体味到重要性和价值感,而这种心理压力又会消耗她们扮演家庭角色所需的精力和注意力,进而影响她们在家庭角色中的表现。研究还发现女性管理者比非管理者经历更激烈的工作家庭冲突。这可能是因为,处于管理层的职业女性,需要处理更复杂的工作任务。工作对知识、技能、精力集中程度的要求越高,越可能造成心理压力,因而职业女性越可能在承担家庭责任时变得力不从心。

职业女性在工作场所频繁接触的对象就是其直线主管,其拥有组织赋予的多项权利,是影响职业女性工作生活平衡的重要因素。艾伦(Allen)将家庭支持主管定义为"对雇员想要寻求工作和家庭的平衡有同情心,并且努力帮助雇员适应他或她的工作和家庭责任"的人①。主管是否把职业女性看成是完整的人来看待,认识到职业女性的家庭义务和挑战,并且愿意调整政策和行为适应她们的需要,对减轻职业女性的压力,减少工作家庭冲突会产生重要影响。另外,有的公司愿意从个人角度帮助雇员整合工作和家庭角色,并灵活满足雇员需要,这被称为家庭友好政策,由帮助雇员平衡工作和家庭责任的计划、规则和程序组成②。家庭友好政策通常表现为弹性时间、工作分享和孩子看护等,这都表明组织认识到雇员同时拥有工作角色和家庭角色,并愿意通过政策帮助个人平衡工作和家庭,从而会减少职业女性所感受的压力。

8.2.2 职业女性工作生活冲突的表现

职业女性的工作生活冲突常常表现在两方面:一方面是女性的内在表现,即内部的情绪,外部没有明显特征;另一方面是外部表现,即有可观测性,通常表现为时间冲突、压力冲突和行为冲突③。

工作角色要求职业女性精通业务、胜任工作,最大限度发挥自己的才能。随着社会竞争日益激烈,职业女性不仅面临着职位升迁、工资晋级的竞争压力,还无法避免下岗和失业的威胁。职业女性只有不断加快知识更新的速度,不断提升自身技能,不断表现优秀绩效,才能获得生存和发展。在家庭角色方面,职业女性要尽到贤妻良母的

---

① Tammy D. Allen. "Family-Supportive Work Environments: The Role of Organizational Perceptions." *Journal of Vocational Behavior*. 2001.

② 李淼,陆佳芳,时勘. 工作家庭冲突中介变量与干预策略的研究. 中国科技产业,2003(7).

③ 林松乐. 1981—1992年中国职业女性角色冲突观点综述. 南方人口,1994(2).

职责，就要面临许多新增的压力。她们不仅是家务劳动的主要承担者，而且人口老龄化使一对夫妇照顾四个老人的情况日益增多，而照顾老人的责任又主要由职业女性承担。同时，家庭教育功能的强化，使对孩子的教育责任很大部分落在母亲身上。为了应对工作和家庭角色的双重压力，有限的时间、精力和现有能力素质的制约，常常使职业女性感到力不从心，在工作角色和家庭角色之间穷于应付。社会对于男性女性有着不平等的角色期望，而职业女性常常无法满足社会对其工作和家庭角色同时出色扮演的期望，从而表现出主体角色愿望和社会角色期待之间的冲突。

时间是个常数，对职业女性来说，把时间投入到工作领域（或家庭领域）就没有时间参与家庭领域（或工作领域）的活动。例如，要出席项目团队的重要会议而不能参加家庭成员的生日宴会，或是因为参加孩子的毕业典礼而无法会见重要客户。职业女性可能为了满足家庭要求占用工作时间，也可能因此无法利用工作之外的时间学习，从而可能没有足够的时间完成工作职责或在工作角色上表现出色。另外，工作环境经常变化、沟通不畅、工作角色模糊、工作角色超载、任务没有挑战性、工作风险太大、缺乏领导支持等都可能使职业女性在工作中经历高水平的压力①。职业女性可能带着紧张、易怒、郁闷、冷漠的情绪回到家中，这种情绪往往容易引起家庭矛盾。工作领域的压力也可能使职业女性过于疲劳，从而使她们难以保持充足的精力参与到家庭活动中，影响家庭角色的履行。职业女性，不仅受到工作角色规范的制约，又受到家庭角色规范的制约。工作角色是一种“工具性角色”（以事业成就为中心的角色），要求比较客观、情绪化程度较低的行为，而家庭角色是一种“情感性角色”（以柔顺和情感的付出为中心的角色），要求温柔、情感反应丰富的行为②。不同的角色行为规范如果在情境下互换，必然会受到质疑。为了满足工作场所和家庭场所不同的期望，职业女性必须在不同场所表现不同行为，行为转换不及时或不彻底都可能产生基于行为的冲突。

8.2.3 职业女性工作生活平衡策略

由以上分析的职业女性工作生活平衡的影响因素和表现形式，我们不难发现职业女性的工作生活平衡问题相对于男性受到更严重的挑战，而如何平衡迫在眉睫，我们尝试从组织和个人两个层面讨论平衡策略。

近些年来，越来越多的雇主关注到组织中的工作生活平衡问题，并采用“家庭友好”或“家庭响应”政策来满足员工处理家庭事务的需要③。加林斯基(Galinsky)和格拉斯

---

① Jeffrey H. Greenhaus, Nicholas J. Betell. “Sources of Conflict between Work and Family Roles.” *Academy of Management*, 1985.

② 郑晨. 当代职业妇女角色冲突的社会学分析. 浙江学刊，1994(1).

③ Adams King & King, “Relationships of Job and Family Involvement, Family Social Support, and Work Family Conflict with Job and Life Satisfaction.” *Journal of Applied Psychology*, 1996.

(Glass)等人的研究共同证实了,在支持性环境下工作的员工会较少地经历工作家庭冲突,会对工作更满意、更忠诚。无论是正式的政策还是非正式的,都会对组织的工作结构和工作流程产生影响①。克里斯滕森(Christensen)和尼奥(Neal)等人的研究显示,灵活的工作结构,包括弹性工作时间和弹性工作日程,是组织对雇员家庭责任支持的最重要政策②。除了政策支持以外,有的企业采用菜单式福利,假定员工经历的工作家庭冲突具有很大的个体差异,因此根据员工的年龄、薪酬和家庭地位等不同因素帮助女性定制不同的福利项目。这些灵活的福利制度给雇员更多的选择以安排好家庭责任。国外很多公司利用教育培训方法,向员工传授为人父母的技能、照料孩子和老人的方法、孕期健康以及家庭关系知识等。有些公司利用图书馆,指导手册及讨论会等形式为雇员提供家庭责任信息,这些便利的信息资源可以有效的节省女员工的时间和精力。

尽管很多组织采取了相应的政策、福利和服务帮助职业女性平衡工作生活,但归根结底,职业女性必须学会依赖个人资源来平衡工作和家庭领域的竞争需求。换言之,平衡工作生活关系应当成为现代女性必备的职业能力之一。职业女性平衡工作生活的策略主要有四种:直接行动策略、寻求帮助策略、积极思维策略、回避或退让策略③。直接行动策略是指职业女性通过采取直接行动来改变导致工作家庭冲突的环境因素,从而减少或消除冲突的一种策略。例如,根据工作紧张程度调整家务时间,减少由于时间冲突造成的工作绩效低的情况等。寻求帮助策略是指个体通过寻求与别人合作和别人的帮助,促使工作家庭冲突环境因素发生变化,从而减少或消除冲突的一种策略。例如,与配偶共同承担家务或雇用保姆协助照料老人、孩子等。积极思维策略是指个体可以通过乐观的思维或认知方式来控制自己的知觉,从而减少工作家庭冲突的影响。回避或退让策略则是指个体可以通过漠视或忽略冲突的存在来减少冲突的影响。前两种策略主要通过改变外界条件来减少或消除冲突,而后两种策略主要是通过控制和调节个人情绪和认知来达到缓解冲突的目的。

8.3 退休

在生命周期的不同阶段,一个人的市场生产率和家庭生产率在不断变化,因而人们在一生当中在不断调整自己对于市场的劳动供给时间。与在晚期时相比,一个成年

---

① Galinsky Bond & Friedman, "The Changing Workforce: Highlights of National Study." Families and Work Institute. 1993; Glass & Estes, "The Family Responsive Workplace." *Annual Review of Sociology*, 1993.

② Christensen K. E. & Stains G. L., "Flextime: a Viable Solution to Work-family Conflict?" *Journal of Family Issues*, 1990; Neal M. B., Chapman N. J., Ingersoll-Dayton B. & Emlen A. C. *Balancing Work and Caregiving for Children, Adults, and Elders*. Newbury Park, 1993.

③ Nelson, *Quality of Working Life Questionnaire*, McDonald, 2001.

人在早期阶段用于工作的时间较多，而在后期阶段，人们可能就会选择退出或减少劳动供给。工作与生活就好像一个天平的两端，只能尽力让它们保持水平，但这个天平在不同时期，总会有一边比另一边更重一些。

8.3.1 退休的定义

早期对退休问题的文章主要从社会学角度进行研究，将退休定位为一个事件、一种社会制度或者是生命过程的一个阶段，是一种从工作到不工作的转变。阿奇利(Atchley)认为退休是标志着一个人确定的停止工作，并从劳动力市场退出的一个事件①。到20世纪80年代，斯瑞博(Streib)和瑞塞姆(Ransom)等学者都认为不能从静态的观点来看退休行为②。他们指出1870年大量的美国男性退休不是因为自愿的，大量退休的是因为健康或是年龄障碍。他们认为退休不同于因年老的能力丧失，而失去工作，退休应该是依据家庭、个人财产或是公共福利作出的最优选择。伯里克少恩(Blekesaune)等人认为退休包括两个转变：一是离开职业岗位；二是开始接受退休养老金③。这两个转变通常情况下是连接的或者说是同时发生的，即劳动者一离开职业岗位，就马上开始接受养老金。

拉齐尔(Lazear)将退休的定义为五种④：(1) 永久性离开劳动力市场；(2) 减少工作时间，将其保持在一个较低的状态；(3) 将收入作为退休金福利；(4) 出现在企业的退休名单上；(5) 接受社会保险支付金。拉齐尔的这种分类主要是依据不同研究需求而给出的定义。第一种定义可以在分年龄讨论劳动力参与率的形式时使用；第二种定义更多适用于用来评价老年劳动力的工作时间；第三种定义适用于研究各个群体的福利或是评估养老金成本；第四种定义适用于研究相关的退休或离职的持续程度；最后一种是用来进行对社会保障的研究，包括成本收益等。

如果在各国法定退休年龄之前退休的行为，则被称为提前退休。法定退休是一种强制退休，法定退休的老年劳动者的退休不一定是一种自我最优选择的结果。而提前退休则是在对家庭、收入、健康、社会保障等各方面进行思考得到的一种最优选择。因此，提前退休主要研究的都是自愿退休，不同于国内国企改革中出现的内退现象。从美国的提前退休问题研究中可以看出，研究者将提前退休与退休的定义相等同，即不考虑强制性退休的问题。

由于不同研究者对退休的定义有着不同的理解，也就造成了对退休衡量的不同方

---

① Atchley R. C. *The Sociology of Retirement*. Cambridge. MA：Achenbaum，1976.

② Streib，G，“Comments on Ransom and Sutch Paper.” See Ricardo-Campbell & Lazear，1988；Ransom，R.，Sutch，R. U.S. retirement patterns，1870－1940. See Ricardo-Campbell & Lazear 1988.

③ Blekesaune Morten & Per Erik Solem. “Working Conditions and Early Retirement：A Prospective Study of Retirement Behavior.” Norwegian Social Research. 2005.

④ E. P. Lazear，“Retirement from Labor Force.” *Handbook of Labor Economics*，1986.

式。虽然研究者都认为退休是一个动态的过程,但对退休的测量依然采取的是静态指标。退休状态的衡量有三种:(1)让劳动者对自己现在是否退休作出判断;(2)调查劳动者的工作时间,少于某一定量时间则认为其处于退休;(3)完全的退出劳动力市场,没有观察到任何劳动行为,认为其处于退休。这三种退休的衡量方式有着各自的优缺点。

第一种衡量方式比较简单,成本也较低,但是由于不同的个人背景、特征对于退休的自我认知不同,会造成相同工作时间的两个人有着不同的是否退休的判断。大量对退休进行的宏观研究利用了HRS(health and retirement study)与RHLS(Social Security Administration retirement history longitudinal survey)数据。这两项调查均是采取了直接对调查者进行提问,由被调查者进行是否退休的自我判断,RHLS的数据较为长期,而HRS的调查数据较为全面。第二种衡量方式需要经过二次处理,并且设定的退休时间工作点也有着不同的结果。约翰(John)和克里斯多弗(Christopher)在研究退休时,利用了HRS的工作时间数据对老年劳动力是否退休进行了分类:每年工作时间大于1 600个小时为完全工作;在300到1 600小时的为部分就业,小于300小时的定为完全退休①。第三种衡量方式结果比较清晰,但是却忽略了部分退休或者是重新就业的行为,受到太多限制导致这种衡量方法只有在早期的研究中才能发现,例如奎因(Quinn)对白人已婚男性退休行为影响因素研究时采用了最严格的退休测量②。

从现有文献对退休测量的方法来看,还考虑到影响退休测量的另一个方面:半退休状态。半退休状态为一个工作时间减少的状态。马乔里(Marjorie)和吉奥瑞(Giora)对半退休单独进行了研究中,将RHS调查中工资、工作时间明显减少的劳动者归类到半退休③。并且通过两个指标来描述:个人对退休状态的评价和明显的退休相关的工作转换。他们将老年劳动者的工作状态分为全职工作、半退休与退休,而不是全职工作与退休。此外,桥接雇用(bridge employment)作为半退休状态的一种特殊现象受到关注。大量研究分析了桥接雇用与退休的转变④。桥接雇用指的是老年劳动者退休后或开始接受养老金时接受的各种付酬工作的状态⑤。桥接雇用能

---

① Rust J, Phelan C. "How Social Security and Medicare Affect Retirement Behavior In a World of Incomplete Markets." *Econometrical*, 1997.

② Quinn J F. "Microeconomic Determinants of Early Retirement: A Cross-Sectional View of White Married Men." *The Journal of Human Resources*, 1977.

③ Giora Hanoch & Marjorie Honig, "Retirement, Wages, and Labor Supply of the Elderly." *Journal of Labor Economics*. 1983.

④ Quinn, Kozy. "The Role of Bridge Jobs in the Retirement Transition: Gender, Race, and Ethnicity." *The Gerontologist*. 1995; Jynho Kim, Ricardo A. Feldman, "Abnormal Stat Activation." Hematopoietic Homeostasis, and Innate Immunity. 2000.

⑤ Ruhm C J., "Bridge Jobs and Partial Retirement." *Journal of Labor Economics*, 1990.

为那些养老收入不足的老年劳动者提供额外的收入，同时能够帮助老年劳动者平衡工作和生活，帮助其完全适应退休生活，桥接雇用对个人和其家庭福利起到贡献作用。

在职人员的职业退出决策往往不只因为外界环境变化，现在更多的是因为自身工作生活平衡的需求。在生命的不同周期，他们选择完全职业退出或者桥接雇用，这样更有利于他们在工作与生活间不同角色的转换。

8.3.2 影响退休的经济因素

作为退休后维持老年劳动力生活的养老金与之前的积蓄、房产等预期收入都会对老年劳动力是否作出退休的决定起到重要的影响。

养老金包括公共养老金与企业养老金，其中公共养老金作为社会保障的一部分不仅仅对老年劳动者是至关重要的，而且影响到整个社会分配的问题。此外，西方各国的养老金领取年龄均小于法定退休年龄①，客观的推动了提前退休行为。学术界有大量关于养老金计划对提前退休影响的研究和关于社会保障与养老金覆盖率会导致提前退休的实证研究。

奎因(Quinn)发现对于55—63岁之间的男性与未婚女性，拥有社会保障将降低其17.5%的劳动参与率，接受个人养老金会降低其7.3%的劳动参与率，而接受这两者将降低其30.5%的劳动参与率②。柏思金(Boskin)指出社会保障收入对于退休的收入作用是其他收入的7倍，他将其归因于社会保障收入可以增强老年人生活和通货的抵抗力③。利林(Lilien)发现近三十年老年男性劳动力参与率下降有近一半是因为社会保障和养老金覆盖程度的提高④。

对公共养老金计划和企业养老金计划，虽然有着不同的研究结果，但大都支持养老金计划一定程度上造成了提前退休行为。科特利弗(Kotlikoff)和维斯(Wise)发现相对于公共养老金计划，企业年金计划会对劳动者的退休行为产生更大的影响⑤。斯道克(Stock) 和维斯(Wise)通过对选择模型样本数据模拟发现，公共养老金计划对劳动者延长退休年龄的激励作用很容易被相反方向的企业年金计划的公司激励政策抵消⑥。鲁姆(Ruhm)在企业年金问题上的观点稍有不同，他认为企业年金对劳动者退休时点的影响是分年龄段的，企业年金覆盖率的提高，只有65—69岁的劳动者会降低

① 美国没有法定退休年龄，65岁退休可以领取全额退休金，但美国平均退休年龄为63岁。

② Quinn J F. "Microeconomic Determinants of Early Retirement: A Cross-Sectional View of White Married Men." *The Journal of Human Resources*, 1977.

③ Michael J. Boskin. "Social Security and Retirement Decisions." *Economic Inquiry*. 1977.

④ Lilien, Gary L., "Advise 2: Modeling the Marketing Mix Decision for Industrial Products." *Management Science*, 1979.

⑤ Kotlikoff, L., Wise, D. "The Incentive Effects of Private Pension Plans." *Pension Economics*, 1987.

⑥ Stock J., D. Wise, "Pensions. the Option Value of Work and Retirement." *Econornefrica*. 1990.

劳动力供给①。科里(Coile)和格鲁伯(Gruber)发现社会保障对退休的刺激作用也稍有不同,劳动者为了获得养老金收入最大化会选择继续工作②。塞姆维克(Samwick)的研究结论也指出社会保障福利收入能促进劳动者提前退休,他发现从20世纪40年代开始,美国社会保障收入和养老金体系覆盖范围的扩大造成了战后老年劳动力参与率的下降③。庞高波等学者发现养老金计划种类对提前退休有不同作用,参加确定缴费型养老金计划的劳动者更愿退休,参加确定供款型养老金计划的劳动者更愿延迟退休④。

但是,对于社会保障收入、养老金是否真正的造成了提前退休,有学者表示了质疑。文森特(Vincent)和戴维(David)通过构建一个消费、储蓄和退休选择来实现未来生活效用最大化的模型来讨论提前退休决定。⑤ 首先假设个人是一个理性的独立效用选择个体,其消费和休闲是严格递增的,即 $U(C_t)+V(l_t)$,$U(C_t)$ 表示在 t 时从商品 C_t 的效用;$V(l_t)$ 表示 t 时休闲 l_t 的效用。个人对其退休点进行选择,表示为 N。在退休之前,工作时间是一定的,简单的设定 $V(l^w)=0$,$V(l^r)=v$。其中 l^w 和 l^r 各自表示工作和退休的休闲时间。为了方便讨论,假设不考虑部分退休的问题。假设当个人将工作时间 N 减少到0;工作时收入设为常数1;储蓄率为 s_t;此外缴纳社会保险费率 p。因此 $C_t+s_t+p=1$。p 为社会保险设定的一个外生变量。当退休时,劳动者没有收入,但可以动用储蓄,此外还会接收到固定的社会保障收入率 d。首先,假设个人了解自己的寿命,即 T。则劳动者的一生的效用最大化方程如下:

$$\int_0^N U(C_t)\mathrm{d}t+\int_N^T[U(C_t)+v]\mathrm{d}t=\int_0^T U(C_t)\mathrm{d}t+(T-N)v$$

因此,劳动者的目标就为在整个生命周期内获得效用的最大化。这样将退休年龄选择问题转化为:

$$\max_{N,\,c} TU(c)+(T-N)v$$

约束条件为:$T_c \leqslant N(1-p)+(T-N)d$。

该模型是一个静态的模型,文森特(Vincent)和戴维(David)对此进行了修正得出了考虑动态变化后的模型:

---

① Ruhm C. J., "Gender Differences in Employment Behavior During Late Middle Age." *Journal of Gerontology*, 1996.

② Courtney Coile, Jonathan Gruber, "Social Security and Retirement." NBER Working Paper, 2000.

③ Andrew A. Samwick, "New Evidence on Pensions, Social Security and the Timing of Retirement." *Journal of Public Economics*, 1998.

④ Pang, Gaobo, Mark Warshawsky & Ben Weitzer, "The Retirement Decision: Current Influences on the Timing of Retirement among Older Workers." Pension Research Council. 2008.

⑤ Crawford, Vincent P. Lilien, David M., "Socail Security and the Retirement Decision." *Quarterly Journal of Economics*. 1981.

$$\max_{\{C_t\},N}\int_0^Q F(t)U(t)\mathrm{d}t+U(pG(n))\int_Q^T F(t)\mathrm{d}t+v\int_N^T F(t)\mathrm{d}t$$

约束条件为：

$$\int_0^Q c_t\mathrm{d}t=N(1-p)+(Q-N)pG(N)$$

通过该模型的分析，得出结论：如果消费的边际效用较大，收入作用会大于替代效应，从而使得劳动者提前退休。在完全市场、确定的寿命、精算合理的前提下社会保障收入对于个人的退休决定没有影响。此外，大量学者如都认为公共养老金计划对劳动者退休行为的影响不大①。

此外，劳动者个人其他方面的收入和财产都会对其退休决定产生影响。戴维·布鲁姆(David Bloom)等人构建了一个完全竞争市场下基于生命周期的最优退休和储蓄行为模型②。该模型解释了由于收入效应造成退休年龄的长期降低，同时工资的高增长率与低利率趋向于提高退休年龄。庞高波等人的研究显示收入种类的增加提高了退休的概率③。其中最受关注的是与股票市场相关的财产性收入对退休的影响。阿什托雷恩(Eschtruth)和吉姆斯(Gemus)指出2000—2002年衰退期劳动参与率有两个百分点的上涨，他们将这种反常的现象归结为股票跳水造成了老年劳动者推迟退休与返回劳动力市场④。

按照马斯洛需求理论，人的最基本需求为生理需求，即吃饱穿暖，经济收入也正是人们选择开始工作的最基本原因，所以经济因素是影响人们工作生活平衡选择的一个重要方面。如果没有经济收入，无法生活，那么选择工作将是必然的。

8.3.3 健康对退休的影响

二战结束以来，人的健康水平得到了极大的提高，寿命的显著增加使得更多的老年劳动者能够在60岁依然保持较高的健康水平以便其进行工作，因此使得部分老年劳动力将退休一再延迟。但同时工作的风险性随着社会、科技等各方面的发展而对劳动者的健康造成损害的可能性增大。迫使劳动者提前退出劳动力市场的一个因素就

---

① Burkhauser Richard V. and Quinn Joseph, "Mandatory Retirement Study." Part 1. Task Completion Report Submitted by the urban Institute. 1980; Burtless, Gary and Robert Moffitt, "Social Security, Earnings Tests, and Age at Retirement." *Public Finance Quarterly*, 1986; Diamond and Hausman, "The Retirement and Unemployment Behavior of Older Men." *Retirement and Economic Behavior*. 1984; Gary S. Fields and Olivia S. Mitchell, "Retirement, Pensions, and Social Security." The Massachusetts Institute of Technology. 1984; Hausman J. & D. Wise, "A Conditional Probit Model for Qualitative Choice." *Econometrica*, 1978.

② David E. Bloom, David Canning, Michael Moore, "The Effect of Improvements in Health and Longevity on Optimal Retirement and Saving." NBER Working Paper. 2004.

③ Pang, Gaobo, Mark Warshawsky & Ben Weitzer, "The Retirement Decision: Current Influences on the Timing of Retirement among Older Workers." Pension Research Council. 2008.

④ Eschtruth, Andrew and Jonathan Gemus, "Are Older Workers Responding to the Bear Market? Center for Retirement Research at Boston College." 2002.

是健康的意外损害。大量的文献指出不健康是造成提前退休的原因。但一直存在的问题是对健康的衡量无法确定，早期的研究都是采取对调查者自判断的数据，这就造成了一定的“辩护偏差”①。虽然大多数研究者都同意健康是造成提前退休的原因，但采取自我报告的健康数据使其不能得出健康因素在多大程度上影响提前退休决定的作出。克莱德尔(Kreider)和派伯(Pepper)证明了“辩护偏差”的存在，并且得出偏差为负的结论②。麦加利(McGarry)通过对 HRS 数据的重新检验，在剔除偏差影响的基础上证明了不健康与继续就业有着强相关性；在剔除为不工作辩护刺激之后，不健康对继续工作的可能性有着很大的影响，这种影响大于财务因素的影响。他认为不健康其实对于提前退休没有直接的联系，只是由于调查中“辩护偏差”造成了不健康引起提前退休的假象③。此外，戴维·布鲁姆(David Bloom)等人认为健康水平与寿命的提高会使得退休年龄得到提高④。邦德(Bound)等人发现健康状况好的人在退休年龄之前退休的概率远小于健康状况差的人⑤；麦加利(McGarry)研究表明健康对退休决策的影响超过家庭资产对退休决策的影响⑥。

但也有研究者采取了别的工具变量来替代健康这个内生变量，研究医疗保险成本与提前退休之间的关系⑦。利用 HRS 数据对医疗成本现值在退休 probit 模型中进行估计，得出对于退休医疗保险覆盖范围外 51—61 岁的劳动者，每降低 1 000 美元的医疗负担，男性提前退休的可能性增加 0.17%，女性提前退休可能性增加 0.24%。该模型对扩大医疗保险覆盖范围对退休的影响作出分析，得出退休率提高只有大概 7%。

艾伦(Alan)和托马斯(Thomas)利用结构退休模型对企业提供的退休医疗保险对提前退休行为进行了研究，该结构模型是一个包括一系列关于退休健康福利的机会选择的生命周期模型⑧。他们发现这种刺激使得劳动者会延迟退休直到其获得退休医疗保险资格，之后就加速退休。但这种影响的结果较小，企业提供的退休医疗保险仅仅

① 辩护偏差，即被调查者以不健康作为其不希望工作从而提前退休的理由。

② Kreider Brent and John Pepper. “Disability and Employment: Reevaluating the Evidence in Light of Misreporting Error.” Unpublished paper. University of Virginia, 2002.

③ McGarry K. “Health and retirement: Do changes in health affect retirement expectations?” *Journal of Human Resources*, 2004.

④ David E. Bloom, David Canning, Michael Moore, “The Effect of Improvements in Health and Longevity on optimal Retirement and Saving.” NBER Working Paper, 2004.

⑤ John Bound, Michael Schoenbaum, Timothy Waidmann, “Race and Education Differences in Disability Status and Labor Force Attachment in the Health and Retirement Survey.” *The Journal of Human Resources*, 1995.

⑥ McGarry K., “Health and Retirement: Do Changes in Health Affect Retirement Expectations?” *Journal of Human Resources*, 2004.

⑦ Johnson, Richard W., Amy J. Davidoff, and Kevin Perese, “Health Insurance Costs and Early Retirement Decisions.” *Industrial and Labor Relations Review*, 2003.

⑧ Gustman, Alan and Thomas Steinmeier, “Employer-provided Health Insurance and Retirement Behavior.” *Industrial and Labor Relations Review*, 1994.

使得退休年龄提前了1.3个月。因此,他们认为忽略医疗福利的提前退休模型造成的偏差很小。

随着社会发展和人们对自身健康的关注,职业健康被越来越多的讨论。高强度工作压力、有毒工作环境等都会使在职人员更多地渴望工作生活平衡。尤其在生命周期的晚期阶段,亚健康或不健康状态更可能使人们作出职业退出决定。

本章小结

职业平衡是近年来学界和企业关注最多的内容,同时工作生活平衡作为人力资源全面薪酬的一个组成部分获得了广泛的关注。国内的相关研究已经越来越多,但企业实践相比国外还不成熟。本章在介绍了相关的前沿理论基础上,引例国际上的成熟经验,希望对这个概念的理解和实践有所帮助。另外,职业女性作为职场中特殊且更受关注的群体,本章介绍了其工作生活平衡的特殊影响因素、表现特征和平衡策略。同时,根据生命周期理论,人在后期阶段会考虑退休,本章重点介绍了与退休相关的研究,并指出是否决定退休的重要影响因素,即经济因素和健康。

复习思考题

1. 假设公司在招聘时,提到的福利中包含工作生活平衡政策,包括弹性工作时间、工作分享、员工援助计划等,但基本工资与同行相比较低,如果你是刚刚毕业的大学生,你会如何选择?如果你已有工作经验,这不是你第一份工作,你会如何选择?
2. 假设幼儿园的托管班根据儿童看护的小时数来向从事工作的父母们收费。如果政府出台政策规定或其工作的公司出台补贴政策,可以使父母们所承担的小时托管费减低一半。那么,这些政策会导致有小孩的父母们增加自己的工作时间吗?试讨论之。
3. 假设随着工作人口与退休人口之间的比率持续下降,大家赞成改变社会保障福利的计算方法,即退休者的退休金减少一半。此项政策涉及每个人,不论年龄大小和退休与否。与此相配套的措施是个人所得税起征点调高,税率下降50%。那么,这种变化对已经非常接近常规退休年龄的劳动者会产生何种影响?对于那些刚开始自己职业生涯的劳动者的劳动力供给又会产生什么影响?

案例分析

宝洁的职业平衡之道

作为各种“最佳雇主”榜单上的常客，宝洁不计成本的内部培养制度已经被业界传为佳话。而据刚入职几个月的Marina介绍，现任宝洁大中华区人力资源部总经理会田秀和的到来，更为宝洁注入了新的元素——平衡。会田秀和推出了一系列的措施来保证员工工作和生活的平衡。

方式：提供更多灵活性

记者：就你28年来在不同国家工作的经历来看，中国的人力资源管理与其他国家有哪些不同之处？

会田：中国的员工都非常勤奋，对公司有很强的自豪感。在我们的调查中，有超过89%的员工为在宝洁工作而自豪。但是，中国市场有它的特殊性，很多员工还很年轻。宝洁57%的员工是80后，他们需要的东西和以前不一样，面临的选择很多，流动性在增加。

记者：就任以来，你一直在提倡员工工作生活平衡，是否是出于这种考虑？这种平衡是通过什么方式实现的？

会田：我们专门去研究了80后的不同特征，结果发现他们对工作和生活平衡的要求很强烈。但是，公司需要生产力，员工的工作量不能减少，所以我们采取了一系列灵活的措施让工作变得更轻松、更有意义。现在公司正在推行一项新的活动，叫做Better Work Better Life。比如我们有一个Fruit Station，还配备专业按摩师的按摩室，员工在工作的时间如果觉得累了就可以来按摩。我们的工作时间是相当有弹性的，员工可以在早上七点半到十点半之间任意选择上班时间，只要能确保每天工作八小时就行了。目前我们正在一些部门试行work at home。员工在工作性质允许的前提下每周可以自行选择一天在家办公。我们所致力的是给员工最大自由度和空间，使他们的工作状态达到顶峰。

记者：你是否认为在家办公比在办公室办公更有效率？

会田：对于一些女性员工，可能需要一些时间来照顾小孩，在家办公对她们是一种便利。而且在大城市，交通很拥挤，员工上下班花在路上的时间可能就有一两个小时，如果在家办公，就可以减少这种无效时间，让员工每天的时间更加充裕。

目的：与员工双赢

记者：你为什么认为保持员工工作和生活的平衡是必要的？

会田：因为公司需要生产力，但员工需要自己的成就感和快乐的生活。只有在这两者之间取得平衡，员工的潜力才能得到最大程度的发挥，公司也才能更好发展。我们通过以上这些措施，让员工的生活变得有意义，能够在工作中得到快乐，学到东西。

记者：你如何定义"有意义的工作"？

会田：第一是看员工在这个工作岗位上能否做出成绩。第二是看员工在工作当中能否自己做一些决定。这两项都能使员工得到成就感和满足感。第三是这个员工是否能经常得到老板的嘉奖和赞许。这就需要老板经常与员工进行交流，发现他的优点。第四是有挑战性。有意义的工作并不是轻松的工作，我们是要员工战胜困难才能够达到目标。

记者：宝洁在历次"大学生最理想雇主"的评选中都取得了不错的成绩，你认为宝洁为什么能赢得大学生的心？

会田：首先，我们有一种内部培养的文化，其次我们有非常好的职业规划，除了在宝洁中国内部的发展，员工可以像我一样，到日本、美国等很多地方工作，寻找发展机会。另外，我们也很重视本地人才的培养。为了使足够的人才能够做到更高的位置，我们必须使本地化人才有全球化的竞争力。最后应该是我们的薪酬福利体系、我们所采取的一系列工作和生活平衡的措施，也是原因之一。

（资料来源：根据网络资源整理，《宝洁的平衡法则》《宝洁的平衡艺术》，来自宝洁新闻；http://www.pg.com.cn/news/detail.aspx?id=159，http://www.pg.com.cn/news/detail.aspx?id=453）

讨论题：

请根据以上会田秀和答记者问的内容，结合本章学习的知识和个人理解，谈谈你对宝洁的工作生活平衡策略的理解和认识。

推荐阅读资料

1. [美] 爱德华·拉齐尔. 人事管理经济学. 北京：生活·读书·新知三联书店，北京大学出版社，2000：8—65.
2. [美] 罗纳德·G·伊兰伯格、罗伯特·S·史密斯. 现代劳动经济学：理论与公共政策. 第八版. 北京：中国人民大学出版社，2007.
3. 杨伟国. 劳动经济学. 大连：东北财经大学出版社，2010.
4. Bould S., "Unemployment as a Factor in Early Retirement Decisions." *American Journal of Economics and Sociology*, 1980, 39(2): 123-136.
5. Cahill, K., Giandrea, M., & Quinn, J. (2006), "Retirement Patterns from

Career Employment." *The Gerontologist*, 46(4), 54 - 523.

6. Duxbury L, Higgins C, "Work-life Conflict in Canada in The New Millennium: A Status Report." *Health Canada*, Ottawa, 2003.
7. Jeffrey H. Greenhaus, Nicholas J. Betell, "Sources of Conflict between Work and Family Roles." *The Academy of Management Review*, 1985, 10(1): 76 - 88.
8. Sue Campbell Clark, "Work-family Border Theory: A new Theory of Work-family Balance." *Human Relations*. New York: Jun, 2000.
9. Jarrod M. Haar, Marcello Russo, Albert Suñe and Ariane Ollier-Malaterre. "Outcomes of Work-life Balance on Job Satisfaction, Life Satisfaction and Mental Health: A Study across Seven Cultures." *Journal of Vocational Behavior*, 2014, 85: 361 - 373.

网 上 资 料

1. 中国人力资源学习网: http://www.hrlearner.cn/.
2. IZA: http://www.iza.org/en/webcontent/index_html.
3. NBER: http://www.nber.org/.
4. OECD: http://puck.sourceoecd.org/vl=4814819/cl=32/nw=1/rpsv/home.htm.
5. SSRN: http://www.ssrn.com/.

第 9 章

职业保障

学习目标

职业保障是指劳动者在职业发展全过程中工作及职业权利的保护。通过学习本章内容，了解和掌握从经济学的视角对职业保障进行分析；了解应对就业歧视的就业权利保障政策；掌握工会的作用机制，工会与企业谈判过程及工会对劳动力市场的影响；掌握劳动合同在职业生涯中所起发挥的保障作用；掌握最低工资的市场影响，从而全面了解职业生活中的保障和挑战。

引 例

2008 年重庆出租车行业罢工风波

10 月 30 日以来，重庆市出租车业内风传 11 月 3 日开始罢运，还有人散发罢运传单。3 日早晨，罢运的传闻成真。记者从重庆市公安局获悉，早晨 5 时 30 分左右，一些出租车车主和司机纷纷来到重庆市观音桥商圈、杨公桥等重要路段，劝说上路的出租车开回去罢运，一些还在运营的出租车被砸。

目前重庆市主城共有 8 000 多辆出租车，7 时左右，大街小巷已经一辆出租车都不见。记者在重庆市渝北区新南路一带看到，许多正在等待出租车的乘客一边等车一边抱怨。当听说出租车罢运后，又连忙去挤公共汽车。据记者目击，重庆市渝北区、渝中区、沙坪坝、九龙坡、南岸区、江北区等基本上见不到一辆出租车。

重庆市出租车车主多次向主管部门反映加气难、运价低、罚款多等问题，但其诉求长期得不到解决，矛盾越积越多。此次他们主要提出了四点诉求：

第一，租汽车企业与驾驶员利益分配存在矛盾；

第二，出租汽车租价结构不合理，等时费用过低，希望调价：一些出租车司机反映，所挂靠的出租汽车公司收取的管理费一般每月为7 000元到8 000元。因此，他们迫切要求提高运价。重庆市出租汽车多年来起步价维持在5元，这与北京、天津和邻近的成都相比，价格都是偏低的。

第三，出租汽车"加气难"现象未得到彻底解决：重庆出租车基本上都使用天然气，加气难这个令出租车司机最头痛的问题已经持续了好几年。一般来讲，重庆出租车加气最少等1个小时，最多等3个小时，这使出租车的营运收入受到严重影响，同时也加剧了"打的难"。

第四，非法车辆扰乱正常营运秩序，要求政府加大打击力度，保护合法经营出租汽车司机的利益：据反映，重庆市主城区共有两三千辆违法运营的"黑车"，这些"黑车"长期与出租车抢生意，严重扰乱了客运市场秩序。

重庆市一些出租车司机表示，他们也想出去挣钱，但诉求未得到答复之前，不会上路。也有的出租车司机担心汽车被砸，不敢上路。事件发生后，重庆市委、市政府相关部门已形成快速处置方案，研究处置措施。截至3日16时，重庆市已有1 000余辆出租汽车恢复营运，另外尚有部分出租汽车因担心运行安全问题，正在观望之中。

16时30分，重庆市交委举行新闻发布会。重庆市交委副主任梁培军介绍说，导致此次主城区出租车罢运主要有四个原因：一是出租车企业与驾驶员利益分配存在矛盾；二是主城区出租车存在加气难问题未得到彻底解决；三是出租车租价结构不合理；四是非法营运车辆扰乱正常秩序。梁培军说，重庆市政府以及交通、公安等部门已分别采取措施，妥善处置问题，以促进出租车尽快恢复营运，确保出租车行业秩序稳定。

针对出租汽车司机提出的诉求以及现阶段情况，重庆市采取了五大措施：市政府已启动票价调整的调研工作，将按照相关程序提出方案；针对"加气难"问题，重庆市经委决定增加CNG供应量、增设加气站，维护加气秩序；继续保持打击"黑车"的高压态势，公安、交通配合，规范出租汽车经营环境和营运秩序，保护合法经营者利益；关于企业与驾驶员利益分配问题，重庆市出租汽车协会已提出出租汽车企业与驾驶员利益调整的意见，现正在征求企业和驾驶员的意见，市级相关部门将加大对出租汽车行业利益分配问题的监管。

（资料来源：2011年12月访问 http://news.qq.com/a/20081104/001294.htm，南方网新闻报道。）

从案例可以看出，重庆出租车司机的联合罢工行为集中体现了他们在职业和工作方面的利益诉求，虽然罢工行为目前在我国仍受到较大争议，但其维护自身职业权利的初衷可见一斑。在劳动力市场发展比较完善、法律体系比较健全的国家，都较明确地制定了为劳动者提供职业权利保护的法律法规。例如，我国《劳动法》(1994年)在总则中便明确提出了国家保障劳动者所享有的劳动权、依法获得报酬权、休息休假权、职业安全和卫生权等等。

对于这类与法律规范紧密相连的劳动力市场决策行为，许多经济学家也给予了广泛关注。由于其研究内容较多涉及劳动力市场与劳动法律之间的联系，因而这类研究常被归类于劳动与雇佣法经济学的范畴，主要是利用经济学的思维和视角，分析法律框架下劳动力市场上各个主体的经济行为，其涵盖的内容也十分广泛，具体包括工会、劳动合同、最低工资、职业培训、妇女保护、就业歧视，等等①。本章依照劳动者从进入劳动力市场开始，到进入企业后的职业发展顺序介绍了职业保障所涵盖的基本内容，具体包括就业权利保障、工会保障、劳动合同保障以及最低工资保障等内容。

9.1 就业权利保障

就业权利泛指劳动者通过从事职业活动所获得的参加社会劳动、取得劳动报酬、休息休假、获得劳动安全和卫生等方面保障的权利。就业权利实现的基础是平等就业，而现实中劳动者的平等就业权常常遭遇各种就业歧视的挑衅，要保障劳动者的就业权利，就必须解决就业歧视问题。本节从就业歧视的经济学分析入手，分析了就业歧视对劳动者工资差异的影响，并针对就业歧视讨论了相应的就业权利保障政策。

9.1.1 就业歧视的经济学分析

从经济学角度讲，贝克尔(Gary S. Becker, 1957)第一个建立了解释歧视的经济效应的经济学模型，作为歧视经济学的创始人，贝克尔定义歧视为：在劳动生产率特征完全相同的情况下，只是由于身份(性别、种族、年龄等)不同而在劳动力市场上受到不同的对待②。随后，经过不断的完善和发展，西方逐渐形成了较为完整的劳动力市场歧视理论体系。

贝克尔的个人偏见模型认为歧视是可以用货币来衡量的，提出使用“歧视系数”(discrimination coefficient，DC)这一概念来衡量歧视程度的高低，DC等于一项歧视性

---

① John J. Donohue Ⅲ, “Economics of Labor and Employment Law.” *Cheltenham; Northhampton, Ma.: Edward Elgar Pub.*, c2007.

② Becker, G. S. 1957, “The Economics of Discrimination.” *Chicago: The University of Chicago Press*, pp. 14 - 15.

交易的货币成本与其净成本的差额。个人偏见模型建立在雇主、雇员或顾客等歧视者的偏好性口味假设的基础上。贝克尔分别考察了雇主歧视、受雇者歧视、消费者歧视和政府歧视，进而考察了每一个歧视群体相加在一起构成的市场歧视。

假设有两个群体 W 和 N，它们在生产上是完全可替代的，贝克尔认为实际的市场歧视是雇主、政府、工会等所造成的市场歧视的总和以及所有歧视 N 的互补要素影响的结果。市场歧视系数

$$MDC = R\bar{d} = C_n\bar{d}/m_n\pi_n$$

式中：$\bar{d}$ 是平均歧视系数；C_n 是每一单位产出向 N 及所有歧视 N 的互补要素支付的报酬总量：$m_n\pi_n$ 是 m_n 单位 N 生产一单位产出的工资成本。所以，MDC 不仅受歧视偏好 $\bar{d}$ 的影响，也受变量 $R = C_n/m_n\pi_n$ 的影响，它度量的是 N 在生产过程中的相对经济价值。当偏好一定时，N 的相对经济价值越小则市场歧视程度越大①。

贝克尔首次运用经济学模型对歧视的经济效应作出了解释，其模型具有连贯的内在逻辑，并从多方面展开了对基于歧视偏好导致的不同群体间的工资差别和就业差别的实证分析过程，对以后的研究起到了巨大的启发和引导作用。但是，该模型也受到了一些学者的批评，主要是：(1) 长期来看，由于非歧视型雇主的目标函数是货币成本而非净成本最小化，歧视型雇主将被非歧视性雇主驱逐出市场。这一结论难以解释实证研究结果中由歧视而形成的工资差别的长期存在。(2) 贝克尔模型中雇主是歧视的受损者，而索洛借助贝克尔模型分析表明，在劳动力需求弹性系数不变的情况下，雇主是受益者还是受损者取决于被歧视对象的弹性系数②。(3) 将歧视这个社会问题的根源假设为个人偏见，解释力还不够强，应当将歧视问题放到广义的经济和社会环境中加以剖析。

9.1.2 就业歧视与工资差异

劳动力市场上的歧视破坏了社会公正原则，不仅使得被歧视者遭受经济上和精神上的双重损失，同时也降低了整个社会的经济效率，损害了市场进行人力资源配置的公平性和效率性。歧视对劳动者在就业时的职业选择，就业后的工资收入、职业培训、职业晋升，以及解雇顺序等均产生了影响。其中，就业歧视对工资差异的影响一直是学者研究的重点。

根据劳动力市场歧视理论，劳动力市场中不同群体间的工资差异可能来源于两部分：一部分是由不同群体成员的人力资本水平和工作岗位特征差异导致的；另一部分

---

① Becker, G. S. 1957, "The Economics of Discrimination." *Chicago: The University of Chicago Press*, pp. 17 - 20.

② Thurow, L. 1969, "Poverty and Discrimination." *Washington DC: Brookings*, pp. 48 - 57, 111 - 138.

则是由劳动力市场中存在针对某一群体的歧视所导致的。不同群体间工资差异的分解方法通常将工资差异中由劳动者的人力资本差异和工作场所差异所解释的部分称为劳动力特征差异可解释的工资差异，而将其余不可解释的部分归为劳动力市场歧视的作用。依据工资差异分解方法，国内外学者对劳动力市场中的工资差异进行了大量的实证研究。

瓦哈卡和布林德(Oaxaca & Blinder, 1973)最早提出来工资差异的分解方法，为分析歧视对工资差异的影响提供了依据。瓦哈卡承接了贝克尔所定义的市场歧视系数的基本内核并进行了一定的变形后提出了如下形式的歧视系数①：

$$DC = \frac{w_m/w_f - (w_m/w_f)^0}{(w_m/w_f)^0} \tag{9.1}$$

式中：w_m 和 w_f 分别表示 m 群体和 f 群体的工资率；$(w_m/w_f)^0$ 表示无歧视时 m 群体和 f 群体的工资率之比。

将等式两边分别采用对数形式表示，式(9.1)可变换为：

$$\ln(w_m/w_f) = \ln(w_m/w_f)^0 + \ln(DC+1) \tag{9.2}$$

式中：$\ln(w_m/w_f)^0$ 表示不存在歧视的情况下两群体的工资差异；$\ln(DC+1)$ 表示歧视导致的工资差异，即劳动力市场中歧视的程度。

结合工资决定方程，瓦哈卡分别用组群 m 或 f 的实际观察到的工资作为无歧视时的劳动力市场工资，将工资差异分解为：

$$\ln\overline{W}_m - \ln\overline{W}_f = \overline{X'}_m\hat{\beta}_m - \overline{X'}_f\hat{\beta}_f = (\overline{X'}_m - \overline{X'}_f)\hat{\beta}_f + \overline{X'}_m(\hat{\beta}_m - \hat{\beta}_f) \tag{9.3}$$

或者，

$$\ln\overline{W}_m - \ln\overline{W}_f = (\overline{X'}_m - \overline{X'}_f)\hat{\beta}_m + \overline{X'}_f(\hat{\beta}_m - \hat{\beta}_f) \tag{9.4}$$

式(9.3)和式(9.4)中：$\overline{W}_m$ 和 $\overline{W}_f$ 分别表示 m 群体和 f 群体的工资均值；$\overline{X}_m$ 和 $\overline{X}_f$ 分别表示 m 群体和 f 群体的群体特征均值向量；$\hat{\beta}_m$ 和 $\hat{\beta}_f$ 分别表示 m 群体和 f 群体的工资方程回归系数向量。两式中等式右边的第一项均表示不同群体的劳动力特征差异导致的工资差异，对应式(9.2)中的 $\ln(w_m/w_f)^0$，等式右边第二项则表示劳动力市场歧视导致的工资差异，对应式(9.3)中的 $\ln(DC+1)$。

布林德(Blinder, 1973)几乎与瓦哈卡同时提出了不同群体工资差异的分解方法，不同的是在工资方程设定时，布林德将截距项单独列出，这两种方法对工资差异的分解结果是一致的，因而通常将此方法称为 Oaxaca-Blinder 分解方法。布林德基于 1967

① 式(9.1)至式(9.4)推导过程参照 Oaxaca, R., 1973, "Male-Female Wage Differentials in Urban Labor Markets." *International Economic Review*. 14(3): 693 - 709.

年调查数据的分析表明，大约57%的性别工资差异是性别特征差异无法解释的，即性别工资歧视解释了性别工资差异中的大部分①。布林德同样利用1967年的数据，得出劳动力市场存在严重的性别工资歧视，且性别工资差异几乎完全由性别歧视导致的结论②。

之后学者对Oaxaca-Blinder分解方法进行了改进，发展出了一系列的工资差异分解方法，并进行了大量的实证研究。

德尔里奥、格莱汀和坎托(Del Rìo, Gradìn, Cantò, 2006)基于詹金斯(Jenkins)的歧视度量方法③，对1995年西班牙劳动力市场中的性别工资差异进行分解，结果表明歧视导致的工资差异随工资水平的提高而提高，但在工资水平较低群体中，歧视对性别工资差异的解释能力更强④。冈萨雷斯、桑托斯·M和桑托斯·L(González, Santos M., Santos L., 2007)基于1991年、1995年和2002年葡萄牙劳动力市场数据，应用纽马克(Neumark)提出的工资差异分解方法⑤研究得出，与教育水平较低的年老群体相比，在教育水平较高的年轻群体中，歧视对性别工资差异的解释作用更大，且随着时间的推移，歧视对性别工资差异的解释作用不断增强⑥。琼斯和田中(Johnes & Tanaka, 2008)基于日本、俄罗斯和美国的1993—2000年ISSP数据，应用瓦哈卡和布林德提出的工资差异分解方法⑦和尤恩(Juhn)等人提出的工资差异变动分解方法⑧对俄罗斯、美国和日本的性别工资差异进行分析发现，俄罗斯和美国的性别工资差异在1993—2000年间表现出增长的趋势，而日本的性别工资差异在这些年间缩小了，且日本性别工资差异的缩小得益于女性特征水平的提高和价格效应的影响，但针对女性的歧视一直都是导致日本性别工资差异的重要因素⑨。姚先国和黄志岭(2008)基于2002年中国城镇家庭调查数据，对城镇居民的性别工资差异进行分析指出，歧视导致

---

① Oaxaca, R., 1973, "Male-Female Wage Differentials in Urban Labor Markets." *International Economic Review*, 14(3): 693-709.

② Blinder, A., 1973, "Wage Discrimination: Reduced Form and Structural Estimates." *Journal of Human Resources*, 8(4): 436-455.

③ Jenkins, S. 1994, "Earnings Discrimination Measurement: A Distributional Approach." *Journal of Econometrics*, 16(1): 81-102.

④ Del Rìo, C., Gradìn, C. and Cantò, O. 2006, "The Measurement of Gender Wage Discrimination: The Distributional Approach Revisited." Working Papers 25, ECINEQ, Society for theStudy of Economic Inequality.

⑤ Neumark, D. 1988, "Employers' Discriminatory Behavior and the Estimation of Wage Discrimination." *Journal of Human Resources*, 23(3): 279-295.

⑥ González, P., Santos, M. and Santos, L. 2007, "Education and Gender Wage Differentials inPortugal: What Can We Learn From an Age Cohort Analysis?" Labour and Managerial Economics Discussion Papers, No. 01.

⑦ Oaxaca, R., Ransom, M. "On Discrimination and the Decomposition of Wage Differentials." *Journal of Econometrics*, 1994, 61(1): 5-21.

⑧ Juhn, C., Murphy K. and Pierce, B. 1993, "Wage Inequality and the Rise in Returns to Skill." *Journal of Political Economy*, 101(3): 410-442.

⑨ Johnes, G., Tanaka, Y. 2008, "Changes in Gender Wage Discrimination in the 1990s: A Tale of Three Very Different Economics." *Japan and the World Economy*, 20(1): 97-113.

的性别工资差异占总工资差异的72%，其中职业内歧视占64%，而职业间歧视仅占8%①。

9.1.3 就业权利保障政策

就业歧视对受歧视的劳动者的职业权利造成损害，阻碍其获得平等的就业机会、晋升机会和工资收入等，并对社会政治、经济的发展及社会的稳定产生严重的负面作用。因此，国际社会和各国政府均采取了反歧视措施，特别是反歧视立法，为劳动者的提供制度和法律保障。

国际上关于消除就业歧视的公约包括1958年《〈就业与职业〉歧视公约》（第111号公约）和1951年《同工同酬公约》（第100号公约），1998年国际劳工大会通过的《基本劳工权利原则宣言》则将消除就业歧视明确规定为四项基本劳工权利之一。西方各国的反就业歧视措施始于20世纪60年代的反种族歧视立法，后来逐渐扩展到了社会的各个领域，成为就业权利保障政策的重要组成部分。

一方面，就业权利保障政策或者说反就业歧视政策致力于减少歧视偏好。歧视偏好和个人偏见常被认为是不可分割的一对。偏见和歧视往往会相互加强，很多形式的歧视都是产自偏见，而持续性的歧视也可能产生偏见。因此，西方国家主要通过立法、政府补贴和教育等形式来减少个人偏见，降低歧视偏好。

首先，通过立法限制歧视。立法是减少歧视偏好的强制性措施。西方国家一般既有反对所有就业歧视的基本法，如美国1973年《公平就业机会法》、澳大利亚1997年《反歧视法》等；也有只针对某种具体歧视的单项法律法规，如反对性别歧视方面的有美国1963年《同酬法》、英国1975年《反性别歧视法》，反对年龄歧视方面的有美国1967年《反年龄歧视法》、欧盟1997年《阿姆斯特丹条约》，反对残疾歧视方面的有美国1990年《残疾人法案》、英国1995年《反残疾歧视法案》，等等。在制定反歧视法后，西方国家大多还设立了相应的执行机构以保障反歧视法的贯彻执行，如美国设有专门的反就业歧视机构“公平就业机会委员会”，并建立了一整套解决就业歧视争议的法律援助和过错赔偿机制。

其次，通过政府补贴减少歧视。政府对那些在雇用、工资和晋升等方面没有歧视的雇主进行补贴，当政府补贴等于或大于歧视的雇主从歧视中获得的非货币收入，政府补贴将减少雇主的歧视。尽管现在西方国家还没有直接的补贴支付计划，但是美国联邦政府的“积极行动计划”实际上就是一种隐含补贴。1965年开始实施的积极行动计划要求美国联邦政府的合同承包商们分析各自对妇女和少数民族成员雇用不足的

---

① 姚先国，黄志岭. 职业分割及其对性别工资差异的影响——基于2002年中国城镇调查队数据. 重庆大学学报（社会科学版），2008. 14(2)：53—58.

程度，并且自行提出一个建议性的计划来对这种雇用不足问题加以补救，否则政府将取消其所承包的合同。

最后，通过教育淡化歧视。反歧视立法不会自动改变人们的态度和情感，其为人们了解和遵守需要昂贵的法庭诉讼成本和时间成本。而教育可以通过让人们相互了解，弱化社会对受歧视群体形成的刻板印象，进而减少群体之间的偏见。此外，被歧视群体通常没有或者不能在人力资本方面进行足够的投资，通过教育改善人力资本的公共投资分配的不平等，可以提高受歧视群体获得较高收入工作的机会，减轻市场在工资和雇佣等方面的歧视。

另一方面，就业权利保障政策或者说反就业歧视政策致力于减少垄断力量。市场缺陷形成的市场垄断力量，是构成市场歧视的重要来源，市场缺陷主要体现在以下三个方面：

第一，劳动力市场信息缺乏。一些人接受低于在其他就业机会中所能获得的工资是因为其缺乏有关其他就业机会的信息。因此，建立通畅的获取就业信息渠道，为劳动者提供充足、及时的就业信息，对减少信息垄断导致的就业歧视有重要作用。

第二，市场竞争不完全。价格、工资、雇用和职业等歧视在不完全竞争市场中会大量存在，因为在一个卖方或买方垄断的市场中，可以控制其出售或购买的产品价格，其他潜在的卖方或买方就被挡在市场之外。政府在消除市场歧视行为方面起着重要作用，主要是积极使用反垄断法，减少市场中的垄断力量和恢复竞争。

第三，劳动力流动障碍。劳动力流动存在成本，包括制度成本，如户籍制度、移民政策等；货币成本，如中断工作的损失、寻找工作的费用等；心理成本，如对未来工作的担心等。流动成本越大，劳动力流动性越差，越容易导致雇主采取买方垄断行为。劳动力流动障碍从横向上来看主要是职业隔离，从纵向上看主要是职业晋升障碍。政府可以通过改善劳动力流动障碍中的制度因素来消减歧视，也可以通过平等就业机会法等反歧视法规来规制导致劳动力流动障碍的其他因素。

9.2 工会与职业保障

工会是由工人选举而形成的工人群体的代表组织，它在保障工人的基本职业权利和保障工人利益方面具有十分重要的作用。首先，工会拥有的代表权、谈判权和罢工权在制度上为实现员工的利益提供了基础；其次，工会的具体行为也会对劳动力市场上的工资水平和就业数量产生一定的影响。

9.2.1 工会

工会作为工人构成的正式组织，形成了与资本家相抗衡的一种力量。在经济学的研究领域中，通常把工会作为一个行为的主体，在确定其效用(目标函数)后，对其各种行为进行分析，并评价这些行为和过程带来的结果，关键指标在于工会成员的工资和拥有工会的企业所雇用的人数，即工会对工资和就业所产生的影响①。而且，为了衡量不同企业工人的工会化程度，通常使用两个标准，即工会成员所占工人总数的比例，和个人合同被集体合同所覆盖的工人百分比。

一般而言，工会的组织目标主要包括提高工会成员的薪酬水平(如工资率、年金、健康保险、假期等)。与企业相比，工会更偏好实现利于自身的目标，而企业则要在员工管理和产品市场上同时达到平衡，工资水平的提高会促使企业用资本代替劳动力，从而将其劳动力规模控制在一个合理的水平，于是劳动力市场上向下倾斜的劳动力需求曲线就是约束工会达成其目标的基本限制因素。

如图 9-1 所示，假设员工福利和工作环境不变，市场工资率为 W_0，有两条不同的劳动需求曲线 Di^0 和 De^0，此时企业的雇用人数为 E_0，而工会希望将工资率提高到 W_1，对弹性较大的 De_0，雇用人数会下降到 Ee^1；对弹性较小的 Di^0，雇用人数则只下降到 Ei^1。据此，我们可以得到，其他条件不变，在工会谈判达成的工资增幅一定的情况下，其所面临行业的劳动力需求曲线弹性越大，工会为工资提升所付出的就业人数的成本就越大。

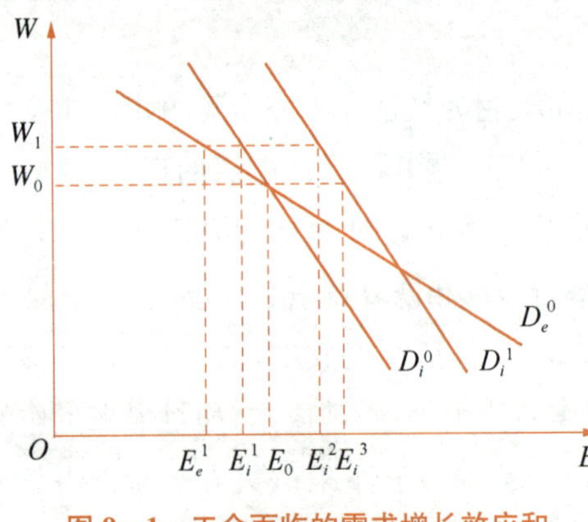

图 9-1 工会面临的需求增长效应和工资的需求弹性

更进一步，我们假设受到产品市场的影响，企业的劳动需求曲线右移，即从 Di^0 右移到 Di^1，如果工会要求的工资仍为 W_1，那么雇用人数不会有绝对的减少，但相对于 W_0 条件下可以实现的 Ei^3，现在只能实现 Ei^2。

于是，我们发现，在较大的劳动需求下，工会要求提高工资并不会导致就业人数的减少，但此时的就业水平却大大低于工资提高前可达到的水平。一般而言，越是快速增长(发展)的行业，工会提高工资的行为带来的就业缩减幅度就会越小。综合以上两种情况来看，在快速发展且劳动力需求弹性较弱的行业，工会将拥有十分强大的谈判

---

① Ronald G. Ehrenberg and Robert S. Smith, *Modern Labor Economics: Theory and Public Policy*, 8th ed. Pearson Education, Inc, 2003: 429-431.

力量。

为了详细分析工会和企业的目标、谈判行为，及两者的互动所导致的工资率和就业人数的变化，目前的经济学理论形成了以下三个主要的模型①。

第一，垄断工会模型。

在阐述工会与企业之间关系的模型之中，垄断工会模型是最简单的模型之一。在这一模型下，工会可以指定劳动力价格，而在这一工资率水平下，工人的数量由雇主决定。如图9－2所示，D为企业的劳动需求曲线。

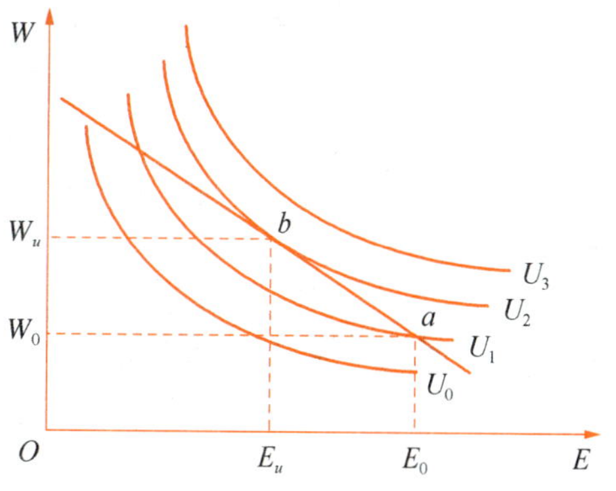

图9－2 劳动力需求曲线限制下的工会效用最大化

首先，我们假设工会可以整合其所有成员的联合偏好，既关注工资率又重视雇用人数，所以工会的目标函数可以由这两个因素来体现，图中表现为U_0，U_1，U_2，U_3一系列无差异曲线。每条无差异曲线都代表了同一效用水平下雇用人数和工资率的所有组合，曲线凸向原点，是由于工会为了维持一个稳定的效用水平，必须在两种因素中作出取舍，根据之前的假设，工会可以通过损失雇用人数的成本来获取工资率的微小增幅，随雇佣人数的增多两者之间的边际替代率递减。

假设没有工会的作用时，市场的工资率水平为W_0，此时企业的雇用人数为E_0，即图9－2中的a点。让我们来分析一下工会参与谈判会如何影响这一结果呢？一种可能的结果就是，工会和企业进行谈判后达成了一个更高的工资率，企业再由此工资率确定雇用人数，当然工会对这一事实也十分清楚，其付出的雇用人数成本则由劳动力需求曲线来决定了。

在图9－2所表述的情况下，工会将努力实现从点a移动到点b，此时工会的效用曲线和劳动需求曲线正好相切，工资率为W_u，雇佣人数为E_u，点b即代表了工会可以达到的最高的效用水平。

第二，有效合同模型。

由于垄断工会模型下，工会必须牺牲工资率或雇用人数其中之一来实现较高效用，因为被广泛认为不是最有效率的。更进一步，如果工会不仅参与工资制定，也参与决定雇用人数，可能两者都能实现更高的水平。人们发现，在图9－2中还存在其他的点能使得工资率和雇用人数之间一者变好，而另一者不变差，这些点的组合则被称为

① Ronald G. Ehrenberg and Robert S. Smith, *Modern Labor Economics: Theory and Public Policy*, 8th ed. Pearson Education, Inc, 2003: 431－436.

有效合同。

我们知道，企业的劳动力需求曲线是有其在每一工资率水平下可以实现的最大化利润来决定的。利用企业的等利润曲线，我们可以对这一模型展开具体分析。

从图 9－2 到图 9－3，引入企业的等利润曲线 I_1，I_2 后，我们可以发现垄断模型下的点 b 并不是一个有效合同点，因为我们可以轻易地找到点 d，此时的工资率和雇用人数都较点 b 更高，且工会达到了一个更高的效用水平 U_3，企业的效用也不会下降，因为点 d 与点 b 均位于等利润曲线 I_2 上。另一种情况，假设谈判后达成的结果为点 e，工会的效用水平仍与点 b 相同，但企业却实现了更高的利润水平（从 I_2 移动到 I_1）。

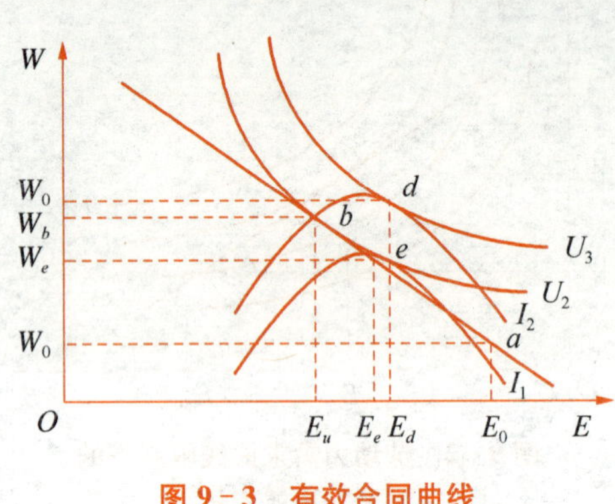

图 9－3　有效合同曲线

其实，在图 9－3 中，我们可以找到更多的点至少不比点 b 差，这些点均位于工会的效用曲线和企业的等利润曲线相切的点，在这些点上，工资率和雇用人数之间一方可以更好而不会损害另一方，这些点构成的曲线即为有效合同曲线。但在这些点之间，工会和企业又存在不同的偏好，例如在图9－3的情况下，工会更倾向于选择点 d，而企业更倾向于选择点 e，最终会实现的点则需进一步考虑工会和企业的谈判力量①。

第三，中间选民模型。

由于前两种模型统一设定了工会对其成员偏好的统一代表性，这与实际情况存在一些差别，于是有研究者提出了基于工会成员异质性的中间选民模型。

这一模型的关键之处在于其改变了前两种模型对于工会效用函数的设定，认为工会成员对工资和就业水平的偏好并不都是完全一致的。由于工会成员在投票的过程中更多考虑的是自身的利益，一般情况下，工会成员在谈判的过程中更偏好得到较高的工资。每一个工会成员都希望提高工资，除非他就是下一个要被解雇的人。于是，此时工会的无差异曲线就是一条垂直于 X 轴的直线，因为工会成员只关注自身的收入，而不是工会集体的总收入。对于工会的单个成员而言，是要么得到最高的工资，要么就被解雇；而作为工会的领导者，为了得到中间选民，这一大多数群体的选票支持，则会充分考虑他们希望提高工资的愿望，从而更倾向于选择最高的工资水平，此时，就业人数就降到了最低点。

① Jan Svejnar, "Bargaining Power, Fear of Disagreement, and Wage Settlements: Theory and Empirical Evidence from U. S. Industry." *Econometrica* 54 (Sep 1986): 1053－1078.

关于工资率和雇用人数如何对工会和企业的不同偏好做出反应，以上三种模型都给出了各自的假设和推论，有很多研究对这些理论都进行了实践的检验和讨论。例如，布鲁斯和巴斯克斯(Kaufman Bruce and Martinez-Vazquez, 1990)就从集体谈判的实践和工资率-雇用人数的现实数据对模型作出了比较分析，得出中间选民模型更切合实际的结论①。

9.2.2 集体谈判和罢工

工会实现其目标的必经之路就是达成工会成员的共同目标，那么，工会究竟是如何劝服工人与其达成一致目标呢？在一定的劳动力需求弹性下，工会又是如何与企业进行谈判呢？一种情况是，工会与企业就生产率达成协议，即工会要求工资率提高的前提是工会成员要为企业提供更高的劳动生产率。这种协议在某些条件下是可以实现的，但现实中更多情况下，工会通过谈判、罢工等一系列技巧提高了企业的管理成本，从而使得企业被迫进行改变。

简单罢工模型最初是由经济学家约翰·希克斯提出来的②。模型假设工会和企业的谈判围绕着一个问题展开，即工会要求提高的工资幅度受到企业认可。那么，随着罢工时间的持续，工会要求的工资增幅和企业愿意支付的工资增幅各自是如何变化的呢？希克斯给出的分析如图9-4所示。

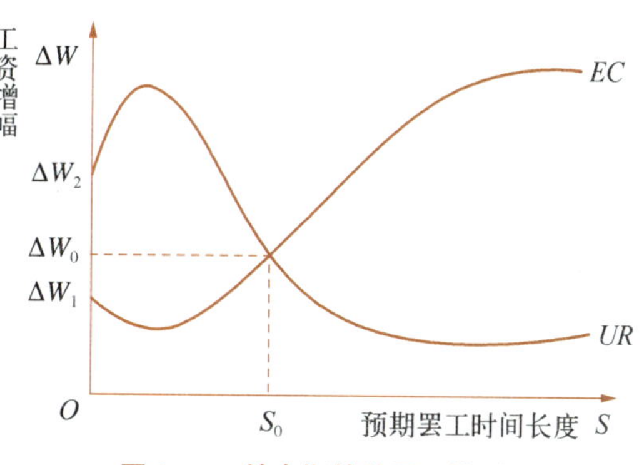

图9-4 希克斯简单罢工模型

从企业一方来看，假设罢工前企业愿意支付的工资增幅为ΔW_1。如果这一要求被工会拒绝，企业在短期内可能采取非工会员工进行生产，或者逐渐提高其愿意支付的工资增幅。随着罢工的持续，损失的商业成本和客户满意度逐渐累积扩大，企业会进一步提高工资增幅以尽快结束罢工行为，这一变化过程可由图中企业妥协曲线 *EC* 来表示。

从工会一方来看，罢工前工会可能希望得到的工资增幅为ΔW_2，然而罢工开始后，工人的情绪和愿望得到强化，进而提出更高的目标。随着罢工和谈判的持续进行，由罢工而造成的收入损失迫使工人改变自己的态度，工会便逐渐降低自己对于工资增幅的要求，这一过程可由图中工会反抗曲线 *UR* 来表示。

---

① Kaufman Bruce and Martinez-Vazquez, "Monopoly, Efficient Contract, and Median Voter Models of Union Wage Determination: A Critical Comparison." *Journal of Labor Research*, 1990, Vol. XI, No. 401-421.

② John R. Hicks, *The Theory of Wages*, 2nd ed. New York: St. Martin's Press, 1966: 136-157.

随着罢工进一步持续，我们可以推断工会的要求逐渐降低，而雇主愿意提供的支付逐渐增高，直到罢工 S_0 段时间时，两者达成一致。此时，工会与雇主均同意工资增幅 ΔW_0，罢工也随之结束。

从希克斯的罢工模型出发，我们可以得到以下几个推论：

首先，在 *EC* 曲线不变的情况下，任何使得 *UR* 曲线向上移动的因素不仅会延长罢工时间，而且会提高最终实现的工资增幅。我们发现，失业率较低的情况，工人更易获得新的工作，这也会导致罢工迟迟不能结束；同时，政府对失业者的保障政策也影响到罢工持续的时间①。

其次，任何使得企业态度强硬的因素都会降低 *EC* 曲线，进而延长罢工时间，降低工资增幅。于是，罢工初始阶段，雇主都倾向于强硬拒绝工会的要求，不会轻易地妥协。如果企业面临的产品市场需求富有弹性，它更可能大量储备物资或雇用新的替代工人②。

最后，罢工看起来似乎是一种不必要的浪费。即使不通过罢工行为，或进行一场更短时间的罢工，ΔW_0 的工资增幅也是可以实现的，如此企业和工会双方都可以减少损失。当罢工对双方而言都需要付出极高的代价时，工会和雇主可能更倾向于达成集体协议，从而限制未来的罢工行为③。

如果罢工给工会和雇主造成无效率的损失，为何到现在罢工运动从未消失呢？有观点认为，工会不间断地利用罢工对企业构成威胁以增强工会的谈判力量。同时，工会通过罢工运动可以增强组织内部成员的团结以实现组织的共同目标。也有观点认为，罢工行为是由于工会和雇主对于各自的目标和反抗的动机不了解所造成的信息不对称导致的。

9.2.3 工会与劳动力市场

经济学家长久以来对工会产生的劳动力市场影响十分感兴趣，从工会对市场工资率的影响，到近些年对总体薪酬(包括员工福利)、就业水平、工作时间、生产率和企业利润的影响，这方面也不断发展出新的实证研究结果。

9.2.3.1 工会的工资效应

工会的存在的确会为工会成员带来额外的薪酬福利(union premium，即高出非工会成员工资的那部分工资)。根据艾伦(Alen)1988 年和 1994 年前后两次对美国

---

① Orley Ashenfelter and George Johnson, "Bargaining Theory, Trade Unions and Industrial Strike Activity." *American Economic Review*, 59 (March 1969): 35 - 49.

② Melvin W. Reder and George R. Neumann, "Conflict and Contract: The Case of Strikes." *Journal of Political Economy* 88 (October 1980): 867 - 886.

③ Barry Sopher, "Bargaining and the Joint-Cost Theory of Strikes: An Experimental Study." *Journal of Labor Economics*, 8, No. 1, 48 - 74.

建筑业工会福利的估计，工会带来的工资增长从20世纪60年代的37%增长到70年代末的55%，随后在80年代末又降至33%，虽然这种额外福利受到了来自宏观经济环境的影响，但整体而言工会给其成员带来的工资效应是十分显著的。贝尔曼和保罗(Belman and Paula，2006)的后续研究则表明虽然工会所面临的生存环境日趋恶化，工会的参与率也逐年下降，工会成员和非工会成员的工资差别也逐渐缩小，工会的工资增长效应却依然存在，只是相对而言维持在一个相对较低的水平上(24%)①。

除宏观经济环境之外，工会的工资效应是否会受到行业差别的影响呢？在布拉兹伯格和里根(Bradsburg and Ragan，2002)的研究中，他们对美国不同行业间的工会所带来的工资效应进行了估计，发现70年代以来，工会工资效应突出的行业提供的额外福利逐渐下滑，而较低工资效应的行业提供的额外福利逐渐上升，导致行业间工会与非工会成员之间的工资差别也逐渐缩小②。

特别地，针对行业整体的收入差别，克利夫兰等人(Cleveland，Gunderson and Hyat，2003)便重点观测了在美国传统低收入行业(如家政工作人员)中，工会是否也发挥了它的工资保障功能和额外的工资效应。他们发现与其他行业一样，传统低收入行业中工会对工资和福利发挥着积极的影响，相对非工会成员而言这种额外的收入保障在15%左右，这使得低技能的工会员工可以对自身的教育、工作经验和技能培训等方面作出更多的投入③。

9.2.3.2 工会的就业效应

从工会的目标行为出发，垄断工会模型和中间选民模型下，工会的集体行为在带来工会成员较高平均工资的同时，也付出了未获得的更大规模就业人数的成本，或者在就业人数不变的情况下，工会成员的平均工作时间会有所下降。但是，在有效合同模型以及日益出现的各种新型劳动形式和条件下，工会的存在对就业的影响也变得更加复杂。

庞克尔(John H. Pencavel)对美国十大城市1946—1965年各行业工会行为带来的工资和就业变化做出了实证研究，他们发现工会的目标行为理论受到了实践数据的支持，同时也证明了工资替代就业的弹性几乎为0，即工会一直以牺牲就业来达到工资提高的目标，很少采取用降低工资的政策来实现就业人数的增长。因为就业人数的确定更多地受到了企业(或市场)需求曲线的影响，这种客观环境并不是工会可以掌握和

---

① Dale Belman and Paula B. Voos, "Union Wages and Union Decline: Evidence from the Construction Industry." *Industrial and Labor Relations Review*, Vol. 60, No. 1 (Oct., 2006), pp. 67-87.

② BerntBratsberg and James F. Ragan, Jr. "Changes in the Union Wage Premium by Industry." *Industrial and Labor Relations Review*, Vol. 56, No. 1 (Oct., 2002), pp. 65-83.

③ Gordon Cleveland, Morley Gunderson, Douglas Hyatt, "Union Effects in Low-Wage Services: Evidence from Canadian Childcare." *Industrial and Labor Relations Review*, Vol. 56, No. 2 (Jan., 2003), pp. 295-305.

控制的因素[①]。这一结论是从工会的目标行为和企业需求的微观博弈角度来分析得出的，但却不时在任何情况、任何条件下都依然成立。

那么，其他的理论模型是否也能得到实践数据的支持呢？威塞尔斯（Walter J. Wessels）便利用加拿大1971—1981年十年间的就业数据和美国1972—1974年的就业数据对有效合同模型的假设和推论作出了检验，在对工会部门和非工会部门分别作出劳动力需求估计的基础上，随着控制变量的愈来愈多，工会出现就业增长的情况便愈来愈困难。研究者认为，由于市场上就业的决策并非简单地由工会和企业方博弈来实现，许多市场因素和劳动者个人因素也会影响就业状况，因而较多控制变量的检验结果更符合现实，有效合同模型下希望实现的就业增长在实际环境中很难实现[②]。

另外，莱纳德（Jonathan S. Leonard）便利用加拿大制造业1974—1980年的数据分析得到工会并没有妨碍少数群体劳动者的就业（如西裔女性、女性蓝领和黑人男性等），在这些种族中工会就业者的比例反而高于非工会成员的比例。这一时间段美国虽然遭受了严重的经济危机，但女性和弱势群体的就业率反而逐年增长，原因在于工会所在的行业为他们提供了更多的工作机会，这便体现了工会对于就业的保障功能[③]。

由于分离出工会对工资和就业的直接影响并不容易，庞克尔（John H. Pencavel）在他的研究中指出限定工会行为目标的分析方法只是从实践的层面对其可能带来的经济影响作出了假设，尚未达到一个完整的理论框架，需要进一步进行理论构建，使得微观数据与宏观理论结合起来[④]。

综上所述，工会对就业所产生的影响并不能简单地用某个理论来完全描述，它在更多时候与市场经济的宏观运行状况、行业内工会与非工会领域的差异和不同群体的劳动力参与状况等紧密相关。

9.2.3.3 工会对员工生产率的影响

工会一方面为工会成员提供工资保障，另一方面也可能提通过组织管理激励工会成员更加努力工作，所以许多研究都关注了工会对员工生产率所产生的影响，概括起来主要存在以下两种观点：

一种观点认为，工会表达了员工的心声，通过增强员工的福利，员工会呈现出更加

① John H. Pencavel, "The Tradeoff Between Wages and Employment in Trade Union Objectives." *The Quarterly Journal of Economics*, Vol. 99, No. 2 (May, 1984), pp. 215 - 231.

② Walter J. Wessels, "Do Unions Contract for Added Employment?" *Industrial and Labor Relations Review*, Vol. 45, No. 1 (Oct., 1991), pp. 181 - 193.

③ Jonathan S. Leonard, "The Effect of Unions on the Employment of Blacks, Hispanics, and Women." *Industrial and Labor Relations Review*, Vol. 39, No. 1 (Oct., 1985), pp. 115 - 132.

④ John H. Pencavel, "Wages and Employment under Trade Unionism: Microeconomic Models and Macroeconomic Applications." *The Scandinavian Journal of Economics*, Vol. 87, No. 2, Proceedings of a Conference on Trade Unions, Wage Formation and Macroeconomic Stability (Jun., 1985), pp. 197 - 225.

积极的工作态度、更低的流动率，同时企业也可以以此作为激励员工的手段，最终提高了员工的生产率；另一种观点认为，工会的目标除提高工资水平之外，也会要求企业维持一个相对稳定的雇用水平，所以工会可能通过集体协议来限制员工的工作时间，提出更多的工作环境要求，如此便使得企业单位产出的成本增加，从而降低了员工生产率。

实证研究的结果则是充满矛盾的，以上两种观点都能找到数据的支持。然而，更多研究者们认为工会对员工生产率产生的影响很大程度上取决于工会和企业管理层在进行集体谈判时的关系和表现。

安隆(D. Hanlon)在一份调查研究中指出，具有正式工会组织的企业似乎更容易成功地提高员工的生产力。他发现，工会和管理层之间的合作与努力，可以显著提高工人职业发展的灵活性，为工人的创新行为创造一个良好的工作氛围，最终实现生产力的提高。但他也指出，工会这种合作行为的产生必须建立在保证工会员工工资和就业的基础之上①。

贝莫斯(Bemmels)便对工会影响员工生产力的机制作出了实证研究，利用1982年加拿大46个制造业厂商的数据，他发现工会对员工生产力水平产生了消极的影响，这种影响在50%的程度上是由于工会降低了管理层提高生产力实践的有效性，而且工会所采取的过分敌化策略对使得企业内部员工与管理层之间的关系不和谐②。

艾迪森和哈什(Addison and Hirsch)则回顾和整理了各项对工会影响力的研究，他发现数据的缺失和生产力方程的不确定导致估计工会对生产力的影响十分困难，现存的许多实践结论(无论是积极影响，还是消极影响)都存在不少漏洞。对于那些认为工会对生产力有积极影响的研究，大部分都集中于工会工资效应较大的行业，即工会成员与非工会成员的工资存在较大差别；被研究的行业通常面临着更大的市场竞争压力，这些因素都可能迫使企业提高生产力，并不能证明是工会发挥了提高生产力的作用。而对于那些认为工会对生产力带来消极影响的研究，不仅在估计参数上呈现出巨大差异，同时也缺乏来自劳动力市场的信息，没有充分考虑外部竞争、政府准入规制以及管理层与工会之间目标行为的博弈③。所以，研究者认为研究工会的影响力应该从长期的结果分析，短期内偶然因素的影响会占主导，并不能够准确地对工会的行为影响作出准确估计。

---

① Martin D. Hanlon, "Unions, Productivity, and the New Industrial Relations: Strategic Considerations." *Interfaces*, Vol. 15, No. 3, Productivity (May-Jun., 1985), pp. 41-53.

② Brian Bemmels, "How Unions Affect Productivity in Manufacturing Plants." *Industrial and Labor Relations Review*, Vol. 40, No. 2 (Jan., 1987), pp. 241-253.

③ John T. Addison and Barry T. Hirsch, "Union Effects on Productivity, Profits, and Growth: Has the Long Run Arrived?" *Journal of Labor Economics*, Vol. 7, No. 1 (Jan., 1989), pp. 72-105.

9.3 劳动合同与职业保障

在劳动力市场上,员工和企业之间在各自意愿的基础上形成劳动关系。而劳动合同是劳资双方以具有法律效力的合约的形式确定其劳务关系的契约。许多实证研究证明,对于劳动者而言,劳动合同为劳动者工作过程中的职业权利提供了基本的法律保障,如工资、社会保险等,以及劳动期限等。

9.3.1 对工资的保障

一般而言,工资水平的确定会受到众多因素的影响,内部因素和外部因素。例如员工自身的能力和努力程度、工作岗位的价值大小、劳动环境和条件、地区或行业的工资水平、劳动力市场的供求与歧视等。而企业在与劳动者签订劳动合同时,并不能完全确定劳动者的真实能力及其将会付出的努力程度,因而存在着不确定性;劳动者也会考虑企业的工资支付能力以及其他保障是否能够实现。这种情形下,双方都倾向于规定一个劳动合同履行的期限,一方面,企业可以根据劳动者的表现和自身需要来灵活安排,降低用人的风险;另一方面,劳动者也可以拥有更多选择。

许多实证研究结果表明,劳动合同期限愈长,劳动者的工资稳定性越强,未来的增长可能性也愈大,同时职业转换的可能性也会降低(Margaret Stevens,2002)①。同时,尽管企业与不同的员工签订不同的劳动合同期限,其所隐含的工作时间与工资稳定性的正相关关系依然保持不变(Ken Burdett and Melvyn G. Coles,2001)②。

对于中国而言,为了遏制劳动合同短期化倾向和建立稳定的劳动关系,2008 年 9 月开始实施的新的劳动合同法提出了无固定期限劳动合同的概念。在签订无固定期限劳动合同的情况下,除法定情况,企业不得随意解雇员工,员工在提前告知企业的情况下可以自主决定是否离开企业。这一改变引起了中国劳动力市场的不小变化。就劳动者的就业权利而言,法律提供了更加严格的保护政策。虽然企业可以采取规避无固定期限合同的策略,但许多调查研究显示,新的《劳动合同法》的颁布和实施显著改善了中国普通劳动者的权益状况。

针对《劳动合同法》实施后对工资水平带来的影响,刘林平(2010)通过调查农民工

---

① Margaret Stevens,"Wage-Tenure Contracts in a Frictional Labour Mark: Firms' Strategies for Recruitment and Retention." Working Paper Oxford University,2002,10.

② Ken Burdett and Melvyn G. Coles,"Equilibrium Wage and Tenure Contract." Working Paper University of Essex,2001,6.

群体发现劳动合同法实施后，农民工工资的相对低水平状况没有改变，但最低工资政策的实施力度有了极大提高[1]。另外，徐道稳(2011)通过对比分析九大城市签订劳动合同之前与之后劳动者的收入状况，证明了劳动合同对于劳动者的收入有积极影响，但影响程度较小，原因在于企业的工资水平更多的还是受到来自市场工资水平的影响，法律的规定更多地影响了硬性的社会保险要求和最低工资的实施[2]。

9.3.2 对社会保险的保障

社会保险从最初的特殊员工种类保险发展到现在雇主对于所有工作人员所承担的保障责任，同时也利用保险的分散原则和政府的责任为员工的基本福利提供了保障。由于劳动法律的规定，大部分国家和地区都要求在劳动合同中明确规定劳动者所享有的社会保险福利，因而劳动合同便具有了保障社会保险实施的作用。

以中国为例，仅针对社会保险的具体法律规定，就包括了多部劳动法律，其中最为重要的就是两部最新颁布的法律，即2008年1月1日开始实施的劳动合同法和2011年7月1日开始实施的社会保险法。劳动合同法中明确规定具劳动合同必须具备社会保险条款，且当用人单位未依法为劳动者缴纳社会保险费的时候，劳动者可以依法解除劳动合同等；社会保险法则具体规定了雇主在员工的养老保险、医疗保险、工伤保险等基本保险中所承担的经济责任和法律责任。

经济学家对此也作出了实证的研究，例如，徐道稳(2011)对上海等九个城市的调查研究表明，签订劳动合同的劳动者参加社会保险，特别是养老保险的可能性更高，且在工时休假、劳动保护、职业培训和福利待遇方面有了很大的改善和提高[3]。

9.3.3 对劳动期限的保障

劳动合同的内容不仅包括对工资、保险的具体规定，还包括对工作时间，即劳动合同期限的规定。经济学的研究表明，劳动合同期限是企业与劳动者劳动关系稳定的重要指标，对外，它受到经济环境和经济波动的影响；对内，它受到人力资源管理目标、员工技能培训和职业投入的影响。企业以适当的劳动合同期限来满足其内部管理、外部应变的目标；劳动者则偏好较长的劳动合同来获得稳定的工作。

在一般研究中，我们有三种主要确定劳动合同期限的方法[4]：

(1) 前一个合同截止日期到当前合同截止日期之间的月数，适合连续订立劳动合

---

① 刘林平，陈小娟. 制度合法性压力与劳动合同签订——对珠三角农民工劳动合同的定量研究. 中山大学学报，社会科学版. 2010(1).

②③ 徐道稳. 劳动合同签订及其权利保护效应研究——基于上海等九个城市调查. 河北法学. 2011(7).

④ Frederick H. Wallace, "The Effects of Shock Size and Type on Labor-Contract." *Journal of Labor Economics*, 2001, vol. 19, no. 3, pp. 658 - 671.

同的情形：

$$Dur_1 = Exp_t - Exp_{t-1}$$

(2) 合同的生效日期到截止日期之间的月数，适合独立期限劳动合同的情形：

$$Dur_2 = Exp_t - Eff_t$$

(3) 合同谈判日期到截止日期之间的月数，适合早期劳动合同的情形：

$$Dur_3 = Exp_t - Neg_t$$

研究发现，影响劳动合同期限的因素主要有以下两个来源：

第一个来源是经济的波动性和交易成本，宏观环境(如通货膨胀和物价水平)和企业生产存在不确定性，这种波动与不确定程度使得企业签订不同长短的劳动合同所花费的成本有所变化，因而使得企业在不同时段对劳动合同期限有着不同的偏好。实证研究得出，波动性可能引发了频繁的谈判，缩短合同期限；波动性也可能使得信息收集和预测的价值提升，延长合同期限。华莱士(Frederick H. Wallace, 2001)还发现合同期限对波动性的反应在不同产业部门之间也存在差异。

第二个来源是个体特征和工会，个体特征如年龄、性别、人力资本及工会成员的身份，两者与劳动合同期限之间也呈现出一定的相关性。一般而言，年轻员工多签订固定期限劳动合同，年长员工多签订永久性劳动合同；女性和未受高等教育的员工，相对男性和大学毕业的员工而言，多签订临时性劳动合同；在工资相同的情况下，工会成员相对非工会成员，其签订的合同期限往往更长一些。

既然劳动合同期限受到如此众多因素的影响，经济学家们便对最优劳动合同期限应该如何确定这一问题展开了探讨。研究的视野非常广泛，从劳动者的角度、工会集体合同的角度、企业的角度、政府的角度和社会的角度，基于各自的目标函数不同(效用最大化、利润最大化或者社会效益最大化)都可以得出不同的最优期限模型。

下面简单介绍一个重新签订合同所需成本的目标函数①：

$$\frac{1}{T}\left\{E_0\int_0^T g(y_t)\,\mathrm{d}t + K\right\}$$

式中：T 代表合同的期限；y_t 代表整个宏观经济在 t 时段的随机过程(独立线型组合)；$g(\cdot)$ 表示从 0 时段到 t 时段继续履行合同所损失的即时消费者剩余的函数组合；K 表示重新签订合同的成本。这一目标函数的建立，是为了找到使得重新签订合同所需

① Gray J.,"Wage Indexation: A Macroeconomic Approach." *Journal of Monetary Economics*, April, 1976: 221-236.

成本最小的那一点，此时得到的时间 T 则为最优合同期限。

9.4 最低工资保障

最低工资是指为了维护劳动者取得劳动报酬的合法权益，保障劳动者个人及其家庭成员的基本生活的最低劳动报酬。实施最低工资的目的是保证劳动者获得生存和发展需要的基本收入，保障弱势劳动者的利益，一定程度上缩小工资差距，维护社会公平。但由于最低工资提高了劳动力成本，这种制度性干涉可能对产出和就业产生负效应。

9.4.1 最低工资的就业效应的理论分析

最低工资的就业效应是积极的，还是消极的，取决于它所适用的劳动力市场的特征。在完全竞争市场、买方垄断市场下，最低工资带来的结果是不同的。

首先考虑完全竞争的市场情形。同之前分析工会的方法一样，最低工资对就业的影响最基本的分析框架即为完全竞争市场条件下的供求模型①。在完全竞争的劳动力市场条件下，最低工资适用于所有的经济部门，其标准 W_m 位于市场均衡工资 W_0 之上，如图 9－5 所示，就业人数便会从 E_0 下降到 E_m。

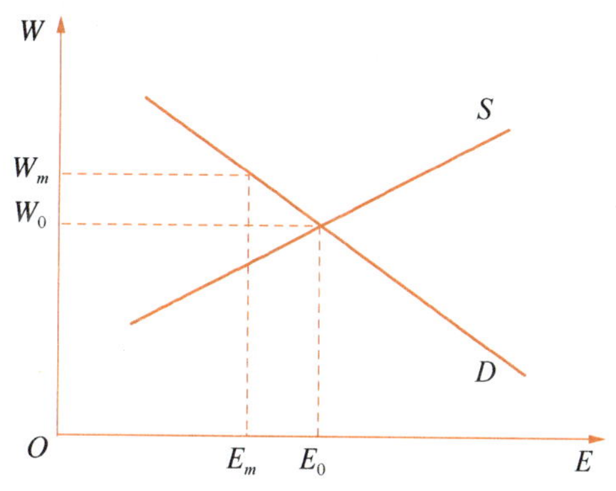

图 9－5 最低工资就业效应——完全竞争模型

就业的下降幅度（$E_0—E_m$）的大小将取决于劳动需求曲线 D 的弹性和最低工资 W_m 高于市场均衡工资 W_0 的幅度，即（$W_m—W_0$）。

然而，在买方垄断的劳动力市场上，面对既定的劳动力供给，由于企业会选择劳动力边际成本和边际收益相等时的雇用人数，而劳动力边际成本又高于市场劳动力供给的价格，所以雇主方可以通过决定雇用人数来直接影响市场均衡工资，当劳动力供给随着工资的上涨而增加时，雇主存在抑制雇用人数来降低工资水平的强烈动机。就此，斯蒂格勒（Stigler，1946）指出在这种情况下，最低工资的存在提高了工资水平，随之便带来了就业的增加②。

① ［美］曼昆. 经济学原理：微观经济学分册. 第 4 版. 梁小民，译. 北京大学出版社，2006：120—121.

② Stigler George, “The Economics of Minimum Wage Legislation.” *American Economic Review*, 1946, 36: 358－365.

如图 9-6 所示，在政府无干涉的情况下，雇主确定的雇用人数 E_0，支付工资为 W_0；而当政府规定了最低工资 W_m（$W_m \leqslant W_1$），就业人数便会上升至 E_m；但当最低工资 W_m 超过 W_1 时，雇主便不会有兴趣继续停留在市场的劳动力供给曲线上，它会倾向于回到边际成本曲线，就业人数下降。

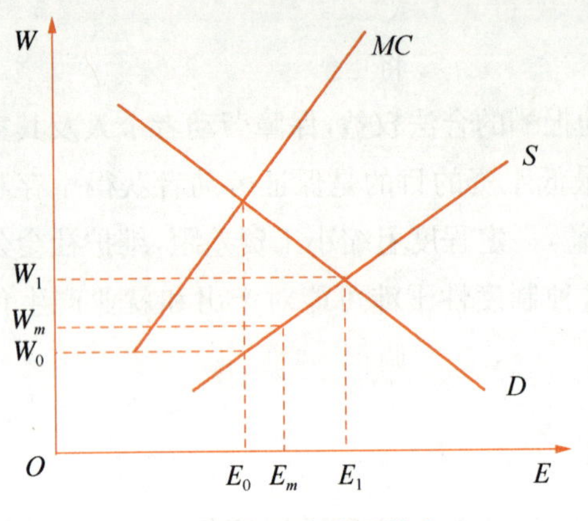

图 9-6 最低工资就业效应——买方垄断模型

因而，在买方垄断的格局下，存在着最低工资带来正面就业效应的可能，但这种效应在真实劳动力市场上是很难发生的。首先，完全纯粹的买方垄断市场很难找到；其次，最低工资只能低于市场均衡工资才能对就业产生积极作用，但事实上，现在许多国家制定的最低工资标准都高于市场均衡工资水平（特别是欧洲国家）；最后，当劳动力供给曲线的工资弹性较大的时候，最低工资对就业的积极作用才会比较明显，但事实上劳动力供给曲线一般只有较小的弹性。

另外，对于最低工资引发的就业效应还可以从效率工资、两部门差异（实行最低工资的部门和没有实行最低工资的部门）以及工作搜寻的理论模型来加以分析。

9.4.2 最低工资对就业影响的实证研究

对于最低工资在劳动力市场上产生的就业影响，实证研究的方法大体包括三种：一是在控制了其他影响就业的市场因素的基础之上，观测就业的变动与最低工资之间可能存在的相关性；二是采取自然实验的方法，对比增加最低工资的地区和没有调整最低工资的地区之间就业率的差异；三是利用劳动力市场个体劳动者的时间纵向数据，来观察最低工资水平的变化对实际收入所造成的影响。

由于就业水平受到来自市场供求、行业构成、经济发展阶段等多种因素影响，不同国家和地区可能就面临着不同的影响。同时，技术层面上来看，从复杂的经济环境中分离出最低工资这一因素是很困难的，不同的估计方法也会产生不同的结果。

早期的一项关于经济贸易与合作组织成员国 1975—1996 年的数据研究显示，最低工资增加 10%，20 岁以下青年的就业人数会下降 2%—4%，对 20 岁以上的青年就业负面影响存在，但估计值约为 0，25 岁以上便不再受最低工资的负面影响①。而伯勒特（Jeffrey Dean Burnette）利用美国 1979—2002 年的 CPS 普查数据得到在差分估计和商业周期作用下，最低工资的增长并不会对 16—19 岁的青年人产生负面的影响，除

① Pierre Cahuc and Andre Zylberberg, *Labor Economics*，上海：上海财经大学出版社，2007：622-623.

非在不考虑宏观经济环境和经济衰退的情况下，最低工资才会产生负面影响①。

除经济环境的宏观影响之外，实证研究表明，最低工资政策在长期和短期内对青年工人的影响也有所区别。纽马克等人(David Neumark and Olena Nizalova)同样利用 CPS1979—2001 年的数据观测了最低工资对青年工人(20 岁以下)的长期影响，他们发现年轻人长期停留在一个较高水平的最低工资上，将更少地参与工作、获得更少的收入。通过比较长短期效应的差异，他们认为最低工资的设定应该更加关注其可能带来的长期结果，而不是即时的市场效应②。

最低工资作为一种对低收入劳动者及其家庭收入的社会保障政策，它对收入分配的实质影响也受到广泛关注。奥布莱恩(O'Brien-Strain)就展开了一项关于最低工资作为社会再分配手段的研究，她利用收入调查和消费者调查的数据得到，最低工资提高带来的影响主要取决于收入分配中受益最大的群体和为这种变化提供成本的群体，数据显示几乎所有收入阶层的家庭都从这种变化中获得了收益，但最贫穷的家庭只获得比他们的付出较多一点的收入，相对而言，低收入家庭的成本依然较大③。马双等人利用 1998—2007 年规模以上制造业企业报表数据，对最低工资与企业平均工资和雇用人数的关系进行分析，发现，最低工资将更多地增加劳动密集型或人均资本较低企业的平均工资，但最低工资每增加 10%，制造业企业雇用人数将显著减少 0.6%左右④。所以，只有当最低工资标准定在一个适当的收入水平上，权衡其在收入分配上的积极效果以及其对就业的负面影响，才可以发挥其基本的保障作用。

本章小结

在现代劳动力市场上，劳动者在为企业和社会创造价值的同时也直接或间接承担着各种风险，健全的职业保障因而成为劳动者顺利进行职业选择和投入的基础条件；现实中劳动者的就业权利常常遭遇各种就业歧视的挑衅，就业歧视影响工资差异的形成，应对就业歧视政府必须采取相应的就业权利保障政策；工会是企业中代表劳动者利益的正式组织，工会的存在和行为使得劳动者的就业、工资和其

---

① Jeffrey Dean Burnette, "Essays on the Minimum Wage." PHD dissertation of the State University of New York, 2005, 9.

② David Neumark and Olena Nizalova, "Minimum Wage Effects in the Longer Run." NBER working paper, 2004, 8.

③ Margaret Alice O'Brien-Strain, "Distributiona Effects of The Minmum Wage: Who Benefits and Who Pays for Increases in The Federal Minimum Wage 1996 - 97 and 1999 - 2000." PHD dissertation of Stanford University, 1999, 6.

④ 马双，张劼，朱喜. 最低工资对中国就业和工资水平的影响. 经济研究，2012(5)：132—146.

他福利都得到了一定程度的保障；劳动合同的签订，特别是劳动合同期限的设置严重影响着劳动者的工作时间和工资水平；最低工资则是在国家干预手段下，法律对劳动力市场工资水平的基本限定，最低工资要发挥其保障劳动者基本生活的功能，关键在于制定的标准和最低工资水平。

复习思考题

1. 如何看待工会对劳动力市场产生的影响？
2. 试分析最低工资对就业的影响。
3. 如何利用劳动合同来保护劳动者的就业权利？
4. 简述测算歧视影响大小的方法。
5. 你怎样看待中国当前的就业歧视问题？

案例分析

就业歧视：顽疾如何寻良药？

就业歧视，一个讨论多年的老话题。但最近几年，就业歧视花样翻多，从身高性别歧视、乙肝歧视和色盲歧视到血型基因歧视，媒体专家对此报道研究很多，公众关注也越来越多，但是情况却不容乐观。

就业歧视背后是社会公正的缺失

王女士，26 岁，市场营销专业本科毕业，对销售充满梦想，但在参加北京一个软件公司的销售岗位招聘时，却因为身为一名女性被拒之门外。多次碰壁后，王女士只好去一家公司做了办公室文员。

王女士的经历相信很多女性求职者都遇到过。性别歧视是各种歧视中历史较长、问题较突出的。许多用人单位在招聘广告中都公开要求应聘者为男性，或者有言在先地说“男性优先”。在条件相当甚至更优秀的情况下，女性经常因为性别被用人单位拒之门外。

此外，一些企事业单位在招录人才时考虑得更多的是应聘者的家庭背景、学历文凭等条件，而不是唯才是用。这种唯家庭背景、学历文凭等条件是取的做法是一种严重的歧视行为，而这种歧视背后是社会公正的缺失。

社会紧张、排斥和对立伴随歧视滋生

“期待”是著名乙肝论坛“肝胆相照”里的网友，据这位网友发帖说，他在武汉分别应聘了两家单位，都要检查两对半（又称“乙肝五项”，其检查意义在于检查是否感染乙肝及感染的具体情况），看是否感染乙肝，而且指明只要两对半的检查单子，“要命，我还以为国家出了政策就不会查了哦，还是要查，怎么办？想找个人代替，周围的人都不知道，我也不想让他们知道，哎！”

近年来，各种反就业歧视的司法案例越来越多，比如，反乙肝歧视的，反相貌歧视的，反婚姻歧视的，反色盲歧视的等等。这些表明，在我国就业市场中普遍存在着的歧视导致了社会不公平感的扩大，在不断滋生着社会紧张、排斥和对立，并引发了一些严重的社会问题。

“反就业歧视方面的立法还不够”

杨先生，27岁，硕士毕业，在参加某市银行招考时，初试分数排名第一，在面试的时候却被刷了下来，对方的理由是这份工作只录取本地人，而在招聘之初，招考信息上并没有这样的说明。后来得知，该岗位录取了当地一局长家的孩子。

虽然近几年，《就业促进法》《劳动合同法》《劳动争议调解仲裁法》等几部重要劳动法律及其配套法规文件相继实施，但实施效果却不尽如人意。中国政法大学宪政研究所副教授刘小楠撰文指出，反就业歧视方面的立法还不够，推动制定反就业歧视基本法是十分必要的。

还有专家指出，让市场发挥作用是最根本的办法。即当就业机会增加，劳动力供求关系出现平衡或供不应求的时候，就业歧视问题才会得到根本好转。另外，随着用人单位在市场上的优胜劣汰，用人单位观念趋于理性，就业歧视现象才会逐渐减少。因此，政府应当努力增加就业机会，以缓解严重的就业歧视现象。同时，也要采取其他多种措施，如提高企业管理者素质，改变企业不理性的用人观念；打击地方保护主义，建立全国统一的可以自由流动的劳动力市场机制等。

（资料来源：新华网转载于光明日报，http://news.xinhuanet.com/2010-10/15/c_12661205.htm，2010-10-15。）

分析：请结合本章所学内容，分析资料中提到的就业歧视现象的成因及影响，你对政府、企业和工会在其中扮演的角色有何看法？你认为可能做出的改变有哪些？有哪些对策可以解决这一问题？

推荐阅读资料

1. ［美］加里·贝克尔. 歧视经济学. 台北：台湾中正书局，1996.

2. [美] 罗纳德·G·伊兰伯格，罗伯特·S·史密斯. 现代劳动经济学：理论与公共政策. 第八版.（经济科学译丛）刘昕，译. 北京：中国人民大学出版社，2007.
3. 杨伟国. 劳动经济学. 大连：东北财经大学出版社，2010.
4. John J. Donohue III, 2007. *Economics of Labor and Employment Law*, Edward Elgar Pub.
5. Pierre Cahuc and Andre Zylberberg. 劳动经济学. 上海：上海财经大学出版社，2007.

网上资料

1. 中国人力资源学习网：http://www.hrlearner.cn/.
2. IZA：http://www.iza.org/en/webcontent/index_html.
3. JSTOR：http://www.jstor.org/action/showPublication?journalCode=jlaboreconomics.

图书在版编目(CIP)数据

职业发展经济学/杨伟国,王子成主编. —上海:复旦大学出版社,2015.4
(复旦博学·21世纪人力资源经济学前沿)
ISBN 978-7-309-11298-6

Ⅰ. 职… Ⅱ. ①杨…②王… Ⅲ. 劳动经济学-高等学校-教材 Ⅳ. F240

中国版本图书馆 CIP 数据核字(2015)第054937号

职业发展经济学
杨伟国 王子成 主编
责任编辑/宋朝阳

复旦大学出版社有限公司出版发行
上海市国权路579号 邮编:200433
网址:fupnet@fudanpress.com http://www.fudanpress.com
门市零售:86-21-65642857 团体订购:86-21-65118853
外埠邮购:86-21-65109143
上海春秋印刷厂

开本 787×1092 1/16 印张 14.25 字数 265 千
2015年4月第1版第1次印刷

ISBN 978-7-309-11298-6/F·2128
定价:29.80元